研究 发展阶段 经济

1978-2023

罗维晗 张 振◎著

A BRIEF
HISTORY OF
CHINESE
BUSINESS
CYCLES
1978-2023

经济管理出版社
ECONOMY & MANAGEMENT PUBLISHING HOUSE

图书在版编目（CIP）数据

经济发展阶段研究：1978—2023 / 罗维晗，张振著 . —北京：经济管理出版社，2023.11
ISBN 978-7-5096-9442-8

Ⅰ . ①经⋯　Ⅱ . ①罗⋯ ②张⋯　Ⅲ . ①中国经济—经济发展—研究—1978—2023
Ⅳ . ① F124

中国国家版本馆 CIP 数据核字（2023）第 222742 号

组稿编辑：王光艳
责任编辑：魏晨红
责任印制：黄章平

出版发行：经济管理出版社
　　　　　（北京市海淀区北蜂窝 8 号中雅大厦 A 座 11 层　100038）
网　　　址：www.E-mp.com.cn
电　　话：（010）51915602
印　　刷：北京市海淀区唐家岭福利印刷厂
经　　销：新华书店
开　　本：710mm×1000mm/16
印　　张：15
字　　数：257 千字
版　　次：2024 年 1 月第 1 版　2024 年 1 月第 1 次印刷
书　　号：ISBN 978-7-5096-9442-8
定　　价：68.00 元

参与本书编写的人员
还有杨欣然、吴映茜，特此表示感谢。

序

另辟蹊径

——发展研究的新视角

　　《经济发展阶段研究：1978—2023》是罗维晗、张振两位青年学者继《经济全球化相关问题思考与探索》《币值稳定、不平等与商业周期研究》两部著作出版后，又一部力写作，这本书重点探讨了中国改革开放以来经济周期与宏观调控的发展过程。本书从历史观察的角度出发，开辟了一个研究经济发展的新视角，值得肯定。从 20 世纪 80 年代开始，我亲身参与和见证了中国金融体系的市场化改革，对本书提及的历史轨迹深有感触，受邀为此书作序。

　　本书将 1978~2023 年划分为 7 个阶段，其中将每个阶段又分为两大部分：一个是真实的商业周期，讨论产出、投资、就业以及消费的波动；另一个是货币因素，分析通胀、货币存量、货币流通速度、汇率的波动。在每个阶段的产业结构调整过程中，摩擦性失业、债务问题展现出了不同的特点，经济增速也因受到产业结构调整的影响而上下波动。本书通过梳理历史数据和资料，阐述了中国经济在每个阶段的发展动能。

　　关于中国经济发展阶段的研究一般分为文化与制度演变、经济长期发展的增长动能、经济周期波动的形成与应对三个方面。本书着重讨论了第三个问题，通过对数据进行梳理，详细讨论了中国如何在发展模式的引领下通过汇率、利率、金融市场结构、产业结构改革来建设中国特色社会主义市场经济。本书梳理了大量的历史数据和资料，清晰地展示了 1978~2023 年中国经济发展阶段的波动过程，总结归纳了预算软约束在其中的作用，讨论了中国未来在面对经济波动时需要重视的问题。本书的研究视角宽、研究面广、数据翔实、图表生动，可以作为研究中国经济波动过程的参考资料。另外，本书发现了中国汇率、利率、商品价格三者之间的互动关系，指出应对经济波动的关键是通过改革扩大中等收入群体。

本书为理解中国宏观调控政策提供了重要的参考，通过阅读本书可以认识到货币政策与财政政策如何有效配合才能应对产业发展失衡过程中存在的债务问题，对接下来的经济波动形成重要认识，从而有效应对诸多经济风险，指导政策制定、企业生产计划制订、资产配置与投资。本人从事金融风险管理工作多年，深知金融市场化改革在风险控制中具有关键的作用。风险是无法被计划或被提前定价的，改革开放的成功经验告诉我们，继续推进和完善市场化改革对中国应对经济风险至关重要。

当然，基于历史数据的阶段划分是作者的主观观察和归纳，不同的人会得出不同的结论，仁者见仁，各有价值。

我非常认可两位作者的执着与坚持，鼓励他们在继续研究的同时将理论知识付诸实践，希望他们的著作能得到读者的喜爱。

是为序。

朱小黄

2023 年 11 月 11 日

前　言

　　潜在增长水平是由一个经济体的资源使用、效率提升程度决定的，但是改革开放以来，在从中国经济转轨到社会主义市场经济体制建设的过程中，对这种潜在增长水平的定义和判断受到了体制机制改革的重大影响。例如，在中国劳动力市场建设过程中同时出现了失业率提高和经济整体效率提升的现象，这时经济处于潜在增长水平的上方还是下方是很难判断的。在建设金融体系的过程中，政府不断完善中央银行制度，一方面抑制了地方政府信用扩张带来的货币存量扩张，另一方面提高了金融资源的配置效率，从更长的时间上避免了经济中过剩产能的蔓延，但这种改革对潜在增长水平的影响也是不确定的。由于没有潜在增长水平定义的经济状态基础，通过数学手段计算产出缺口从而计算经济波动的方法也就无从谈起。为了给本书的研究提供最基本的经济发展阶段划分依据，我们参考吴敬琏老师在《当代中国经济改革》一书中对中国发展阶段的划分方式，其基本线索是国内生产总值（GDP）增长率与消费者物价指数（CPI）增长率。其中，突出指标是发挥指示性作用的CPI，其发挥着资源配置的"指挥棒"作用。

　　具体来说，本书将每个阶段又分为两个大部分进行考察：第一部分主要讨论产出、投资、就业以及消费的波动；第二部分主要讨论通胀、货币存量、货币流通速度、汇率的波动。第二部分结合相应的改革举措，如产业结构转移、就业人口转移、国有企业改革、收入分配领域改革等，针对经济发展阶段因素、货币因素进行有针对性的数据历史分析，其中，所有图表中的数据均来源于国家统计局，若读者对统计口径不熟悉，请参阅文后的"附录"。

　　本书对于中国开放过程中的大国关系、国际环境等问题没有单独列出讨论，但这些显然是中国经济发展阶段的重要影响因素。在新发展格局下，这些因素带来的影响依旧巨大，因此将国际关系放在本书的改革因素中统一加以讨论。

对于如何测算劳动收入份额，因研究文献和测算数据众多，在这里介绍几种主要的方法和数据结论观点。首先是数据结论问题，劳动收入份额是否具有"U"形发展规律，也就是说劳动收入份额随着经济发展水平的提高是否呈现先下降后上升的趋势，从国民福利角度来说，劳动收入份额并不是宏观调控需要重点关注的对象，因为技术进步自然会带来劳动收入份额的提升，从而最终实现全体国民福利水平的提高。宏观调控的基本目标是保持经济发展的稳定。要完成这个数据指标的研究，必须要有关于劳动收入份额的国民收入测算数据。对于劳动收入份额在国民经济核算中的定义并无较大争议，在全世界范围内大家都接受这个概念，关键是在计算劳动收入份额时是采用 GDP 还是 GNP，本书采用目前在国际上的通用做法——将 GDP 作为分母。在数据测算上有两种方式：一种是直接测算；另一种是先测算国民财富，然后利用国民收入在资本、劳动之间的分配关系再侧面核算劳动收入份额。对于第二种的侧面测算方法，资本收入份额与劳动收入份额将共同作用于经济发展阶段。需要指出的是，类似于货币流通速度的慢变量处理，我们在短期内也可以把资本收入份额、劳动收入份额当作慢变量处理，但是本书认为技术进步在经济快速发展、价格体系变革、金融体系变革的时期，这些指标都不应该当作慢变量处理。在经济变革期，上述慢变量本身将发生较大变化，而且在"理性预期"与"适应性预期"之间，企业和消费者对于慢变量的预期和感知都将加剧经济动荡，对宏观调控带来巨大的挑战。另外，要对国民财富有一个较好的测算。本书要完成 1978~2023 年经济发展阶段研究，测算 1978 年后的几个阶段的国民财富水平是比较大的挑战。本书引用了国内外有代表性的研究著作和数据库的数据，在这里简单介绍一下国内李扬、张晓晶（2021）关于中国国家资产负债表的研究成果，该项研究成果的数据最早始于 2000 年前后，对 21 世纪以来的中国国家资产负债表情况有较为详细的核算，在数据长度、质量以及国际认可度上，该数据都有很好的表现。在《中国国家资产负债表 2020》一书中，有一个论断值得关注："2000~2019 年，中国名义 GDP 的复合年均增长率为 12.8%，社会净财富的复合年均增长率为 16.2%。财富增长率快于名义 GDP 增长率（更快于实际 GDP 增长率）。"

研究对象是参考国家资产负债表的部分内容，还是使用国民收入分配研究中的财富分配占比、劳动收入占比，抑或观察劳动收入分配情况，这值得商榷。根据《经济全球化相关问题思考与探索》以及《币值稳定、不平等与商业周期研究》的理论探索，本书使用国民收入分配研究中的财富分配占比与劳动收入占比指标，创造出更加全面的通胀核算方式（Dynamic Price Index with Labor Income，DPIL），从而探索更多的可能性，探究中国历史上的 DPIL 与失业率、出生率的关系，从而展示各经济发展阶段的表现。

米尔顿·弗里德曼和安娜·施瓦茨.W 在《美国货币史（1867—1960）》一书中使用货币流通速度、通货加活期存款周转率两个指标来描述货币数量论下交易媒介流通速度的概念。现阶段，现代货币理论更加突出了货币的债务属性，卡罗尔提出了货币的金字塔结构，相应地，债务流通速度与经济增长的关系成为现代货币理论下的研究范式。这种研究范式，无疑有赖于金融市场的发展，个人债务通过金融市场也实现了流动性，特别是与债务相对应的资产，也在改变着传统的经典货币框架。本书将尝试从传统框架和债务框架两个角度出发考察货币在中国经济体的历史表现。

对于传统框架，已经有不少学者从各个角度对货币流通速度加以研究，《美国货币史（1867—1960）》中的两种定义都有对这些研究成果的覆盖。本书选取《美国货币史（1867—1960）》中主要使用的货币流通速度概念，也就是用货币收入除以货币存量来讨论中国经济发展阶段的问题。需要指出的是，有大量研究关注货币收入除以货币存量的定义，并将其视为中国经济货币化和金融化程度的重要代表性指标。关于货币流通速度的回归计量研究和理论研究众多，本书主要关注货币流通速度的决定因素。从对货币存量、货币流通速度的研究，到对通胀和利率水平的研究，研究的制度基础一直在发生变化，中国经济增长的模式也在不断发生变化，许多重要的隐藏因素正在显现，并且越来越重要。随着市场化机制建设的不断完善，历史上许多重要的机制正在被市场机制慢慢取代，如货币存量的计划经济思想、货币利率的控制机制。

货币存量的内生性和外生性、货币流通速度不断演变的历史是本书重点关注的内容，但是也不会面面俱到，主要研究目的是探索在改革开放进程中影响中国经济发展的因素。

中国经济改革过程中的货币化和金融化程度应该与中国经济增长模式相辅相成，是什么驱动经济增长以超过平均水平的状态实现了较好的经济增长，以及是什么造成了经济增长的衰退和减速，是复杂的经济改革问题。本书尽量让关于货币与真实经济变量的变动相一致。

《美国货币史（1867—1960）》一书不仅关注了货币存量、货币流通速度对经济阶段的影响，还关注了货币的派生问题。在该书中，通货、存款通货比率、存款准备金比率都构成了中央银行数量型货币政策的派生过程，从而拓展到货币政策有效性的讨论中。其作者将关注重点放在了货币存量上，而对影响货币流通速度的决定性因素讨论较少，因为他们认为在短期内货币流通速度几乎保持不变。在对中国经济发展阶段的研究中，货币政策派生过程中的有关问题会被提及，但是很少被作为一个观察指标，货币流通速度的决定性因素也是如此。本书将关注重点放在了中国经济发展阶段演化中的重要决定性因素上，随着中国经济增长模式的转变与调整，中国经济的驱动因素也在不断演化，本书关注的重点正是经济发展中相关因素的演化过程。需要指出的是，在我国建立市场经济体制的过程中，如何发挥价格在资源配置中的重要作用，从价格管制逐渐走向价格在市场作用下的自由浮动是改革开放前期重要的约束性宏观调控指标。随着社会主义市场经济体制的不断完善，这一指标逐渐退出了重要的约束性宏观调控指标行列。宏观调控带来的价格波动越来越小，而价格波动与国际因素的相关性越来越强，货币政策与国际因素的联系也越来越密切，应该说市场经济体制建设给价格平稳创造了更好的条件。

对于通胀是货币因素还是转型经济体中的制度因素的选择，是我们在中国经济发展阶段研究中面临的重大挑战，对美国货币史的研究缺少如何将转型经济体中的制度因素以量化指标描述出来的经验，但我们可以从对东欧转型国家的货币史研究中寻找相关的研究成果，可惜的是，这种因素太过庞杂，难以用一个专一性指标进行讨论。我们可以进一步讨论，在转型经济体中通胀是不是一个非常重要的因素。在高通胀的市场经济环境下会出现工资—通胀螺旋，最终导致整个货币体系崩溃，然而在转型经济体中这种逻辑是否正确、通胀是否会引起整体市场资源配置效率的下降，这些问题值得讨论。

中国市场经济建设取得了巨大成就，并且还在不断发展中。价格运行有了市场经济体制的基本支撑，通胀中的制度因素作用逐渐减弱，对于通胀的考察将主要关注货币因素。目前，货币正偏离经典货币数量论，资产与债务问题越来越重要。从通胀的含义来说，通胀代表着居民消费福利水平的成本因素发生了变化，随着中国土地要素流通越来越顺畅，居民的服务需求越来越突出，从商品需求不断转向服务需求，是全球化大背景下的必然结果。由土地要素带来的服务业成本上升正在不断超越由传统通胀因素衡量的居民福利问题，随着金融市场建设的不断深化，货币流通速度成为很多学者忽视的因素。当制度转型背景下的通胀研究面临的挑战逐渐减弱时，资产价格因素在经济结构转型下正显现出对居民福利的重大影响，给通胀研究带来了新的重大挑战。笔者在《币值稳定、不平等与商业周期研究》一书中为上面提到的挑战提供了一个整体的分析框架，本书将在历史分析和回顾中兼顾新旧挑战，尽量对经济发展阶段进行较为完整的展现。

最后，自20世纪70年代以来，宏观经济学逐渐向微观机制发展。建立微观主体与宏观经济之间的联系成为大家的共识，也是进行宏观数据分析要遵循的重要范式。在美国货币史研究中，穿插着众多的历史事件描述，对制度改革也有较为仔细的讨论，但是限于历史数据的缺失，缺少从家庭、企业部分微观数据出发来解释重要发展阶段运动的研究。在实际工作中，我们尽可能地去补足微观数据的缺陷，在宏观经济高速发展的当下，全力揭开微观数据面纱的小小一角。

历史镜头

本书主要从历史的角度来审视当今（以及未来）的国民经济。中国宏观经济发展到今天，并不是依靠某种特定的工具或策略，经济增长的奇迹也不存在秘密的工具。为了解析中国宏观经济是如何走到今天的，本书将1978~2023年划分为7个阶段，在每个阶段中探索影响中国经济增长的关键因素，并了解中国经济面临的困境以及解决之道（见图0-1）。

1978~1983年

这一时期，中国经济处在从前期恢复企稳的阶段，1978年是政治路线改革的重要时间节点，1980年是经济建设路线改革的重要时间节点，在这两个时间节点发生的改革，共同决定了主要数据的表现形态，中国经济正在摸索着穿过清晨的迷雾，农村、企业、政府正在将积蓄的力量逐渐唤醒，经济建设是逐步摸清和认识财政与货币在中国产权制度下独特属性的过程。在这个过程中，通货膨胀有所起伏，经济建设目标与投资之间形成了密切关系，形成了以

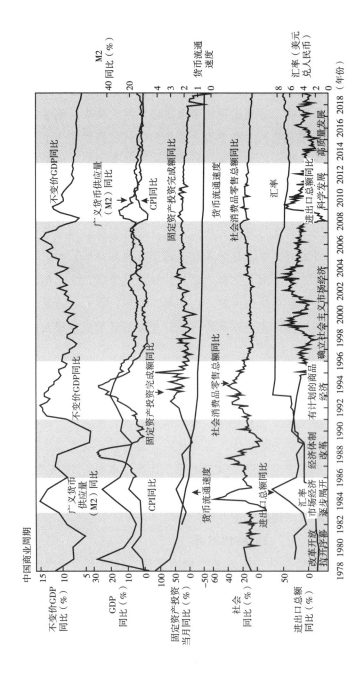

图 0-1 1978~2023 年主要经济指标表现情况

注：数据来源等数据相关信息请见本书附录。

国家财政积累和国家工业化积累为目标的经济发展模式。在几年的摸索之后，面对企业利润分配与企业职工消费所能支配资金的微观机制，在货币总量控制框架下，对消费与国家投资在国内生产总值中所占比例做出的战略性部署，体现了政府对经济整体的把控力。在这种发展总体框架下，消费与经济整体增长之间的关系不是很明显，居民部门储蓄在国家产出中的比例受到控制，从而减弱了消费与经济整体增长之间的关系，这是这一阶段非常突出的特点，与中国其他发展阶段存在明显的区别。总体来说，经济的波动主要来自政策的调整，开放的改革路线为经济腾飞打下了坚实的基础。随着经济总产出的增长，劳动力市场、消费、外贸纷纷向好。在投资方面，在改革开放的政策红利下，外商直接投资（FDI）大幅增长，缓解了国内经济降温的局势。

1983~1986 年

这一时期，市场化的道路逐步清晰。1984 年 10 月 20 日，党的十二届三中全会通过了《中共中央关于经济体制改革的决定》（以下简称《决定》），实现了中国共产党在经济理论上的重大突破。《决定》突破了把计划经济同商品经济对立起来的传统观点，正式提出社会主义经济是公有制基础上的有计划的商品经济，为后续的市场扩张打下了基础。在经历了上一阶段的政治路线和经济路线改革之后，国民经济从迷雾中走出，明确了远景目标、经济和政治路线。在一系列基础工作之后，我国进入经济建设探索的初始阶段，开始逐步探索和建立商品经济的运行机制。与此同时，市场力量在宏观经济中的作用也初步显现，在投资效益的驱动下，即使压缩投资总量，也须完成前期投资工作，投资增速仍展现出较大惯性，经历两年时间才完成调整。居民财富逐渐积累，在直接融资市场缺位的大背景下，居民倾向于根据商品价格和未来预期决定自身储蓄行为，这让通胀变得高企，长期通胀预期发生变化。居民存款利率被严格管制，长期通胀预期发生改变，居民更多地将现金换成商品形式保存，具有一定耐用性的商品更加供不应求，利率和物价在这一作用下逐步建立起联系。在利率体系无法满足居民财富保值需求的驱动下，银行体系之外的金融企业进入快速发展期，通过以满足居民财富保值为业务支撑的金融行业催生了直接融资市场的形成与发展，中国的直接融资市场进入萌芽阶段，这在一定程度上提高了通胀的深度和广度，金融体系缺乏监管也增加了宏观调控的难度。在企业工资制度改革和直接融资市场发展的背景下，企业与居民之间的市场循环逐渐形成和扩大。需要特别指出的是，随着对外开放政策的不断深化，外贸经营管理体制市场化改革也取得了重大突破，与价格体系在国内商品经济发展中起到重要核心作用一样，外汇汇率体系也在进出口贸易中起到了重要作用。我国外汇汇率的形成和调控体系的建立要慢于国内价格体系改革，因此在这一阶段主要还是通过税收、商品管理等手段来调控商品进出口，服务进出口还不是对外开放的主要因素。应该说，外汇汇率、国内利率、价格体系之间的复杂关系在这一阶段逐步形成，并且对居民储蓄、企业生产、国家投资逐渐产生了深刻影响，市场力量逐渐形成。

1986~1991 年

这一时期，国民经济处在改革开放的转型阶段，从双轨制迈向价格闯关是市场化的必由之路，虽然这一时期的国民经济总产出经历了较大的波动，但增速依旧维持在 4% 以上，均值维持在 8% 左右，后期经济增长动力主要来源于投资，同时，率先开放的沿海经济特区也是经济增长的一大推手。此阶段内，除了价格改革，企业、税收以及金融等方面都出现了较大的革新。一系列改革措施推动了经济体制的转型，为后续经济增长提供了强有力的支撑。从第二阶段的市场萌芽开始，市场力量在这一阶段中的作用越发明显，在市场机制的探索和建设中，经济整体经历了加速、过热、冷却和复苏的过程。其中，更多商品的价格由市场决定，商品价格逐渐从统制价格向市场均衡价格过渡，并且由技术进步带来价格的波动，从而产生向上的经济周期动能。货币在其中发挥了重要作用，中央银行体系更加完善。在本时期，以价格改革为主要抓手，在市场萌芽的基础上，市场化改革得到进一步推进。首先由价格双轨制拉开了大范围商品经济建设的帷幕，随着双轨制弊端显现，从局部突破转为全面突破。在当时市场经验不丰富、宏观调控配套建设不健全的背景下，全面闯关造成了市场价格体系出现了一定的混乱。在压力面前，宏观政策采取了严控通胀的方式，同时也停止了价格闯关，短时间内宏观调控方针的大起大落对企业生产造成了不小的冲击，这又促使宏观调控在短时间内转向宽松。总体来说，物价体系、利率体系与居民预期之间的联系更加密切，这种越来越强大的市场力量需要有指导性、前瞻性的宏观调控框架，还要有可信性的制度框架来应对预算软约束、投机交易的发展，这在当时都不具备。首先没有历史上的宏观调控经验给企业、居民和政府作为参考，在价格闯关大模式下，也很少有未来经济发展前景不确定性的参考数据，这给经济实际发展各层面都带来了压力，难免产生债务问题。由于债务的累积和消化，对后续经济发展产生了很大的影响，但它也为后续宏观经济调控积累了宝贵经验，为市场各方提供了重要参考。

1991~1996 年

1992 年邓小平南方谈话以及党的十四大之后，中国进入了一个全新的阶段，改革开放踏上了一个全新的征程。经济体制改革从 20 世纪 80 年代以放权让利为主逐步转向以建立社会主义市场经济体制框架为目标，市场化进一步推动了经济增长。"八五"时期，伴随积极灵活的宏观经济调控政策，经济体制改革步伐明显加快。一方面，宏观经济总量维持高速增长，经济结构出现了较大的变化，进一步提高了经济总体实力，改善了人民生活，为后续进入"九五"打下了坚实的基础。另一方面，在改革的过程中也出现了一些问题，首先是经济总量增长不够稳定，其次是经济结构变化存在不合理的方面，这阻碍了经济长期稳定地快速增长。1993~1994 年，国民经济处在计划经济向社会主义市场经济转轨的过程中，出现了投资需求与消费需求双膨胀现象，这加剧了商品供给短缺的状况，成为通货膨胀上行的主要原因之一。因此采取了更加精细的调控措施，以及通过税收体制改革，缓解了能源、交通和粮食流通领域的中央财政压力，在一定程度上缓解了地方政府预算软约束对通货膨胀的影响，将宏观调控与产业调整有效结合，最终实现了经济软着陆。前三个阶段都为治理通货膨胀在 GDP 层面付出了沉重的代价，在 GDP 大幅降速、投资项目大量压缩的前提下，才将通货膨胀逐渐控制下来，经济减速给社会各个方面带来了压力。后来又迫于压力，短时间内又采取刺激性措施，重新将经济拉起，这种短时间内的大起大落对经济造成了一定的损伤，经济结构调整缓慢，新旧制度机制对峙严峻。在前三个阶段的基础上，进一步大胆推进了价格制度改革，对粮食价格、能源价格进行了深度调整，以价格体系拉动产业结构随之调整，这无疑给通货膨胀带来了巨大扰动。但是，价格调整方向又刺激了粮食、能源供给，压制了加工业对原材料的需求，将产业整体向均衡状态推进，因此通胀治理的代价不需要通过行政手段加以调控，这在很大程度上保障了经济软着陆的产业基础。在推进价格体系改革的同时，汇率体系也进行了重大调整，人民币采取了一次性贬值方式，对双轨制进行并轨，人民币汇率贬值给国内输入性通货膨胀带来了一定压力。但是从当时的进口结构来看，这种一次性贬值带来的通胀效果整体是可控的，由于能源材料本身就处于涨价阶段，压制了加工业对原材料的需求，这使进口材料对国内通胀的影响得到降低。在这个阶段，金融市场取得了重大发展，直接融资体系日臻完善，金融市场也经历了剧烈波动。在经济整体软着陆环境下，金融市场更稳定，并且呈现上涨态势，这与居民财富不断积累、预期向好之间存在重要联系。在这一时期，在中央财政实力不断加强的背景下，区域发展、重点人群都得到了重点保障，经济发展成果显著。

1996~2008 年

这一时期，中国经济的主要特点是高增速、高投资、高消费、低通胀以及外贸持续扩张。其中，GDP 平均增速维持在 9% 以上，这样超过 10 年的经济高增速在人类历史上是罕见的。其间经历了 1997 年亚洲金融危机与 2008 年全球金融危机的冲击，在宏观政策的积极调控下，经济增速快速恢复，回到上升阶段。宏观经济在经历冲击后的快速恢复得益于中国坚持人民币不贬值的政策，同时积极采取鼓励出口、吸引外资、扩大内需等举措，对冲了危机对中国经济的影响。2001 年加入世界贸易组织（WTO）后，我国对外贸易进入高速发展阶段，出口增速快速上行，2004 年达到了 35.4% 的超高增速。通胀温和的高速经济增长使经济整体负债率保持在低位，系统性金融风险逐步降低，在一定程度上为平稳渡过 2008 年全球金融危机奠定了基础。价格改革取得了最终胜利，国内生产、生活资料价格基本由市场决定，随着外汇制度改革的推进，对外价格关系也逐步稳定。在此基础上，黄金时代中的通胀因素主要由市场条件决定，居民部门的预期因素随着价格改革胜利而逐渐平稳，居民的收入和工作预期成为未来价格预期的主导因素。在初始阶段，前期积累的相关债务问题开始显现，并且在经济中逐步扩散。国有企业经营困难，财务流动性压力大，与此相联系的金融机构坏账水平提升，存在系统性金融风险隐患，非银行金融机构前期大发展也积累了众多不良债务，这些债务与国有企业债务相互交织在一起，对经济整体产生了下拉效应。在这样的背景下，内需—通缩循环产生了，从而对居民部门的未来收入预期产生向下的冲击，带来了价格因素持续走低、国有经济保增长压力加大的宏观经济状态。在国家整体宽松的宏观调控下，财政政策以发行国债为突破口，扩大经济体中货币供给，货币政策也采取宽松取向。配合宏观调控，国有企业改革三年行动方案也走上历史舞台，全国金融工作会议同样明确了金融体系结构性改革的大方向。经过三年结构性改革，国有企业盈利能力得到显著提升，金融机构坏账得到妥善处理。通过国民经济的高速增长，有效化解了前期积累的债务问题，最终从通缩中走出，实现了经济的高速增长。

2008~2013 年

在经历了全球经济贸易增长的黄金时代之后，中国经济因受到外部因素的影响而出现了一定的回落，但是在积极有效的国家宏观调控下，宏观经济在短暂回落后快速回暖，展现出了超强的韧性。2008~2013 年，受全球金融危机的影响，欧债危机爆发。在全球需求快速收缩、多数发达经济体进入衰退周期的背景下，我国出口大幅放缓，失业率小幅抬升，消费同步下行，宏观经济增速出现了较大幅度的下滑，在一揽子经济刺激政策的帮助下，宏观经济快速回暖。2010 年，中国经济增速出现拐点，进入了换挡期。之后，通胀逐步升温，证券价格大幅走高，经济呈现出过热的迹象。与此同时，金融部门经过 1997 年、2002 年两次重大改革以及 2005 年汇率改革后，金融系统市场化程度逐步完善，调控价格水平的工具趋于市场化。但是经济对外依存度高度上涨，经济结构失衡风险加剧。首先，投资率超过趋势水平上涨，消费率下降，经济内需明显不足。其次，人民币面对单边升值压力，金融市场受外部环境影响不断加深。在经济结构有失衡风险、通胀上行的背景下，货币政策在这一阶段采取紧缩状态试图调整经济表现。突如其来的自然灾害加重了通胀风险，这突出了国家整体投资在农业、能源、交通安全应对方面的不足，对外向经济部门投资过多，中西部建设不足。而且，全球金融危机对我国的出口和金融市场带来了巨大压力，在这样的背景下，货币政策果断转向宽松。在宏观调控努力下，2010年中国经济进入经济调整阶段。经济增速换挡，从前期高投资增速刺激下的经济结构向更加依靠内需方面转型，在这一时期互联网经济实现了大发展，我国经济数字化转型初步显现。通胀在前期货币高增速惯性下逐步走高，呈现典型货币特点，在货币增速得到有效控制后，通胀逐步走低，实现通胀温和的经济增长，经济结构不断优化。在这一阶段，农业、能源和交通投资得到长足发展，国家对粮食价格、国内能源价格的控制能力显著提高，在市场化货币政策、完善财政政策和产业结构优化的前提下，不再具备宏观经济滞胀的国内大环境。而在经济发展中，出现了 PPI 长期低位运行，但是房地产价格大涨的经济价格现象，与经济结构向深度调整存在密切关系，这是我国在向内需调整中，债务杠杆增速过快，经济增长大范围调整的后续影响。在经济增速换挡提质的大背景下，科技红利、人口红利逐步减少。经济波动与经济增长的重大因素都在这一阶段发生了巨大变化，需要真正的科技进步和制度创新来应对整体困难。

2013~2023 年

在 2010 年经济增速逐步放缓后，前期被高增速掩盖的问题逐一浮出水面，经济中出现了较为严重的结构性问题。2013~2019 年，是中国经济全面转向高质量发展的调整阶段，经济中存在产业过剩、产品附加值低等一系列过去高增速下积累的问题，宏观经济、产业结构持续调整，这给微观企业部门带来了一定的冲击。如何处理好市场与资源配置之间的关系以实现增速换挡、度过结构调整阵痛期，以及完成前期刺激政策消化是这一时期内的主要目标。在此时期内，中国经济的高增速高度依赖大规模投资、出口以及资源消耗，这种增长模式可以在短期内带来经济的快速发展，如在上一阶段中的一揽子经济刺激政策，但是长期来看，这种发展模式是不可持续的，过度依赖投资和出口导致了这一阶段中产能过剩、资源浪费和环境污染的问题。此外，自 20 世纪 90 年代开始，对外贸易快速上行，产业主要集中在低附加值、高资源消耗的传统产业上，而高附加值和创新型产业发展相对滞后，这导致了产业结构不合理，影响了中国经济的长期竞争力。同时，自改革开放以来，东部沿海城市作为"试点"和"特区"迅速发展，而西部地区相对滞后，形成了明显的区域发展差距，财富差距的持续扩大对社会稳定、民生改善和资源配置产生了一定的负面影响。特别是收入分配不公问题的加剧影响了社会公平正义，制约了消费和内需的发展。面对一系列问题，2012 年 11 月，党的十八大指明了清晰的道路，决定"以更大的政治勇气和智慧，不失时机深化重要领域改革"。在经济改革方面，要"坚持社会主义市场经济的改革方向"，"处理好政府和市场的关系"，"更大程度更广范围发挥市场在资源配置中的基础性作用"；在政治改革方面，"加快推进社会主义民主政治制度化"，"实现国家各项工作法治化"。随后，党的十八届三中全会通过的《中共中央关于全面深化改革若干重大问题的决定》明确指出，将经济体制改革确定为全面深化改革的重点，特别强调经济改革的"核心问题是处理好政府和市场的关系，使市场在资源配置中起决定性作用和更好发挥政府作用"，"市场决定资源配置是市场经济的一般规律，健全社会主义市场经济体制必须遵循这条规律，着力解决市场体系不完善、政府干预过多和监督不到位问题"。处理好政府和市场的关系，"实际上就是要处理好在资源配置中市场起决定性作用还是政府起决定性作用这个问题"。至此，《中共中央关于全面深化改革若干重大问题的决定》为全面深化经济改革指明了道路。

币值稳定

每一个发展阶段中都要思考：我们获得了什么、失去了什么。在书中整理的七个阶段中，可能无法割裂式地观察一个发展阶段，因为每个阶段的开始都是从上一个阶段的过程演化而来。现在看来波动是难以避免的。虽然在不断探索的过程中，以通胀为标志的波动为主要威胁的现象。消费者物价指数波动幅度在发生趋势性降低之后，以商品房为代表的耐用品价格、股票资产价格的波动却在不断扩大，难以简单从物价稳定角度出发，说明经济发展阶段的波动已经不明显了。波动消失的核心逻辑是，消费者物价指数、耐用品价格、证券资产价格之间不存在密切联系，它们作为一种综合性价格指数与经济商业周期运行之间不存在密切联系，也不能作为货币政策的主要工作目标，从而无法将财富因素在经济发展中货币方面的作用考虑在内。但是，笔者在《币值稳定、不平等与商业周期研究》一书中明确提出了一个带有劳动收入的生活成本物价指数，它与失业率之间存在密切联系。这也是我们在考察中国经济发展阶段中一直遵循的主要逻辑线条，通过梳理可以发现，中国的通胀因素主要为价格制度改制、预算软约束，随着价格市场制度基本理顺，国内产业结构也发生了深刻调整。粮食、能源、交通、投资在国家财政补贴支持下，供给水平得到有力保障，从根本上确保了价格稳定，为国家经济平稳发展提供了源源不断的支持。在经济建设过程中，粮食、能源、交通领域价格市场制度由于波动幅度太大，导致社会动荡，冲击了社会发展成果在底层群众中的积累。这让政府十分重视粮食、能源和交通价格稳定，以国家财政为支撑采取了多种措施来提高供给，这为黄金时代大发展奠定了坚实基础。中国经济经历了黄金时代后，经济发展中许多因素都发生了结构性变化。

从经济发展阶段角度来看，根据皮凯蒂的研究成果，这个时期国际上资本收入增长速度远高于社会财富整体增长速度，这使社会不平等问题不断扩大，严重压制了经济增长潜力。从资本收入与经济增长关系的角度出发，由于资本收入在国民经济分配中所占的比重越来越大，大量的财富被少部分人以耐用品、证券资产的形式存储下来，这样一般商品的消费需求潜力就将发生趋势性下降，而耐用品、证券资产价格与经济增长之间的关系就越发密切，而与消费之间的关系则出现分离。以信贷周期为驱动的阶段，更多体现为耐用品、证券价格的波动，由于消费的趋势性下降，庞氏融资将焦点放在了商品房和证券价格上，从而带来价格巨大波动，对实体经济产业结构产生了重大影响。在应对这种趋势的宏观调控下，经济将经历漫长的通缩压力，在消费不断走弱的大环境下，再叠加产业结构调整中的摩擦，以及过剩产能出清，致使通缩压力更大。为应对这种困境，政策制定者会发现平衡金融稳定和经济增长之间的关系越发困难，在财政上的表现为不管是中央政府债务还是地方政府债务，每单位资金所能拉动的经济效益明显下降，迫使财政政策触及的产业范围越来越广，进而被迫将众多资金推向风险投资领域。这样的实践框架已经超出了传统的理论范畴，并且让财政的资产负债表更加脆弱，本应用于国民基本福利支出的资金被大量投向风险资产领域，国家财富积累面对大冲击的能力减弱。在货币政策方面，货币管理部门发现，货币政策向实体经济的传导越发困难，需要更加宽松的政策来支持经济增长，货币工具的传导中介——银行业、金融机构不愿意扩大信用投放范围，非银行金融机构则将更多精力放在了非实体资产投资上，传统货币政策工具效力越发减弱，非传统货币工具应运而生，试图跨过货币中介部分，对实体经济部门进行直接干预。

我们共同的未来

笔者在《币值稳定、不平等与商业周期研究》一书中，定义了带有劳动收入的生活成本价格指数。在对众多国家历史数据进行考察中发现，该指数与失业率存在密切的联系，这样就将经典的理论中的两个重要指标——消费者物价指数、失业率都纳入其中。居民部门生活成本指数上升，一般都预示着失业率上升、经济衰退。这种角度似乎只讨论了价格因素，其实它将收入分配也纳入了其中，价格是产业关系的体现，价格出了问题，产业关系也预示着生产资料、生活资料配置存在系统性错误。其中有一些细节性问题，如各国如何编制自己的消费者物价指数，以及各种消费品所占的比例。

当系统性考察中国经济发展阶段历程后，我们发现这一规律在中国也是基本成立的。中国经济发展阶段的划分依据主要是经济增长速度与通胀水平，并不是以通胀水平和失业率为主要依据。本书简单整理了中国失业率统计指标的发展历程，主要有前期对市场经济模式认识不足，在以农业农村为主体的劳动力市场下，失业率不会出现高企，同时，由于居民部门储蓄率高等因素，人们对失业的社会容忍度比较高，这就导致了统计失业率方面的一系列问题。这让我们无法直接对比生活成本指数与失业率之间的关系，另外历史上的收入分配研究并不充分，没有高质量的数据依据。不过，在梳理中发现，中国的预算软约束在很大程度上体现为产业发展失衡。在产业调整过程中，摩擦性失业问题凸显，债务坏账问题频发，这展现了明显的经济周期特点。而经济增速也因受到产业结构失衡影响而出现上下波动，这基本与生活成本指数展现的发展规律相互对应，从而完成了本书写作的初衷与目标。

本书更加关注青年人共同的未来，有时视角略显狭隘，忽视了一些重大的问题，如产业调整中40~50岁人群的就业问题。我们想说的是，青年人是一切发展的源泉，是社会财富增长的核心，以劳动支撑体面的生活是社会和谐运转的根基。社会的各个方面都应该思考为什么而投资、为什么而储蓄，思考科技前进的方向与青年发展的关系。

需要特别指出的是，不平等依旧是本书中特别关注的问题。在经济社会发展中存在多种不平等现象，我们重点关注的是财富积累以及财富存在形式的问题。不平等是一个全球性问题，其解决方案应该是一个全球性框架和共识，但在目前的世界经济发展进程中，这是很难做到的。对于气候变化的认识，全球经历了漫长的过程，才促使各国行动起来，推进科技创新，为解决气候变化提供原动力。对于不平等的认识，目前还处于全球认知革命的初期，一些经济学者、科技学者已经投身其中，探索解决之道。

面对全球化发展问题，单个区域经济体能否实现突破，从而引领全球财富的形态发生改变，这在我们讨论的框架中应该是可能的，也是今后讨论包容性增长的重点。我们希望探寻一条独特的道路，这条道路应该使得政府、企业以及居民部门都可以获得发展的空间。我们对包容性增长整体框架的理解大概包括四个部分：首先是财政和货币的框架，其次是企业、家庭部门的微观机理，再次是连接宏观与微观的价值观桥梁，最后是具体的行动方案。包容性增长追求的应该是每个人都可以通过劳动收入获得体面的生活并且积累一定的财富，整体社会在巨大的外部冲击下能够更加公平地提出一个长期可持续的经济增长模式。

目　录

第一章 改革开放拉开序幕

　　1983 年《政府工作报告》对 1978~1983 年的中国政治、经济和外交工作做出了全面总结，对到 20 世纪末的 20 年经济建设目标做出大的布局，在经济发展效率、发展速度上都做出了较为详细的远景规划。可以看出，我国正在逐步将 GDP 增长作为经济建设的核心目标，同时将税制改革作为重要制度改革抓手。1978 年是做出不谈政治只谈经济金融的重要时间节点，1980 年是做出经济建设路线改革重要时间节点，这两个时间发生的改革，共同决定了该阶段中主要数据的表现形态，农村、企业、政府正在将积蓄的力量逐渐唤醒，经济改革重点逐步清晰，货币、财政关系逐步厘清，认识到货币背后的财政、货币经济杠杆在中国产权制度下的独特属性。在这五年中，通货膨胀持续波动，经济建设目标与投资之间存在密切关系，形成了以国家财政积累和国家工业化、机械化财富积累为目标的经济发展模式。在经过几年的摸索后，面对企业利润分配与企业职工消费所能支配资金的微观机制，在货币总量控制框架下，对消费与国家投资在国内生产总值中所占比例做出战略性部署，这体现了中央政府对经济整体的把控力。在这种总体框架下，消费与经济整体增长之间的关系不是很明显，居民部门储蓄在国家产出中的比例受到控制，从而削弱了消费与经济整体增长之间的关系，这是第一阶段非常突出的特点，与中国其他发展阶段存在明显的区别。

　　1978~1983 年是中国改革开放的初期阶段，这一阶段，中国政府没有设定年度 GDP 增速目标，而是关注了一系列宏观经济指标，如农业和工业生产总值、固定资产投资、财政收入等。虽然没有 GDP 增速目标，但是这一阶段中国经济平均增速达到了 9%，证明了改革开放政策的成功。其中，经济增长主要得益于农业和轻工业等传统领域的发展。在此阶段，中国积极推广农村土地承包责任制，促进了农村经济的发展，具体体现为农民收入增长。工业方面放宽了对私营企业的限制，鼓励发展小型企业和民营经济，大力发展技术密集型和资本密集型产业，促进了中国工业的发展和现代化进程。对外开放为中国吸引外资，引进技术，推动了国际贸易的发展。

中国的产业结构调整、金融体系建设共同造就了中国复杂的经济发展历程。随着中国对外开放的进程越来越快，国内宏观调控的任务越发艰巨，但是一个总的经济目标应该是提高效率、更加公平、金融稳定。在这一时期，中国经济处于大规模发展前夕，原来积蓄在经济体内部的动力被逐步释放，效率不断提升，经济增长速度较快，价格通胀率较高，其原因既有转轨国家隐性通胀的显性化，又有金融体系建立早期规则不完善所引发的混乱。银行体系扩张信用受到市场体系之外的因素干扰，加之价格市场体系不健全，通胀一直处于高位。这段历史时期以经济建设为中心，探索了重要的改革道路，农村改革、城市改革逐渐展开，国家宏观调控体系逐步成型，为后续改革积累了宝贵经验，也深刻影响着改革进程。虽然价格因素展现了极不稳定的特点，但是 GDP 增长迅速、人民生活水平提高是显而易见的。由于价格体系建设和货币金融体系建设的过程并举，这一段历史中经济的确出现了过热的特点，经济过热之后的生产过剩也随之而来，GDP 增速与通胀之间呈现出一定规律。

1978~1983 年，GDP 同比增速呈现先下降后抬升的态势，价格因素呈现阶段性波动，政策放松导致价格上涨，控制粮食价格是政府控制通货膨胀的重点，而物价稳定控制的逐步实施为中国经济的稳定发展奠定了基础。改革措施主要集中在经济领域，强调市场化改革，实行农村改革，推进对外开放，推行国有企业改革，强化财税体制改革，加强科技创新等方面。经济发展阶段中的主要驱动因素是改革开放、经济结构调整以及技术创新。总体来说，第一阶段主要是改革红利的释放期，价格体系建设过程没有因为通胀而中断，且通胀也没有发展到失控的阶段。当然，中国市场的通胀不能使用完全市场机制下的通胀视角来观察，产业结构调整中的通胀更加复杂，但货币还是在其中起到至关重要的作用。在经济发展阶段部分，经济的波动主要来自政策的调整，开放的改革路线为经济腾飞打下了坚实的基础。伴随经济总产出的增长，劳动力市场、消费、外贸纷纷向好。

一、以 GDP 为目标的发展格局初步形成

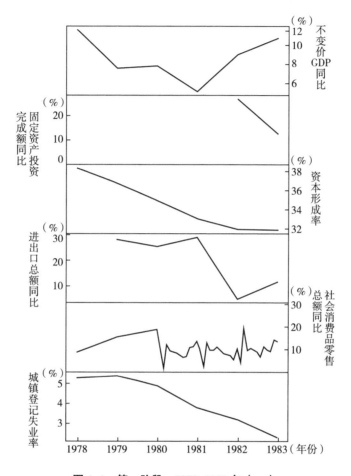

图 1-1　第一阶段：1978~1983 年（一）

1978~1983 年（见图 1-1），中国的宏观经济表现优秀，其中 GDP 增长迅速，外贸出口持续增长、财政收支状况好转、外汇储备增加等。不过，CPI 涨幅较大，通货膨胀下价格压力较大，需要加强对物价稳定的控制。同时，中国面临着产业结构转型和国有企业改革等重大任务。1978~1983 年中国经济增长的动能来自农村改革、市场化改革、外贸出口、对外开放和金融改革等多个方面，这些措施为中国经济的高速增长奠定了基础，并为中国未来的发展提供了有力支持。

在讨论以 1978 年起始的经济发展阶段前，需要先回顾 1978 年以前的国民经济，否则难以解释 1978 年 GDP 高增长率的现象。1976 年，全国上下出现了一股"大干快上"的建设热情和投资冲动。但是，在过去失衡背景下，国民经济出现了经济制度及结构的严重扭曲，在未纠偏的情况下按照过去粗犷的发展模式（高投入、高指标、低产出）组织了新一轮的增长计划。具体体现在中共中央和国务院制定的《1976—1985 年发展国民经济十年规划纲要》，其中明确提出 1978~1985 年，要新建续建 120 个大型项目，在全国形成 14 个大型重工业基地，并将此期间的工业总产值增长率设定在每年 10% 以上。为了实现新的飞跃，1978 年，在短短几个月内中国向海外签约引进了近 160 亿元的 9 套大型化工设备、100 套综合采煤设备等项目，投资 600 亿元打造宝山钢铁厂，而当时全国财政收入仅为 1132 亿元。

如此大量的投资规模进入建设高峰，在经济还没回到正轨的情况下对国民经济造成了较大的冲击。1976~1978 年，经济在还未修复遗留的历史问题的情况下，就转向了粗犷的经济发展道路，虽然此期间依靠投资维持 GDP 高增长率，但是还未企稳就想快跑注定了难以持久。

（一）经济增速先降后升

1978~1983 年，GDP 波动呈先下降后抬升的态势。按照波动趋势，可以将其分为两个阶段：第一阶段是 1978~1981 年，不变价 GDP 同比增长率从 11.67% 快速回落至 5.11%；第二阶段是 1982~1983 年，不变价 GDP 同比增长率从 9.02% 快速回升至 10.77%。

1. 第一阶段（1978~1981 年）：国内生产总值增长率快速回落

1978 年 12 月 18~22 日召开了党的十一届三中全会，中国经济正式开始向市场化转型。具体来说，在调整方面，1979 年改革初期阶段，中国尝试从高度集中的计划经济体制转向包含市场因素的混合经济模式，但当时的实际情况是由于计划经济体制已经深入各个行业，改革在推进的过程中受到了多种阻力。在改革初期，各级政府和国有企业普遍缺乏对改革的认识和经验，改革的执行力度不足和速度不快。此外，部分地区和企业对改革抱有顾虑和抵触情绪，担心改革可能带来的不确定性和风险。整顿意味着加强企业管理、提高生产效率、消除浪费等方面的工作。然而，由于长期的计划经济体制和封闭政策，当时的中国在管理体制、技术水平和人才培养等方面都存在较大的不足。这导致整顿过程中难以找到有效的方法和途径，使整顿工作的推进受阻。提高主要是指提高经济效益、科技水平、产品质量等方面，然而，由于技术和人才短缺、国际环境的不确定因素，当时的中国面临着巨大的挑战。此外，国内外市场需求和消费水平的变化也使提高经济效益和产品质量变得更加困难。这迫使中共中央在1980年冬季决定在次年以更大的力度"进一步调整国民经济"。在这一系列紧缩的政策下，GDP增速持续下行，于1981年回落至5.11%的低谷。

2. 第二阶段（1982~1983年）：国民经济逐步回归正轨

1982~1983年，伴随前期对国民经济的充分调整，GDP增速连续上行，无论是供给还是需求都在迅速扩张。GDP不变价增长率从1981年的5.11%快速反弹，1982年与1983年分别增至9.02%与10.77%。

在生产侧方面，政策带头，催化经济活力。1982年1月，由中共中央、国务院发出的关于农村经济政策的"1号文件"首次明确指出：在包工、包产、包干三者中，主要是体现劳动成果分配的不同方法。包干多是"包产提留"，取消了工分分配，办法简便，群众欢迎。这就使以"包干"为主要形式的承包责任制度有了正式的政策依据，从而使这种自下而上的自发制度演变得到了自上而下的确认。在中共中央印发的《关于进一步加强和完善农业生产责任制的几个问题》的指引下，"包产到户"和"包干到户"的经营方式在全国范围内迅速推广。1982年末，实行"包产到户"和"包干到户"生产队的占比达到了93%，这标志着中国农业实现了由以人民公社为主的集体经济制度逐步转向以家庭为单位的农场制度；1982年，中央提出了20世纪末工农业产值翻两番的计划，大大提高了生产热情。从第一产业占GDP的比重来看，1982年创下了新高。党的十二大确立了经济体制改革方针应以计划经济为主，市场调节为辅。1983年，随着《邓小平文选》的出版以及《资本论》学术讨论会的召开，市场的功能与红利被不断挖掘，为经济学的研究解放了思想。在人力供给层面，对户籍制度进行了一定调整，使农村剩余劳动力可以流向城市，直接推动了第二、第三产业的发展。

在需求侧方面，消费与投资同步上行。在工资制度改革的背景下，职工工资与单位利润直接挂钩，这让有利润的企业可以大幅提高职工的收入水平。收入的上涨带动了消费的上行，从而进一步提高了供给。此外，为了加快完成工业产值翻两番的计划，部分地区开始对工业进行大规模投资。在价格双轨制的促进下，企业为了能获得额外利润，更有动力扩建扩产，从而快速拉高投资。消费的动能不仅体现在对国内商品需求的大幅提升上，也体现在对进口商品的需求上。

（二）政府主导的投资出现了大幅顺周期调整

在讨论资本波动时，我们主要以资本形成率以及固定资产投资总额为观测指标。资本形成率通常是指一定时期内资本形成总额占 GDP 的比重，可以反映一定时期内生产活动的最终成果用于形成生产性非金融资产的比重。固定资产投资增速的走高通常是由预期回报升高、投资成本降低以及制度变革导致的。有效的高资本形成率有利于经济体的增长，但是低效的政策性投资就有可能扭曲经济结构，阻碍经济正常发展。此外，在观察投资金额时还要具体观察资金来源，如外国直接投资。

在 1975 年 12 月公布《1976—1985 年发展国民经济十年规划纲要》后，1977 年 11 月召开的全国计划会议提出，到 20 世纪末工业主要产品产量分别要接近、赶上和超过最发达的资本主义国家，工业生产的主要部分实现自动化，交通运输大量高速化，主要产品生产工艺现代化，各项经济技术指标分别接近、赶上和超过世界先进水平。

在这样的政策目标下，1978 年，全国国有单位固定资产投资总额为668.72 亿元，同比增长 21.9%。其中，基建投资总额为 500.99 亿元，同比增长31.1%。工业基建投资总额为 273.16 亿元，同比增长 55.8%。截至 1978 年底，以工业为主的全民所有制在建项目共有 65000 个，总投资为 3700 亿元。全年资本形成率达到了 38.37%，为该时期内最高，随后下滑至 1983 年的 31.86%。

随着紧缩政策的实施，国家计划委员会对 1979 年计划做出重大修改，将工业总产值的增长速度从原计划的 10%~12% 调整为 8%。1979 年停建、缓建大中型项目 295 个；1980 年，再次减少大中型项目 283 个。1979 年工业总产值达到 4681 亿元，同比增长 8.8%；1980 年为 5154 亿元，同比增长 10.1%。1980 年，国家预算内的投资计划安排为 241 亿元，实际完成 281 亿元，比1979 年压缩了 28.9%。

1978~1983 年资本形成率持续下行，说明 1979~1980 年的宏观调控政策是有效的，资本形成率自 38.37% 回落至 31.86%。以国有单位固定资产投资总额为主要代表的固定资产投资增长速度同步持续下行，从 1978 年的 22% 下降到 1979 年的 4.58%，1980 年小幅上行至 6.65%，1981 年则出现剧烈下降，为 -10.51%，主要原因为紧缩的货币政策、国有资本投资的大幅度下降对全国投资增速产生了显著影响。首先，国有资本投资下降导致整个国民经济投资规模的快速降低，从而对 GDP 增长和经济发展产生了负面影响。其次，国有资本投资下降同步影响就业和社会稳定，因为当时的国有企业是经济体中主要的雇主和社会福利提供方。最后，国有资本投资下降也可能影响技术创新和产业升级，因为国有企业在当时是推动科技创新的中坚力量。在外国直接投资上，根据联合国贸易和发展会议（UNCTAD）公布的数据，1979~1983 年 FDI 绝对值高速上行，从 0.08 百万美元跃至 916 百万美元。同时，全球资本认为投资中国的回报率是优异的，这也是外国直接投资快速抬升的一个因素。

（三）在物价管控下，社零总额展现出稳定的状态

投资与消费对宏观经济的双重拉动是经济良性循环的必要条件。在计划经济时期和改革开放初期，中国历史上出现了多次投资过度而消费不足的失衡情况，导致资本形成率和消费率偏离其潜在水平。1978 年后，随着经济体制改革转轨、产业结构不断升级以及居民收入水平的不断提升，资本形成率与消费率波动幅度明显降低，逐步向平稳过渡（见图 1-2）。

消费是保持经济平稳运行的"压舱石"，在讨论消费时，主要观察社会消费品零售总额（后称社零总额），在其基础上适当加入居民收入等相关数据。

从宏观数据观察，改革开放初期，中国居民最终消费支出占 GDP 比重持续维持在高位（见图 1-3），充分说明了内需对中国宏观经济的拉动作用。国家统计局公布的社零总额增长率在时间序列上出现了一定的缺失，其中，1978~1980 年数据为年度增长率；从 1981 年开始，国家统计局开始公布月度数据。为了刻画得尽可能细致，自 1981 年 1 月起本书选取更高频的月度同比增长率。在时间序列上，1978~1980 年呈高增长态势，1981~1982 年维持在 5%~10%。此时期内，数据呈持续上行态势。

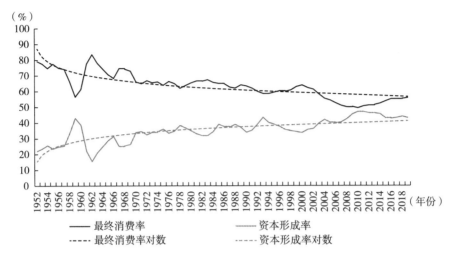

图 1-2　1952~2019 年最终消费率和资本形成率的演变轨迹

资料来源：根据统计数据整理。

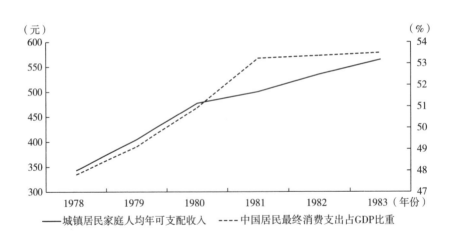

图 1-3　1978~1983 年居民最终消费支出

资料来源：根据统计数据整理。

改革开放为国内市场的发展开辟了新的空间，中国消费品市场获得了前所未有的飞速发展。其中，社零总额由 1978 年的 1558.6 亿元增加到 1983 年的 2849.4 亿元，涨幅为 82.8%。在此阶段中，消费品市场的主要特征是商品供应紧缺。供给以传统的百货商店为主，其中结构上以国营为主，私营个体刚刚起步，仍处于萌芽期。虽然党的十一届三中全会的召开和改革开放基本国策的确立为中国消费品市场带来了前所未有的机遇，但是由于整体经济制度依旧处在计划经济下，市场运行较为僵硬，其表现为流通渠道单一、商品种类及数量短缺、价格不具备弹性（多数重要商品仍然实施计划经济的凭票供应机制）。商品短缺是这一时期中国消费品市场的主要特征。

在商品市场中，除了商品供给，居民端收入水平也影响社零总额。前文在描述总量时，曾提到在工资制度改革的背景下，职工工资与单位利润直接挂钩，这让有利润的企业可以大幅提高职工的工资。收入的上涨为居民在消费端创造了更大的空间，同时，因为供给增量没有改善，收入的上涨也会加剧商品的短缺。1978~1980 年，城镇居民人均年可支配收入持续且快速上行，社零增长率维持同步上行状态；随后，收入水平逐渐放缓，社零增长率也随之放缓。

（四）城镇登记失业率逐步下行

失业与宏观经济紧密相关，从就业市场的需求层面来看，当宏观经济运行处在良好状态、市场需求较为旺盛时，企业就会增加用工，扩大生产规模，从而导致就业人员增加；当企业感到市场需求减少时，就会主动降低产量、减少用工，从而导致就业人员的减少或增幅下降。"文化大革命"后，中央在指导思想上"拨乱反正"，以 1978 年党的十一届三中全会的召开为起点，中国开始了工作重点转移和经济体制改革，逐步由计划经济向市场经济过渡。在经济转型过程中，由宏观经济导致的波动使待业与失业问题日益突出。

在讨论就业形势时，需要将重点放在国家统计局公布的城镇登记失业率以及城镇化率两个数据上。1981 年的 GDP 不变价增长率触底反弹，在经济快速复苏的背景下，失业率大幅下行，1982 年、1983 年的城镇登记失业率自 1978 年的 5.3% 分别回落至 3.2% 与 2.3%。

1978 年党的十一届三中全会召开以后，全面的"拨乱反正"使大量的知识青年回城，导致 1978 年与 1979 年城镇登记失业率分别达到了 5.3% 和 5.4%，为新中国成立以来待业人数的高点。其中，1979 年城镇失业人数达到了 1500 万人。除了大量知识青年回城导致劳动供给在短期内快速膨胀的因素，人口增长失控是供给急速上行的第二个原因。新中国成立后，人们的生活和医疗条件逐步得到改善，人口增长类型从过去的高出生、高死亡转向高出生、低死亡。

《中国统计年鉴》显示，1949 年我国共有 5.4 亿人，1979 年已增加到 9.7 亿人，30 年净增 4.3 亿人。城镇地区每年新增劳动力由新中国成立前的 80 万人增加到 1979 年的 300 万人，就业市场负担持续加重。

1979~1988 年，各种不同类型的工业企业总数由 31.84 万家增加到 810.56 万家。企业数量的增加与经济的快速增长扩大了劳动力需求，提高了就业水平以及收入水平。随后，城镇登记失业率从 1982 年开始出现拐点，并持续下行。

（五）外贸增速呈现收缩状态

进出口总额是开展经济分析和决策、进行宏观调控的重要依据。改革开放以来，中国对行政垄断性外贸体制进行了改革，实现人民币汇率持续贬值，推动了一般贸易的快速发展；同时，实施了一系列有利于加工贸易发展的策略。对用于加工贸易活动的进口品实行保税监管政策，同时取消了加工贸易合同项下的货物进口许可证、配额等非关税政策壁垒，避免了高关税和非关税壁垒对贸易的干扰，强有力地促进了加工贸易的发展。

在贸易方面，海关总署公布的以人民币计价的进出口数据显示，同比增长率由 1978 年的 30.39% 放缓至 1983 年的 11.40%。其中，1982 年最低，同比增长率仅为 4.89%。在结构上，以人民币计价的进口同比增长率出现较大的波动，整体上呈快速回落趋势，其中 1982 年同比放缓至 –2.72%，相较于 1978 年的 41.11% 有较大回落。出口方面同样以增长率回落为主，以人民币计价的出口同比增长率自 1978 年的 20.01% 回落至 1983 年的 5.8%。

1978~1981 年进口总额持续上行，导致进口金额上行的因素有两个方面：一是前期过度投资，二是国家用于农业（柴油、农机、化肥）、民用煤、粮食、棉花、糖的进口量的增加。海关总署公布的数据显示，以美元计价的进口总额从 108.93 亿美元提升至 220.15 亿美元，并最终小幅回落至 1983 年的 213.9 亿美元。快速上行的进口总额导致净出口在 1978~1981 年出现逆差，分别为 –11.48 亿美元、–20.1 亿美元、–18.98 亿美元以及 –0.08 亿美元。随后，随着紧缩政策的实施，贸易重回顺差轨迹，1982 年和 1983 年顺差分别为 30.36 亿美元和 8.36 亿美元。

随着对外贸易的快速发展，中国的贸易依存度不断提高。《中国统计年鉴》数据显示，进出口贸易总额占 GDP 份额从 1978 年的 9.5% 提升至 1985 年的

22.7%，特别在中国加入世界贸易组织后，占比份额一度超过了 50%。在细分结构上，外贸主要以出口为主，使不少经济学家将研究焦点放到了中国经济增长过度依赖外需的问题上。除此之外，这一时期粗犷的、依靠大量出口低附加值加工产品挣取外汇的方式是难以持续的。

二、银行体系初步建立，通胀与货币紧密联系

这里可以引用弗里德曼的货币视角以及科尔奈的短缺经济视角来解释我国 1978~1983 年的价格因素。从货币视角来看，其间货币存量经历了一次大规模上涨，1 年后通胀出现，当然这个 1 年的时间滞后现象可能是由于数据以年度为统计频次造成的信息缺失。通胀在 1980 年攀升之后，于 1981 年迅速回落 5 个百分点至 2.5%（见图 1-4），粗略计算每个月下降 0.42 个百分点。之后，1982 年、1983 年通胀都保持平稳。与此同时，经济增长在 1981 年短暂回落之后，在 1982 年、1983 年重回强劲的增长势头。从货币存量角度来看，1979 年货币存量的大规模增长带来了通胀在 1980 年大幅上涨，但是没有形成持久性通胀，经济增长在货币存量的助推下于 1980 年继续上涨，但是 1981 年之后又迅速回落，之后才逐步恢复增长速度。整体来看，1981 年是一个经济增长速度回落、通胀回落的过渡年份，通胀与经济增长之间展现了一种取舍关系。

货币存量是由家庭、企业、银行、金融机构与中央银行的行为共同决定的。对于 1978~1983 年中国货币存量主导因素的考察，这一时期财政与货币还没有分家，货币存量的增加主要是由财政信用扩张实现的。要讨论中国货币存量派生过程，就不得不同步讨论中国银行业改革、金融市场建设改革、中央银行建设改革、财政体制改革的全过程，其中财政与货币分家、银行体系建设是改革开放初期中国货币存量派生的主导因素。

科尔奈的短缺经济思想让本书关注通胀的衡量指标所代表的意义与传统货币视角下的通胀存在本质不同。在市场经济条件下，价格体现了货币作用下经济主体调节过程，是一种摩擦的体现。但在市场经济不完全条件下，通胀是摩擦和吸纳的共同体现，而且从统计意义上来说，通胀是否显示了服务产品的价格变化十分重要，从现在的市场分工角度来看，养老、育幼带来的劳动力服务需求是十分必要的，因此通胀要体现服务产品价格变化。但是，在短缺经济条

件下，这种服务产品的市场地位难以保障。另外，在通胀治理方面，一旦短缺经济条件下通胀高企，政府调控就会倾向于扩大生产，将通胀控制下来，但这会吸纳社会资源，造成技术进步受阻、效率损失。

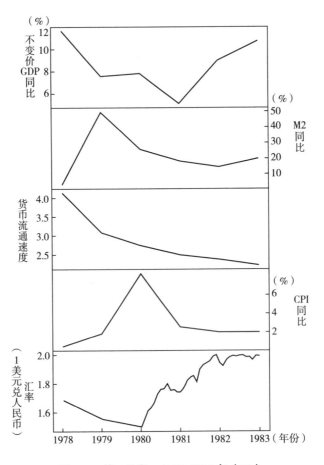

图1-4　第一阶段：1978~1983年（二）

（一）银行体系初步建立

1977年12月31日，国务院决定将中国人民银行总行作为国务院部委一级单位，与财政部分设。财政部、中国人民银行总行于1978年1月1日起分开办公。为适应经济改革的需要，传统金融体制必须进行改革。在逐步扩大企业经营自主权后，必须解决提高资金使用效率、合理有效地使用资金问题。

1978 年 8 月 9 日，邓小平视察天津，当市委汇报到资金不足时指出："国家分配资金不是好办法。今后可以搞银行贷款的办法，不搞国家投资。搞国家投资那是懒办法。贷款，要拿利息，他就精打细算了。" 1979 年 10 月 4 日，在中共中央召开的各省、市、自治区党委第一书记座谈会上，邓小平明确提出"必须把银行真正办成银行"。中国银行体系市场化改革的序幕逐渐拉开，随着企业、家庭部门财富逐渐积累，现代意义上的货币存量下的家庭、企业、银行、中央银行、外汇市场的互动体系逐步成型，这个过程直到 2001 年中国加入世界贸易组织以及 2002 年中国主要银行股改上市启动，速度才得以加快，在此之前货币存量、货币流通速度主要集中于国内经济发展任务，而且短缺经济所蕴含的预算软约束下的效率问题带来了随后的几个阶段中的问题。1978~1983 年，经济周期驱动因素几乎一致，货币派生和蔓延方式决定了通胀的起起伏伏（见图 1-4）。

1979 年，中国银行最早从中国人民银行中分设出来，由原中国人民银行内设部门转为国家专业银行。1979 年 2 月，历史上经过"三次成立、三次撤销"的中国农业银行被批准恢复重建，成为改革开放后成立的第一家以农村金融为主的专业银行，1996 年农村信用社与中国农业银行脱离行政隶属关系。中国建设银行成立于 1954 年 10 月 1 日，1954~1978 年，中国建设银行是一家履行财政职能的专门机构，从 1979 年起，中国建设银行进入履行银行职能的新时期。中国工商银行在 1978~1983 年还没有设立，这一时期中国人民银行依旧行使专业银行职能。虽然商业银行已经开始设立，并且行使收储、借贷功能，但还不是现代意义上的商业银行。因为与银行改革相互一起推进的家庭生产、企业生产关系还未解绑，工资与商品价格市场关系还不成熟，货币利率价格体系也就处于萌芽阶段。从银行成立初的主要管理者都是由原主管部门领导兼任可以看出，银行的企业治理结构与计划经济体制存在很大的关系，最终也很难独自承担货币体系效率提高的重任。而且，也很难想象，在货币体系不健全、价格市场机制没有完全放开的 1978~1983 年，通胀仍然可以在经济体中扩散开来，不过没有形成顽固的通胀表现。这种通胀应该更多体现在供给侧，生产企业对于生产资料的追逐，最终造成了这一段时间内的通胀。当生产计划被行政手段强行压制后，价格高企的因素也就被压制了。当时家庭财富积累不足以支撑持久的价格上涨。从货币角度来看，生产企业通过资金来体现对生产资料的追逐，确实体现了现代意义上的货币超发的特点，但渠道总是不同的，当时货币发行主要是由国债发行驱动的，国债市场是整个金融体系的核心。直至1984年1月1日，中国工商银行从中国人民银行中分离出来，拉开了我国金融体制改革的序幕。

（二）M0、M1、M2 之间的关系

在价格方面，与货币体系改革相对应的还有汇率体制改革、家庭改革、企业改革。从本书整理的历史数据来看，1978~1983 年，相关数据的频率和质量值得探讨。就汇率来说，中国对外汇率初始阶段主要参考美元，钉住单一货币。1978~1983 年，较通胀的波动水平而言，汇率的波动很小。可以看出，那时汇率体制改革对国内价格因素的影响甚微，中国经济也没有展现出受外部经济的影响作用，相较于 21 世纪 20 年代的世界经济体系要简单很多。

1978~1983 年，家庭改革体现为城镇化率、出生率的快速增长。家庭生产积极性带来的生产效率提高，伴随着出生率的上升、知青返乡与城镇化率推升的同步出现，企业改革体现为 1981 年全要素生产率的抬升。

1978~1983 年，价格因素的关键是 M2 同比增长率，其在 1979 年达到50%，之后逐步回落到 20% 左右，相较于 GDP 实际增长率与通胀水平，在此期间货币增长率是极高的。1978~1979 年，M2 同比增长率迅速抬升，这主要是由此期间国家发展模式决定的。当时要发展经济，资金怎么来是头等大事，以资金来衡量物资价值，决定物资流动，将计划经济中掩盖的生产动力释放出来，这也是银行改革的初心，花钱是有代价的，要还利息。为了解决经济发展的资金需要，从 1979 年起，中国政府恢复了已中断长达 20 年之久的发债。1981 年，国内开始以发行国库券的形式举借内债，此后又相继发行了国家重点建设债券、财政债券、国家建设债券、特别国债和保值公债。1993 年，国家财政的债务发行规模达到了 739.22 亿元。以中央财政债务依存度而论，到1993 年已达 59.63% 的国际罕见水平，这意味着当年中央财政本级支出中的一半以上依赖于举债或借款。

为了进一步解释 1978 年之后一段时间的货币存量，本书首先要明确中国银行在初期相当于担任了出纳角色，虽然它成立之初肩负着提高资金使用效率的使命，但是，这个改革目标也是与中国经济改革全局和发展模式选择相伴而生的。可以从以下三个角度考察 1978~1983 年价格因素的驱动情况：第一个角

度是家庭、企业、银行、中央银行的货币派生过程，从货币数量论的角度来考察 M2 的派生过程，也就是 M2 中 M0、M1 的相对比例关系。在 1978 年初，银行还没有现代银行的货币派生体系。第二个角度是中央政府通过生产计划制定贷款规模，然后由银行作为出纳将资金贷出，再通过银行收储来回笼资金，与此同时，通过税收筹集财政资金，这个货币存量派生驱动的源头是国家综合信贷计划。这个角度的主要参考数据是历年《政府工作报告》及相关材料中的国家贷款规模计划。第三个角度是中央政府和地方政府的发债规模。通过发债为经济发展提供资金，在中央银行建立之后，银行的出纳功能逐步弱化。国家财政支出与经济发展挂钩，贷款规模逐渐由市场因素控制，于是与外债和内债赤字额度波动相伴的通胀逐渐形成。这部分的数据主要参考中国外债和内债发债历史、债务赤字规模占财政收入比重以及赤字规模占 GDP 比重。其实，以上三个角度都与国家现代化建设密切相关，如何提高资金使用效率始终是改革命题。

国家统计局、中国人民银行关于 M0、M1、M2 的数据记录开始于 1978 年，其中 M2 的开始时间较晚，本书中 1978~1984 年的 M2 数据来自世界银行。从中国官方和世界机构数据来观察 1978~1983 年中国货币存量的扩张过程，从 M0、M1、M2 的绝对值和同比数据来观察中国经济发展阶段中的货币派生过程。在 1978 年之后的一段时间内，1979 年 M0 月度同比增长率从 12% 一路上升至 26%，M1 月度同比增长率从 –2% 一路上升至 24%，M2 年度同比增长率达到了 49%。从相对同比增长率可以发现，1979 年上半年中国货币存量中流通中的现金增长率为 15% 左右，但是短期存款的增长速度较慢，企业并没有多少的短期资金增长，进入下半年之后，流通中的现金增长率继续增长，短期存款增长率也开始抬升，以至于 1978~1983 年的短期存款增长率都没有再明显下降过，只有 1984 年的短期存款增长率有短暂的回落。1979 年的 M2 增长率远高于 M0、M1 的增长率，在 1979 年的货币存量增长中，长期存款起到主导地位，从现代中央银行的视角来看，货币派生过程不是由基础货币的增加开始的，中长期存款增长率以超越经济增长率、现金增长率的大幅度增长为特点，体现了银行在 1978 年前后虽然已经有所建立，但在企业改革没有到位的情况下，银行主要作为出纳角色驱动货币存量的超高速增长。

（三）在金融体系改革的背景下，宏观调控任务催生了债券的发展

政府债券在变革中不断发展。国债的发展历程主要分为四个阶段，分别为20世纪50年代的起步阶段、20世纪80年代的升级进步阶段、20世纪90年代的积极快步阶段、21世纪的有序阔步阶段。第一阶段，新中国刚刚成立，内忧外患，百废待兴，为了弥补财政赤字、平复战争的创伤、恢复发展经济，政府在1950年发行了1.48亿元的人民胜利折实公债，这是中国国债的起源。到第一个五年计划时期，政府在1954~1958年发行了总额为30亿元的国家经济建设公债。随着国民经济发展恢复，以上的债务还清以后，国债就停发了。1968~1980年，中国一直处于既无内债又无外债的阶段。这个阶段中国的经济体制主要是高度集中的计划经济，宏观调控主要靠国家计划，财政的主要目标是收支平衡。发债是特殊情况下的应急行为。第二阶段，改革开放以后，为了调动各方面的积极性，特别是企业和地方的积极性，国家在20世纪80年代体制改革中的基本目标是减税、放权、让利。后来借助农村承包到户的经验，在城市里面，政府对国有企业实行了经营承包责任制。在中央与地方的关系中，实行了六种承包方式。但这种行为导致中央财政收入大幅下降，其占GDP的比重越来越低。为了解决这一问题，国债又一次登上了历史舞台。于1981年就发行了48多亿元的国债，1987年第一次突破了100亿元，这个阶段的工作重心主要在于发行。升级进步主要体现在两个方面：一是抛弃了零负债的观念，国债发行常态化；二是改革开放既要补窟窿，又要有一定的资金。初期行政管控确保发行，后期再市场化，开始都是使用行政动员和摊派两个手段，中央给某个省多少任务，某个省给到每个单位多少，每个单位动员买多少，成本比较高。1988年国债开始试点流通转让，1991年国债开始承购包销。所以，1988~1991年国债一级、二级市场的逐步建立，不仅解决了发行问题，也解决了发行成本问题。

地方债的雏形同样诞生于新中国成立初期。1950年发行了东北生产建设折实公债，1958年中国正式立法发行地方经济建设公债。其间有7个省开展了发行工作，对建设加强地方工农业生产发挥了一定的作用。1980年，国债重启发行，地方债一直处于禁发的状态。但是，各地陆续出现了政府担保贷款，国有企业内部债等地方债开始发行。1994年，《中华人民共和国预算法》以

下简称《预算法》）规定地方不能发债。1995 年也明令禁止政府部门提供担保贷款，来防止过度发债的行为。1994 年财税分税制改革以后，中央通过转移支付、税收返还、国债转贷等方式向经济薄弱地区提供了必要的建设资金，维持全国范围内的平衡。这一阶段依然出现了通过融资平台举债的地方隐性债务。真正意义上的地方债出现是在 2009 年，2008 年全球金融危机以后，为了缓解地方政府的配套资金压力，国务院特批地方政府可以发行 2000 亿元债券。至此拉开了地方债发行的序幕。地方债经历了代发代还、自发代还、自发自还几种模式实践以后，在 2015 年的《预算法》中赋予了地方政府举债的权限，正式建立了借、用、管、还相统一的地方债管理机制。

1978~1983 年，国债开始重新发行，以担保贷款、国有企业内部债为主要代表的地方债也开始出现，中央政府、地方政府的资产负债表的金融杠杆效应逐渐形成。从时间上来说，1980 年开始的发债行为确实与 CPI 的大幅上涨同时出现。政府债务不是 1978~1983 年通胀水平的主导因素，其体量对于 M2 的贡献也比较小。需要强调的是，发债作为货币派生功能，其购买对象主要是家庭部门，这与家庭部门手中流动的现金相关，从基础货币角度来看，基础货币没有大幅扩张，但是财政杠杆效应确实存在，加快了基础货币的周转速度。

居民方面，根据许伟和傅雄广（2022）关于 1978~2019 年居民部分家庭资产负债表的研究数据（见表 1-1），居民部门在 1978~1983 年存款全部为人民币存款，不存在外币存款。从居民部门人民币存款增长率来看，1979 年 M2 增长率为 49%，是该时期中增长率最快的年份，居民部门存款增长率只有 33%，但是随后在 1980~1983 年分别 42%、31%、29%、32%，较同期 M2 增长率都要高。根据国家发债、居民存款以及 M2 增长率可以判断，虽然在 1981 年后 M2 增长率依然很高，但是居民部门的存款增长率更高，在一定程度上缓解了通胀形势进一步恶化的压力。1979 年 M2 增长率远超家庭部门存款增长率，这是由企业部门存款的大量增加主导的，随后一年的通胀高企也与短缺经济学所分析的生产资料被生产企业追逐下的通胀现象相吻合。根据许伟和傅雄广（2022）的测算，1978 年家庭部门金融资产中现金占 45%，存款占 55%，也就是说储蓄率在 50% 左右。

表 1-1　1978~1983 年居民部门存款　　　　　　　　单位：亿元

年份	居民储蓄存款合计	人民币储蓄存款	外币储蓄存款
1978	211	211	0
1979	281	281	0
1980	400	400	0
1981	524	524	0
1982	675	675	0
1983	893	893	0

资料来源：许伟，傅雄广.中国居民资产负债表估计：1978–2019 年［J］.国际经济评论，2022（5）：30–76，5.

（四）以实物工作量为目标的政府工作计划将货币与实体经济发展初步联系在一起

1978 年《政府工作报告》强调，在 20 世纪内将我国建设成工业、农业、国防和科学技术现代化的伟大的社会主义强国。1978 年之后几年的《政府工作报告》中当时没有 GDP、货币中社融增速与名义 GDP 增速相匹配的概念，限于当时的统计指标体系，以及迅速完成国民资本积累以支持机械化、工业化目标，当时《政府工作报告》中的经济发展计划重点关注以实物产量为主要代表的经济指标，如农作物产量、工业增加值产量、轻工业产品产量，其中企业管理制度、行政管理制度改革要服务于实物产量目标实现。并且《政府工作报告》指出的经济增长工作与目标并不局限在一年范围内，而是一个阶段（主要以三年为一个阶段）。当时的企业制度还没有完成以股份制等为代表的现代企业制度建设，企业利润引导的企业行为不是这个时期中的主要特点，因此在生产资料和生活资料价格方面，企业主要以完成《政府工作报告》中提出的实物工作量为目标。这个目标决定了企业的贷款、投资、扩大生产与发放工资的总体行为，也就体现了货币、通胀在短缺经济中的典型特点，并且通胀黏性比较小，因为它与《政府工作报告》中的实物工作量目标紧密联系，政府工作目标与 GDP 框架存在明显区别，以实物工作量为目标的整体经济形态中市场力量因素很小，这样通胀黏性就很小，货币自主派生空间也很小，企业贷款有国家工业生产总体目标的控制，其贷款规模也就在一定程度上确定了。

在第一阶段中，整体物价体系还处于国家控制之下，工资与生产生活资料价格是政府工作的重要目标和抓手。从 1979 年《政府工作报告》对物价的描述中可以看出，即使在价格处于国家控制下，"保持物价基本稳定"也是一件十分重要和系统性的工作。与政府整体实物工作量目标相适应，价格体系中产业之间的价格关系成为政府进行产业建设的重要抓手，以国家财政体系为支撑，调整产业之间的价格关系，从而实现促进农业生产发展，这种财政手段从现代视角来看也是十分必要的，目前以财政手段为支撑的产业价格政策依然是各个国家实现重大国家目标的重要抓手。为促进农业发展，国家通过财政资金支持，提高农作物收购价格，有针对性地提高部分农产品价格，保证财政在一定程度上可持续，配合提高工业工人工资水平，从而完成农业部门增收，然后再配合农村金融体系建设，将农村消费与储蓄之间的关系加以引导，这种物价调整方式与整体经济增长的实物工作量目标紧密贴合在了一起。这种物价观点，居民实际生活水平的经济价格体系思想在我国改革开放进程中一直存在，这也是我们的带有劳动收入的动态价格指数与之一脉相承的内核。特别是在 1981 年《政府工作报告》中，以非常精练的语言，对在该阶段内的宏观经济调控措施作了整体描述，将其分为财政平衡、信贷平衡、物价基本稳定，这三个方面对此阶段的宏观调控提供系统化观念，当然这种宏观调控指标与实物工作量政府工作目标一起构成了该阶段的整体框架，财政平衡有力地支持了物价调控，并且实现正的整体经济效益，信贷平衡控制了经济整体中预算软约束的效率损失，物价基本稳定为经济发展创造了群众基础，这种框架配合实物工作量减少，特别是基建投资压缩，共同完成了宏观调控目标。

三、重拾信心

在全球化的经济发展格局下，外商直接投资是一种资本的跨国流动，其中也包括技术和管理方式的国际交流。在经济增长过程中，外商直接投资对形成资本、提高就业率、国际收支调整和促进国际竞争、提高引资国的国民经济综合实力和国际竞争力，都具有重要作用和积极贡献。

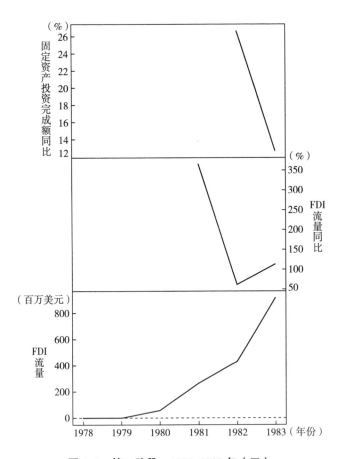

图1-5　第一阶段：1978~1983年（三）

自改革开放以来，为了完成对外开放的核心任务，中国政府从一开始就将吸引外商直接投资（FDI）作为对外开放政策的重要组成部分。在一定程度上，FDI代表了外商对中国市场的预期以及中国市场经济建设的进程。1982年与1983年，中国经济增长提速与外商直接投资有一定联系（见图1-5）。从国家统计局公布的数据来看，1982年，中国FDI流量为4.3亿美元，占全球的1%；1983年达到9.16亿美元，占全球的2%，随后开始快速上涨，其中包括制度因素与实际的市场因素。首先，在制度方面，中国政府给予了外商税收优惠、市场准入、土地使用等一系列优惠政策，特别是1986年出台的《中华人民共和国外商投资法》规定了外商与国内企业享有同等待遇；其次，从FDI流入中国的速度和流量以及相关报道来看，改革开放以来，外资企业在华投资回报率维持较高水平且长期稳定。具体来看，改革开放初期，对外资的利用多以对外借款为主，特别是政府贷款，形成了以劳动密集型加工贸易为主的外商投资格局。

中国政府采取了一系列优惠措施大力引进外资，FDI 从无到有，对宏观经济发展带来了巨大帮助。在改革开放初期，FDI 受到的政策限制较多，中国政府只允许在经济特区和沿海经济开放区经营出口加工制造。为此，20 世纪 80 年代，FDI 规模占 GDP 比重低于 1%。

在 1978~1983 年的第一阶段中，资本形成率与 FDI 呈现相反趋势。资本形成率持续走低，FDI 则快速升高。资本形成率的持续走低主要受紧缩政策的影响，FDI 快速上升是由改革开放直接导致的。从商务部公布的来华外商直接投资数据来看，1979~1982 年，合同外资金额为 49.58 亿美元，实际使用外资金额为 17.69 亿美元。1983 年，合同外资金额为 19.17 亿美元，实际使用外资金额为 9.16 亿美元，占 GDP 的 0.3%。

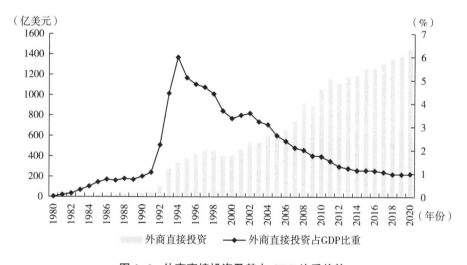

图 1-6　外商直接投资及其占 GDP 比重趋势

资料来源：外商直接投资 1980~1982 年数据来源于联合国贸易和发展会议，1982 年以后数据来源于商务部。

观察具体的时间序列，FDI 快速抬头的时间是 1980 年（见图 1-6），这与当时的政策紧密关联。1980 年 5 月，中央政府决定对广东和福建两省实行对外开放的特殊政策和灵活措施。同年8月，再次批准在深圳、珠海、汕头、厦门设立"以市场调节为主的区域性外向型经济形式"的经济特区。国家对特区各类企业的自用货物免征进口关税和工商统一税，对国外进口的商品实行减半征收进口关税和工商统一税，对在特区自产自销的商品，也减半征收工商统一税。随后，东部沿海地区在政策开放的背景下得到快速发展。

外资的持续流入改变了国内经济结构。1992年以前，中国利用外资主要是对外借款特别是政府贷款，外商直接投资规模一直较小。1979~1991年，每年都是对外借款大于外商投资，13年累计对外借款526亿美元，外商直接投资仅为251亿美元，如图1-7所示。1992年，利用外商直接投资首次超过对外借款，此后，外商投资规模逐年大幅提升，成为中国利用外资的主要方式。

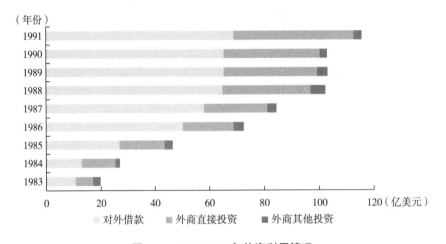

图1-7　1983~1991年外资利用情况

资料来源：根据统计数据整理。

比起FDI的持续流入为经济带来的活力，更加重要的是其提升了中国经济增长的质量。第一，在市场红利、人口红利以及政策红利的基础上，国际大财团、跨国公司投资比重逐步提高；在改革开放初期，中国对外开放的区域范围较小，土地使用费和劳动力便宜，同时政策在税收方面给予了大量支持，对低附加值的小型投资有较大吸引力。伴随对外开放政策不断扩大，沿海地区的成本优势逐步弱化，但是地区的综合素质（地理位置、政策现代化、投资环境、基础设施、供应链、人才素质、技术水平）得到了快速提升。这迫使前期低附加值的小型投资退出，随之而来的是 20 世纪 90 年代中期以后，规模大、技术水准高的国际跨国公司。第二，项目从劳动密集型转向技术密集型。在大型跨国公司投资比重上升的背景下，沿海地区项目逐步从劳动密集型过渡到技术密集型，从而使中国在国际产业分工中的地位大大提升。

土地价格

土地是经济增长的基本要素之一。自中华人民共和国成立以来，为了适应经济发展，土地制度经历了行政划拨、使用权和所有权分离、土地使用权有偿转让、"三权分置"等多次改革，有力地推动了城镇化、工业化和农业现代化的发展需求。改革开放以来，土地市场建设步伐加快，土地市场体系基本形成。

与全球多数国家不同，中国将农村土地和城市土地按照功能进行了划分，特别是在改革开放初期，农村土地和城市土地的管理政策有较大区别。在第一阶段中，土地市场的发展主要以改革探索为主线，是计划配置向市场配置的起点。

在农村方面，1978 年以后，由村民自下而上摸索出来的承包制逐渐打破了原来的公社集体经营模式，土地所有权与承包经营权出现分离。两权的分离有效解决了人民公社制度下集体共营的弊端，解放了农村生产力，自此，农村经济市场化改革的序幕被拉开。1982 年，《全国农村工作会议纪要》明确规定社员的承包地不得买卖、出租、转让与荒废，农村土地市场受到严格限制。

在城市方面，1981 年，国有土地有偿使用的想法开始在深圳、合肥、抚顺、广州等多地进行试点。土地有偿使用打破了原来行政划拨的计划模式，为土地制度改革提供了先行经验，但是距离土地市场机制仍有差距。1982 年，党的十二大提出土地计划与市场之间的关系是"以计划为主，市场为辅，但市场的作用不可忽视"。

整体上，1978~1983 年是土地改革的初期，土地市场化苗头初现，土地资源利用率逐步提升，给经济增长带来了新的活力。

四、本章小结

以 GDP 为核心目标的长期经济发展模式以及宏观调控模式对中国非常重要，1983 年的《政府工作报告》就对后 20 年的经济工作做了全局部署，GDP 就是整体工作的旗帜。从更广的范围来讲，一个民族性国家应该以经济建设为中心，财富增量是所有社会矛盾的润滑剂，先富起来，再讨论如何让所有人都富起来，这是一条具有普适性的道路。

财政平衡、信贷平衡与物价稳定之间存在重要关系，这种关系即使是在价格体系受到国家管控之下依旧明显，因此整体通胀水平仅仅靠行政手段是难以控制的。在经济全球化的今天，虽然各个国家的央行独立性各不相同，但都必须控制财政向央行借钱的手，价格是难以通过行政手段来控制的，需要政府的言行一致。

一个国家的中央财政非常重要，如果地方财政可以很好地减轻预算软约束的弊端，地方财政平衡也很重要。教育、养老、医疗是中央财政需要支持的国民基本福利，如果中央财政不能跟随经济的发展满足这些国民基本福利的支出，有可能导致政府信用下滑。地方财政不用支持全国性的国民基本福利，但应该为地区居民福利提供基本支撑。

预算软约束是我国投资体制的固有属性，因此，政府部门要具备完善的投资调控政策框架与市场工具。如何通过市场力量来实现高质量投资是一个重大命题。

宏观调控对就业市场影响显著，以财政托底就业市场也是中国宏观调控的固有属性。

第二章 市场经济逐步展开

　　1983~1986年属于改革开放的初期阶段。GDP增速均值维持在10%以上，国民经济整体处在快速扩张区间，投资、消费以及进出口增速均出现了大幅上行，宏观经济一度进入过热阶段。随后，政策快速介入，通过宏观调控帮助经济实现软着陆。同期，市场化的道路逐步清晰，1984年10月20日党的十二届三中全会上通过了《决定》，实现了中国共产党在经济理论上的重大突破。《决定》突破了把计划经济同商品经济对立起来的传统观点，确定我国社会主义经济是公有制基础上的有计划的商品经济，为后续市场扩张打下了基础。

　　伴随改革开放的持续深化，中国逐步实现了从传统农业经济向工业化经济的转型，首先，工业增加值在国民经济中的比重逐年提高。其次，对外开放更加积极，其间大量引进国外先进技术和管理经验，建立了多个经济特区和沿海开放城市，为出口创汇和经济增长提供了有力支撑。再次，逐步实行市场定价机制，通过市场手段调节农产品、轻工业和服务业的价格，使市场资源配置更加灵活。最后，政府加大了对民营企业的扶持力度，特别是对小微企业的支持，同时鼓励私人投资和创业，促进了民间投资和企业的共同发展。

　　1984年，在国民经济经历了1981年后三年的平稳发展后，进入了一个新的发展阶段。1984年10月，党的十二届三中全会正式宣布国民经济调整任务已经基本完成，做出了经济体制全面改革的决定。但是，在中国体制改革全面启动之际，1984年下半年经济突然加速，进入了一个高热的状态，在当时被称作"一高二快"，意思为工业生产高增速，投资和消费同步快速增长。

　　为了抑制有可能过热的国民经济，国务院在1985~1986年实施了紧缩政策，其中包括五个方向：第一，清理基建项目，压缩固定资产投资规模。第二，收缩银行贷款，控制货币发行。第三，努力把消费基金增长过猛的势头压下去。第四，调整利率，促进储蓄，限制贷款。第五，对地方和企业使用外汇采取严格控制管理措施，压缩非贸易外汇支出。在实施了一系列紧缩措施后，到 1986 年第一季度，经过半年多的时滞，紧缩政策对经济过热的抑制效应逐步出现成效：第一，工业速度开始出现大幅下降，第一季度工业总产值同比增速回落至 4.4%，其中在 2 月出现了 0.9% 的低增速。第二，投资有效地控制在了目标范围内。第三，财政信贷达到了平衡，特别是社会货币供应量大幅减少，不过由于供给的收缩，特别是通过进口增加的供给的收缩，生产资料市场中的生产材料价格有所上升。

整体上，紧缩的政策促使 GDP 增速掉头放缓，但是在某几个领域，紧缩的政策却没有形成明显的效果。第一，消费方面，在增长的体制下，消费本身具有较强的韧性，叠加城市体制改革中的工资改革先行一步，导致后期紧缩的政策对消费膨胀的抑制效果较弱。第二，效益出现较大下滑。1986 年对 78 个城市的调查统计结果显示，全社会普遍出现了利税减少，亏损上升，成品资金增加，职工收入增加但劳动生产率没有同步提升的现象。

1983~1986 年，在经历了上一阶段的政治路线、经济路线改革之后，国民经济从迷雾中走出，明确了远景目标、经济和政治路线。在一系列基础工作之后，第二阶段进入经济建设探索的初始阶段，商品经济的运行机制开始逐步探索和建立。与此同时，市场力量在这一阶段中的作用也初步显现出来，在投资效益驱动下，投资增速仍展现出较大惯性，即使压缩投资总量，也需完成前期投资工作，总共经历两年时间才完成调整。居民财富逐渐积累，在直接融资市场缺位的大背景下，居民根据商品价格和未来预期决定自身储蓄行为的力量逐渐显现，这让通胀变得高企，通胀长期预期发生深刻变化。在银行体系下，居民存款利率被严格控制，在通胀长期预期改变的大背景下，居民将更多现金换成商品形式保存，特别是具有一定耐用性的商品更加供不应求，利率体系和物价体系在居民力量的作用下逐步建立联系。在利率体系无法满足居民财富保值需求的情况驱动下，银行体系之外的金融企业进入快速发展期，通过以满足居民财富保值为业务支撑的金融行业催生了直接融资市场的形成与发展，这样在银行体系建立完善过程中，中国的直接融资市场进入萌芽阶段，这在一定程度上提高了通胀的深度和广度，金融体系缺乏监管也增加了宏观调控的难度。在企业工资制度改革和直接融资市场发展的背景下，企业与居民之间的市场循环逐渐形成和扩大。需要特别指出的是，随着对外开放政策方针深化落实，外贸经营管理体制市场化改革也取得重大突破，与价格体系在国内商品经济发展中起到重要核心作用一样，外汇汇率体系也在进出口贸易中起到了重要作用。我国外汇汇率价格的形成和调控体系的建立要慢于国内价格体系改革，因此在这一阶段内主要还是通过税收、商品管理等手段来调控商品进出口，服务进出口在这一时期内还不是对外开放的主要因素。应该说，外汇汇率、国内利率、价格体系之间的复杂联系在这一阶段内逐步形成，并且对居民储蓄、企业生产、国家投资逐渐产生深刻影响，市场力量逐渐形成。

一、市场力量出现，消费与 GDP 同步

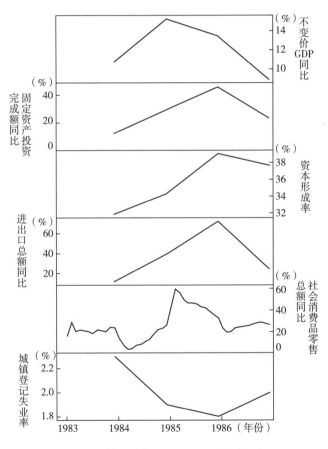

图 2-1　第二阶段：1983~1986 年（一）

1983~1986 年，中国 GDP 经历了加速到减速的完整阶段（见图 2-1）。在整体国民经济向好的背景下，消费出现了同步的态势。投资受前期项目影响，具有一定的惯性，具体体现在政策收紧后固定资产投资增速依旧处在快速上行阶段。由于大量基建项目对海外原材料、机械设备有较大的依赖性，这使得对外贸易的波动与投资基本保持一致。

20 世纪 80 年代初期，增量改革模式的推进促进了城乡民营经济及市场规模的拓展，加上 1978 年以来对外开放带来的全新活力，共同促进中国经济快速增长。不过，增量改革也具有局限性：首先，国有企业占用了大量生产、社会资源，且持续处在计划经济的管理模式下，导致国有企业活力难以被激发，大量资源处在低效率模式下。其次，自改革开放以来，民营经济持续走强，但受限于"计划经济为主、市场调节为辅"的总体框架，民营经济上升空间有限，叠加生产资源的限制，民营经济整体难以建立竞争性的市场体系。这导致计划经济与市场经济在发展上出现了一定的不平衡。1983 年 3 月 26 日至 4 月 6 日，中共中央和国务院召开沿海部分城市对外开放座谈会。根据邓小平的提议，会议决定进一步开放大连、天津、烟台、青岛、上海、宁波、温州、福州、广州、北海等 14 个沿海港口城市。1984 年初，第二次对外开放的大幕正式开启，确立了"社会主义有计划的商品经济"的改革目标。

1984 年 10 月 20 日，党的十二届三中全会在北京召开，会议突破了把计划经济同商品经济对立起来的传统观点，确认我国社会主义经济是公有制基础上的有计划的商品经济。在突破了"计划经济为主、市场调节为辅"的总框架后，用三个要点对框架进行了结构性调整。首先，强调了商品经济的发展是社会经济发展不可逾越的阶段，明确指出我国在总体上实行有计划的商品经济。其次，虽然继续肯定市场调节的机制是辅助性的，但是同步强调了其必要性。最后，重新定义了计划经济，指出计划经济不等于以指令性计划为主，指令性计划和指导性计划都是计划经济的具体形式。指导性计划主要依靠经济杠杆发挥作用来实现，指令性计划也必须运用价值规律。

（一）经济增速经历了从加速到软着陆的完整阶段

在第一个阶段中（1978~1983 年），宏观经济总产出呈现先回落后抬升的态势，最后一年经济增速在宏观政策调控下出现降温。在第二个阶段中，GDP

增速在前半段维持了上一阶段的惯性，呈现先上升后下降的态势。在短暂的降温后，中国经济又开始从1983年升温，从1984年与1985两年的经济增速观察，经济再次出现了快速增长的现象，其中1984年与1985年的GDP增速分别达到15.19%与13.43%。其间，通货膨胀出现大幅上行，CPI同比增速在1985年与1986年分别达到9.3%与6.5%。在结构上，对GDP的主要贡献来自第二产业，在1983~1986年贡献率分别为43.49%、42.68%、61.18%以及53.21%。导致经济快速升温的原因，主要有以下三个方面：

第一，1982年9月，党的十二大确定了20世纪末工农业生产总值翻两番的战略目标。按照原计划，1980~2000年，前十年是打基础，后十年是快速发展。在"拨乱反正""对内搞活经济，对外实行开放"的指引和民营经济快速抬头以及政策支持的背景下，自1984年初开始，各地政府出现了为达到目标互相攀比竞争的情况，在辖区内要求扩大投资规模，以提前完成翻番目标。尽管中央政府三令五申要求地方政府不要过于激进，但是，一些地方政府根据以往的经验，以提前完成目标为荣，提出"批评中前进"的口号，继续维持经济高速扩张，导致经济走热的势头难以放缓。

第二，在1984年9月召开的党的十二届三中全会中，中央扭转了第一阶段出现的计划经济思想回潮问题，再次确立了社会主义商品经济的改革目标。在市场逐步放开的背景下，全国上下情绪振奋，对中国经济的预期快速升温。此外，在货币供给方面，银行系统规定中央银行给予银行的贷款额度要以1984年的贷款实际发生额为基数。这导致银行端为了提高1985年的贷款额度，逐级下达了行政指标，要求尽可能扩大1984年的贷款基数。随后，社会上出现了银行送款上门，甚至要求企业多贷款的现象。

第三，1984年，部分中央领导提倡"能挣会花"。本质上，这是对有竞争能力的一种激励政策，但是不少机关企业理解为政策导向，突击提高工资、发放奖金、消费品，导致经济继续升温。

1984年末与1985年初，关于中国经济是否出现了过热和是否应当采取紧缩的货币政策的问题，学术界和政治界出现了分歧，持续的讨论导致政策端迟迟未作决策。当时，国务院确认了货币流通出现了不正常的情况。为了快速搞清楚问题并有效干预，1985年上半年连续召开了三次省长会议，要求各地采取紧缩的政策来减缓投资和消费的快速升温。但是由于领导层意见出现分化，政策并没有落实到位，经济高热的态势没有得到缓解。到了年中，在邓小平的指示下，全国对宏观经济形势的判断才逐步收拢。随后，中央政府决定派出检查组至各省监督基建项目压缩情况。1985 年，在紧缩的政策下，中央银行调整了银行贷款利率，压缩了固定资产投资需求，并收回了 1984 年第四季度超额发放的贷款。1986 年，宏观政策"稳中求松"，取消了中国人民银行对各银行的贷款限额指标，允许各银行根据实际需求安排发放额度。

整体来看，经济持续走热的核心推手之一应该是信贷失控。在 1985 年 9 月中国共产党全国代表会议上，邓小平讲道："速度过高，带来的问题不少，对改革和社会风气也有不利影响，还是稳妥一点好。一定要控制固定资产的投资规模，不要把基本建设的摊子铺大了。"会议上提出的《中共中央关于制定国民经济和社会发展第七个五年计划的建议》中，提出了"七五"时期（1986—1990 年）的经济和社会发展必须坚守的四条原则，其中两条与宏观经济政策紧密相关：

（1）坚持把改革放在首位，使改革和建设互相适应，互相促进。从根本上说，改革是为建设服务的。从当前来说，建设的安排要有利于改革的进行。为了改革的顺利进行，必须合理确定经济增长率，防止盲目攀比和追求产值产量的增长速度，避免经济生活的紧张和混乱，为改革创造良好的经济环境。

（2）坚持社会总需求和总供给的基本平衡，使积累和消费保持恰当的比例。这里的中心问题是，在妥善安排人民生活的同时，要十分注意根据国力来确定合理的固定资产投资规模，做到国家财政、信贷、物资和外汇的各自平衡和相互间的综合平衡。

（二）投资难以减速

1983~1986 年，全社会固定资产投资增速呈现先快速增长随后缓慢减速的态势。由于大量的投资项目特别是基建项目是提前规划的，这使得投资波动具有一定的惯性，并不会伴随政策出台快速降温。数据上，全社会固定资产投资完成额增速分别为 16.2%、28.2%、38.8% 以及 22.7%。自 1984 年开始，固定资产投资成为国民经济中增长最快的领域。其中 1984 年全社会固定资产投资总额达到 1833 亿元，比 1983 年增长了 464 亿元，同比增加 33.9%，扣除当年农民购置的生产性固定资产的投资（以前年度未包括这部分）这一不可比因素，则比上年同期增长 25.6%，是 1979 年以来增长最快的一年。由于整体经济有过热的势头，1985 年 2 月开始国务院采取了紧缩的政策，并持续到 1986 年第二季度。其中投资方面要求清理基建项目、压缩固定资产投资规模，并出台了《关于控制固定资产投资规模的通知》。

1983 年 6 月 7 日，第六届全国人民代表大会第一次会议公布的《关于 1983 年国民经济和社会发展计划的报告》在对 1982 年的投资情况做总结时提出了三个问题：第一，固定资产投资增长过猛，大规模突破了国家原有的计划安排。全国基本建设投资总额比计划超过 110 亿元，比 1981 年增加 112 亿元。其中，不少项目是地方认为必要，但整体来看没有必要的，浪费了大量资源。第二，固定资产投资增加过多，直接导致重工业生产回升过猛，迫使稍微缓和了的能源和原材料供应紧张的情况再次出现紧张，运输能力更显得不足。第三，虽然早在 1982 年初就提出了注重经济效益的问题，但是许多单位仍然存在着片面追求产值的现象，生产、建设和流通领域中经济效益差的状况没有明显改善，许多经济效益指标没有完成计划。

为了解决前期出现的问题，1984 年要求在缩短建设工期、降低工程造价、提高工程质量方面取得明显进展，切实保证投资项目及时建成投产发挥效益。同时，延续前期政策，继续收紧项目数量，在建设领域进一步贯彻集中力量加强重点建设的方针，积极推行管理体制改革。1984 年，全民所有制单位固定资产投资 1160 亿元，比 1983 年增加 208 亿元，增长了 21.8%。在全民所有制单位固定资产投资中，基本建设投资 735 亿元，比 1983 年增长 23.8%；扣除不列入计划考核部分后为 689 亿元，超过国家计划 650 亿元的 6%，为国家调整计划 706 亿元的 97.6%。其中，国家预算直接安排的投资 316 亿元，为国家调整计划的 95.3%。较高的固定资产投资完成额主要由于前期工程集体完工，其中，计划要求建成投产的大中型项目和单项工程，有 88% 已按期建成，完成计划比例是近几年最高的。1985 年，重点建设和企业更新改造进一步加强，管理体制改革有了新的进展。在全民所有制单位固定资产投资中，基本建设投资 1061 亿元，比 1984 年增加 318 亿元，增长了 42.8%；列入基本建设计划考核部分完成 882 亿元，为调整后计划投资的 99.3%，整体增速依旧维持高位。

1986 年，资本形成率终于小幅回落到 37.68%。经过几年的努力，固定资产投资过快的增长势头得到初步控制。其中，全国城乡固定资产投资完成 2967 亿元，比 1985 年增加 424 亿元，增长 16.7%，低于 1985 年 38.7% 的增速。全民所有制单位固定资产投资 1938 亿元，城乡集体所有制单位固定资产投资 404 亿元，城乡个人投资 625 亿元。在全民所有制单位固定资产投资中，基本建设投资 1152 亿元，比 1985 年增加 78 亿元，增长 7.3%。整体上，固定资产投资规模仍然偏大。主要原因为前几年新上的项目过多，需要时间逐步消化。

在外国直接投资上，根据联合国贸易和发展会议公布的数据，1983~1986 年 FDI 绝对量继续维持改革开放以来的高速上行态势，金额从 916 百万美元升至 2243.73 百万美元，此部分将在后续的板块中展开。

（三）消费同样经历从加速到软着陆的过程

在消费方面，从 1982 年开始，居民收入超过了国民收入和社会总产值的增长。1984 年，社会总产值增长 14.7%，国民收入增速为 13.5%，而职工工资与农民收入增速分别为 21.3% 与 14.7%。经济的走热为消费提供了有力的支撑。

1983~1986 年，社零总额总体呈现先震荡上行、后下降的态势。在具体的时间上，以 1985 年 2 月为拐点，增速前期上升、后续下降。绝对量上，持续维持上行态势，从 1983 年 1 月的 243.2 亿元上升至 1987 年 1 月的 445.2 亿元。与整体国民经济同步，在国务院于 1985 年初开始采取紧缩的政策后，消费同样经历了回落。根据国务院的要求，对消费基金、银行采取先紧后松的办法，先冻结工资奖金总额，严格按 1985 年 3 月水平控制消费基金。随后，再根据副食补贴、工资改革等逐步放开，同时编制劳动工资计划逐级下达，由银行监督支付，努力把消费基金增长过猛的势头压下来。

1983~1986 年是改革开放初期的关键节点，全国社零总额总体波动与 GDP 增速同步，呈现出一个从加速到软着陆的过程。这一时期内，中国市场改革逐步落地，打破了原有计划经济的僵化体制，市场需求的不断增长，直接推动了社零总额的快速增长。同时，一系列的改革措施在商业领域推动了市场化的进程，商品经济起步，进一步促进了社零总额绝对量的增长。不过，虽然社零总额绝对量和增速都有了较大的飞跃，但是国民经济整体在此期间依旧呈现供给不足的情况。

1984年10月，党的十二届三中全会上通过了《决定》，正式确立了经济改革的目标，启动了全面改革的尝试。其中，将改革的目标确立为建立"社会主义商品经济"，此处引用决定的原文："改革计划体制，首先要突破把计划经济同商品经济对立起来的传统理念，明确认识社会主义计划经济必须自觉依据和运用价值规律，是在公有制基础上的有计划的商品经济。商品经济的充分发展，是社会经济发展的不可逾越的阶段，是实现我国经济现代化的必要条件。只有充分发展商品经济，才能把经济真正搞活，促使各个企业提高效率，灵活经营，灵敏地适应复杂多变的社会需求。"

1985年，全国商业体制改革取得重大突破，取消了农产品的统购、派购制度，结束了30多年对主要农产品统得过多、管得过死、价格偏低的局面，肯定了农产品的商品属性，扩大了市场调节范围。同时批发体制也发生了根本性的改革，国营批发企业延续30多年的"三固定"批发模式和"一、二、三、零"封闭式经营，以行政手段层层分配、调拨商品的旧运行机制，被"三多一少"的开放式经营的新运行机制所取代。

20世纪80年代，尤其是1982~1988年，中国经济改革进入双轨体制、渐进式改革道路确立的时期，即新旧两种体制并存又激烈冲突的阶段。套用《中国十个五年计划研究报告》的原文："理论上几十年争论不休的计划与市场之争这时也到了生死抉择的最后交锋时期，市场经济的改革取向已经不可逆转。"也就是改革开放在与市场的协作中出现了矛盾，倒逼改革前进。对整体改革方案讨论最激烈的阶段在1987年与1988年两年间。1983~1986年，全社会处在价格混乱阶段，整体需求远大于供给，导致供需失衡的原因是中国经济进入高增长阶段，到1984年和1985年，社会固定资产投资规模、社会商品零售额都达到历史上少有的高增速，市场货币流通量的增长率在1984年高达49.5%。现实中体现为需求远高于供给，国民经济各方面出现紧张，物价指数快速上涨。高企的物价水平迫使中央政府在1985年下半年至1986年上半年采取"软着陆"的政策，其中包括以压缩财政开支和紧缩银根的"双紧方针"为核心的一系列紧缩措施。随后，从经济增速到工业增长等一系列经济指标开始出现放缓或倒退的局面。

（四）就业市场同样经历从升温到冷却的过程

就业市场方面，根据国家统计局公布的数据，在 1983~1986 年出现了一次波动。其中 1983~1985 年城镇登记失业率持续下行，从 2.3% 下降至 1.8%，随后又在 1986 年回升至 2% 的水平。整体上相较前一时期有了明显改善，待业青年数量出现大幅回落，结束了自 1979 年开始出现的高失业率问题。

待业青年数量的大幅回落主要是由于政策红利的逐步释放。在 1980 年 8 月中共中央召开的全国劳动就业工作会议上，中央提出了"在国家统筹规划和指导下，实行劳动部门介绍就业、自愿组织起来就业和自谋职业相结合"的总方针（后称"三结合"就业方针）。其中，劳动部门介绍就业是依靠国营和大集体企业、事业单位按照国家计划指标招工；组织起来指群众自愿组织的各种集体经济单位；自谋职业指个体劳动者从事个体商业和服务业。三条道路在传统的统筹分配的就业政策上打开了一个口子，将市场的概念引入了就业市场。整体上由过去单一的国家统筹转变为国家、集体、个人三条路。从此以后，劳动力配置逐步分为两条道路：一是传统的行政控制，二是自由流通，完全受市场调节，逐步形成了就业市场的双轨制。

1981 年 10 月，中共中央、国务院发布了《关于广开门路，搞活经济，解决城镇就业问题的若干规定》，继续强调"三结合"就业方针的重要性。强调要把解决就业问题和调整所有制结构、产业结构结合起来。随后，一系列就业政策出现调整，开启了中国就业市场的新格局。

对传统用工制度的改革较"三结合"就业方针的创新之处在于，其在根本上动摇了传统就业制度的本质。20 世纪 70 年代末，邓小平提出："今后，不仅大中学校招生要德智体全面考核，择优录取，而且各部门招工用人也要逐步实行德智体全面考核的办法，择优尽先录用。"1983 年 2 月，劳动人事部颁布了《关于招工考核择优录用的暂行规定》，首次明确规定了实行范围、考核内容、择优标准、录用审批。其次，传统的统筹就业市场还存在用工制度的弊端，特别是退休职工子女接班的问题。1986 年 7 月，国务院发布《国营企业招用工人暂行规定》，废止了传统的"子女顶替"制度。

除了对用人机制的结构性优化外，在对传统就业制度改革的进程中还突破了固定工制度。在传统劳动就业制度中，"铁饭碗"导致企业劳动力结构不断老化，最终体现为生产效率和组织效率低下。早在 1980 年，劳动合同制就开始在上海进行试点。1982 年末，试点扩大至北京、广西、河南、湖北、安徽、甘肃等地。1983 年 2 月，劳动人事部下发《关于积极试行劳动合同制的通知》，要求全国在 1983 年内推行合同制。根据国家统计局公布的数据，到 1988 年底，全民所有制单位实行劳动合同制的职工已经达到 992 万人，占职工总数的 7.2%。

除了打破传统的用工制度外，在解决青年待业问题上首先要关注技能问题。大量返城青年受前期影响，出现了技能不匹配导致的失业。1982 年的第三次全国人口普查显示，在城镇待业人员中，初中以下文化程度占 64.3%，其中小学文化程度占 12.5%，文盲半文盲占 2%。在占待业人员总数 35.7% 的高中文化程度中，多数是普通高中毕业生，只有极少数具有职业教育背景。这种文化程度和结构，严重限制了职业的选择空间。导致社会上出现了大量职位无人能干，但同时又有大量人无事可做的结构性失业。为此，在用工制度改革的同时，中共中央、国务院同步对教育体制进行改革。1980~1987 年，全国高中阶段的各类中等职业技术学校持续扩招，招生人数增幅从 22.4% 上升到 47.1%。1987 年全国就业训练中心达到 1600 余个，加上各种形式的培训班，全国年培训人数达到 200 万人。

1986 年，持续下行的失业率出现了反弹。从 1985 年的 1.8% 回升至 2%，结束了前期长达 8 年的回落趋势。失业数据的回升主要与政策波动直接关联，很难从当时快速增长的经济上找到原因。1986 年，中国首次建立失业保险体制。王延娜（2011）认为，在失业保险体制建立后，失业之后选择去政府部门登记的人数增加，导致失业率计算公式中的分子逐步变大，出现失业率增高的趋势。此外，国家统计局对就业数据的统计口径为城镇登记失业率，非城镇人口的就业情况并未纳入统计范围。但是，伴随就业制度市场化，大量农村劳动力进入城镇地区，在一定程度上挤压了城镇居民的就业市场，最终呈现为城镇失业率上行。

（五）对外贸易经历从加速到减速的过程

自改革开放以来，对外开放的进程持续扩张。第二阶段（1983~1986 年）延续了前期快速增长的势头，进出口金额绝对值（现价）从 1982 年的 771.37 亿元升至 1986 年的 2580.37 亿元。同比增速上，1985 年创下高点，同比增长

72.08%，随后出现回落，至 24.85%。整体上，改革开放的春风越刮越烈，持续推动中国经济向好发展。

1983 年，全球经济处在不景气中，中国继续坚持"调整、改革、整顿、提高"的八字方针和对外开放政策，"出口创汇"是该时期的主基调。全年进出口贸易总额为 860.15 亿元，同比增长 11.51%。结构上，出口占 438.3 亿元，进口占 421.8 亿元。在贸易地区层面，中国开放的道路循序渐进，以亚洲地区为主。在出口贸易中，中国港澳地区、日本、新加坡排在前位；在进口贸易中，日本、中国港澳地区、马来西亚位列前位。在商品贸易方面，初级产品出口总值略有下降，从 1982 年的 45% 下降至 43.4%，主要原因是国际市场能源价格下跌。工业制成品小幅上升，从 1982 年的 55% 上升至 56.7%，主要原因为轻纺工业产品增幅较大。在进口方面，初级产品比重由 1982 年的 39.6% 回落至 27.2%，主要原因是 1983 年粮食丰收，减少了对进口的依赖。工业制成品从 1982 年的 60.4% 上升至 72.8%，有较大增幅，主要原因是生产所需的钢材、铜、铝出现的较大增长，特别是进口汽车数量较 1982 年增长了 9000 辆。

1984 年，中国外贸体制发生变革，对改革开放的总纲要作了进一步的细化。1984 年 9 月 15 日，国务院批转了经贸部《关于外贸体制改革意见的报告》(以下简称《报告》)，《报告》包括"实行外贸代理制""改革外贸计划体制""改革外贸财务体制"等。至此，中国外贸体制改革进一步开放，高度集权的外贸总公司垄断全国外贸的局面被打破。在《报告》出台前，对外贸易的主导方依然以国有为主，外贸部直属的进出口公司垄断了全国进出口业务，各省的外贸部门只是总公司的分支派出机构，在进口商品上依旧采取统筹计划的模式。这样的计划式贸易导致真实的需求方（企业）与实际供给方产生了隔阂，产生了几类问题：首先，价格信息并未有效传递，部分出口导致了不盈利甚至亏损的情况，但是即使亏损也依旧在继续进行。其次，企业无法与国际市场进行直接交流，导致供给侧无法为需求方设计生产合适的产品。最后，进口产品的高关税为国内企业建立了高墙，价格因素使国内企业生产的商品享有得天独厚的价格优势。随着《报告》的出台，"政企分开""简政放权""实行外贸代理制""改革外贸计划体制""改革外贸财务体制"等政策相继实施，中国外贸规模迅速扩大，原先各省下属的对外贸易组织开始逐渐成为外贸中的主力。也从此开始，改革开放逐步突破了原有的权限，为外贸市场化打下了基础。

1985 年，西方主要经济体增速缓慢，国际商品市场需求放缓，总体价格水平下行，贸易保护主义抬头，导致全球贸易增速下滑。但是与之相反，中国在改革的背景下，1985 年外贸出现较大增速，进出口总额同比增长 72.08%，创下有数据以来高点。其中，进口增幅远高于出口增幅，导致当年出现了448.5 亿元的贸易逆差。进口的快速上行主要由于工业制成品成倍增长，总量较 1984 年增长 1 倍有余，占进口总值的比重由 1984 年的 81.29% 上升至87.59%。进口激增的主要原因为国内生产建设和市场物资的需求。贸易地区方面，日本、我国港澳地区继续维持前位，美国升至第三，说明中国内地国际贸易范围和规模逐步扩展。

1986 年，全球经济依然低迷，需求持续下行继续传导至价格端。中国市场的优势是改革开放仍在起步期，全社会对商品的需求依旧维持在激增水平，整体呈现内需大于外需的情形，全年进出口总额增速有所回落，为 24.85%。政策上，1986 年是中国第七个五年计划的第一年，"出口创汇"仍是主旋律。随着改革的不断推进，国产商品种类日益繁多，为国际市场提供了更多低价的商品选择，在全球经济低迷的背景下呈利好态势，数据上体现为 1986 年贸易整体呈现出口增长，进口略降。从出口商品结构来看，工业制成品出口比重大大超过初级产品，达到了 63.6%，初级产品出口比重下降到 36.4%，这充分说明了中国制造业正在快速抬头。从具体商品来看，轻纺工业出口创下纪录，较1985 年增长了 3.6 倍，多创汇 176.2 亿元。在进口方面，工业制成品进口比重略降，但进口金额增加。由于出口继续增长，进口得到了适当的控制，整体贸易逆差从 1985 年的 −149.02 亿美元下降至 −119.7 亿美元。此外，1986 年中国参加关贸总协定乌拉圭回合谈判，开始倒逼国内体制改革。由此可见，伴随改革开放的步伐逐步加快，贸易发挥了某种加速推进改革的效应。

二、价格体系市场化改革的初步探索

1984 年 10 月，中国迎来"抢购风潮"，当时的物价指数快速上涨，CPI 从1984 年开始上涨至 2.7%，在 1985 年继续上涨，由于数据只有年度频度，最终 CPI 在 1985 年达到 9.3% 的高点，上涨速度和幅度均超过前期 1980 年高点

7.5%。从后续 CPI 回落的速度来看，自 1984 年党的十二届三中全会决定全面开展经济体制改革之后，通胀表现出更大的黏性，这与企业、居民部门改革相关，货币在企业、居民部门的内生动力开始在通胀惯性上显现出来。1980年 CPI 从 7.5% 下降至 2% 附近，只用了一年时间，但 1985 年到 1987 年两年时间内，通胀从 9.3% 回落到 5% 附近，之后很长一段时间都保持在 5% 以上，到 1990 年才回落至 5% 以下，与 1978~1983 年展现出不同的惯性特点（见图 2-2）。可能有多重因素造成了通胀的中枢和惯性的移动，其中赤字水平和价格改革带来的通胀预期可能在其中起到重要作用。

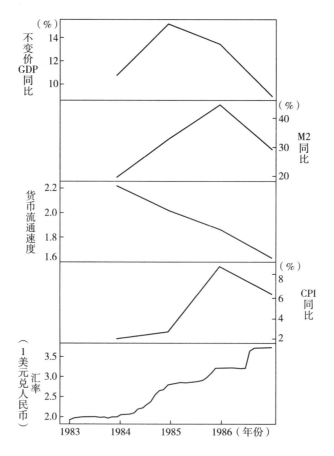

图 2-2　第二阶段：1983~1986 年（二）

（一）价格改革与工资改革正式启动

为理顺价格体系，中共中央、国务院决定，从 1985 年起用五年左右的时间进行价格改革。1985 年价格改革的基本方针是：放调结合，小步前进。即放活价格与调整价格相结合，走小步子，稳步前进。改革的重点有三项：放开生猪收购价格和猪肉销售价格；调整农村粮食购销价格；适当提高铁路短途运价。1985 年的价格改革对促进生产、搞活流通、活跃市场、方便群众生活起到了良好的作用。价格改革、财政收入改革同步进行，在一定程度上决定了财政赤字预期的不稳定，对于稳定通胀也有负面影响。1985 年的价格改革在 1984 年已经显现出对于家庭的价格预期的影响，从 1984 年开始，市场抢购风潮开始酝酿。

企业改革的两个重要文件，一个是企业放权经营理念，关于进一步扩大国营工业企业自主权的暂行规定，一个是与企业经营相关的财税体制改革。1984 年工商税制改革，使企业的主观能动性被激发出来，提高了盈利水平与纳税水平的内生动能。1984 年，党的十二届三中全会通过的《决定》中，为宏观经济发展与建设进一步规定了方向。

（二）居民储蓄初步跟随商品价格、债券收益波动，通胀与债券收益率期限联系初步显现

1983~1986 年，中国股票、债券等金融市场以及商品房、汽车等耐用品市场的资产存储性质还不够完善，居民的财富主要分为现金和存款两类，因此现金与存款的比值在此期间反映了居民部门对于价格变化的反应，也同时与金融体系相互作用对通胀变化产生影响。同样运用许伟和傅雄广（2022）的数据可以发现，现金与存款的比值从 1978 年的 82% 逐步下降至 1983 年的 50%，其间一直呈现回落态势。即使在通胀上涨的 1980 年，该数值也没有出现上涨。但是在 1984 年，该数值从 50% 上涨至 55%，有相当多的居民财富在该年开始以现金形式存在。现金相较居民存款有更好的流动性，虽然在全国层面上货币流通速度在该年度没有表现出明显的上涨，这可能与 M2 的结构变化存在一定关系。之后在通胀高点 1985 年该数值回落至 49%，之后伴随国家控制通胀的宏观调控政策，该数值逐步下降。

1979~1993 年，政府公债重启，为减税让利改革提供支撑。直到 1979 年，我国政府再度对外举债；1981 年，国务院对内启动了国库券发行。少数地方政府也开始借债。这一时期与我国对内推行放权让利改革、对外实施开放政策的时点几乎重合。此后，我国国债发行规模呈加速增长势头。1986 年，国债（含内外债）发行额首次突破百亿元，达 138.25 亿元。1988 年，政府债务收入额为 270.78 亿元，较 1986 年几乎翻倍。1992 年，国债发行规模达到 669.68 亿元，四年间增长了近 1.5 倍。1981 年，在"财政收入占 GDP 比重和中央财政收入占全国财政收入比重"迅速下降、财政赤字逐年加大，债务规模日益膨胀的背景下，我国重启内债。1981~1986 年，国外债务和国内债务呈并重格局；政府债务占财政支出的比重和占 GDP 的比重一直呈波动状态。1985 年，在通胀持续走高的背景下，国家债务占财政支出和占 GDP 的比重都处于阶段性低点，具体来说，占财政支出的比重从 1983 年的 6.14% 下降至 4.87%，占 GDP 的比重从 1983 年的 1.32% 下降至 0.99%，从占比角度来看，1983~1985 年国家债务发行处于收缩阶段，不是通胀上行的主导因素。

（三）银行体系改革进一步完善，中央银行体系框架和货币政策工具逐步完善

1984 年，中国人民银行开始专门行使中央银行的职能。从 GDP、M2、CPI 增速关系来看，1984~1985 年中国经历了经济增速下降、货币量增加、通胀上行的阶段，应该说货币调控与经济增长动能之间出现了不匹配现象，货币量的增长没有进一步带来经济增速的上行，直观上可以有两个猜想：一是 1985 年 M2 增速的上涨是货币内生动力带来的，是 1984 年商业银行改革下信用扩张的后续，展现为预期向好下的信用进一步扩张。这是中央银行初步建立，并对全国基础货币、信用扩张的调控手段不断完善的过程。二是 M2 增速上涨是由于基础货币供应过量，1985 年基础货币通过财政支出、国家担保债务等方式带来的数量上的扩张。在历史上，中国利率曲线的期限结构数据是逐步建立起来的，在 1984~1985 年还没有可以依据的利率期限结构来判断中国货币扩张是基础货币主导还是市场信用扩张主导的。从 1981~1986 年财政收入和支出数据来看，1983~1985 年，国内基本建设支出从 345 亿元增加到 555 亿元，两年增长了 61%，平均每年增速在 30%，与 1984 年 M2 增速基本一致，但是

低于1985年M2增速。1983~1985年城乡储蓄存款从893亿元增加到1623亿元，两年增长了82%，平均每年增速在41%，高于1984年M2增速，高于国内基本建设支出增速，这在一方面说明了1984年中国银行体系改革下中国信用体系的扩张速度快于基础货币单独支撑的货币派生速度。1984年，我国金融市场建设还没有起步，信用扩张主要以银行体系内的贷款形式发展，从1984年前后中国建设银行、中国农业银行、中国银行和中国工商银行在银行体系中的定位作用来看，中国工商银行的资产负债表扩张对当时的中国信用体系扩张起到了十分重要的作用。

1984年开始，中国人民银行开始行使自身的10项职责，在1984~1985年两年内中国人民银行资产负债表逐步完善。目前，中国电子化官方可查的货币供应量数据指标M2起始时间为1990年，但是1986年的《中国金融年鉴》对1980~1986年中国主要货币数据有较为详细的记载。从中可以发现，1986年的《中国金融年鉴》将1984年中国经济过热的原因总结为消费基金增长过快、信贷和货币投放过多等，从年鉴中记录的数据来看，1984年经济体制改革的重点由农村开始转向城市。按可比口径，1984年，全社会固定资产投资1832.9亿元，较1983年增加463.8亿元，增长33.9%；国家工资性现金支出较1983年增长22.3%；城镇集体单位奖金支出较1983年增长55.2%；行政管理费支出较1983年增长38%；银行贷款总额增加989亿元，较1983年增长28.8%；增发货币262亿元，较1983年增长49.5%。1984年的货币投放总量和增长速度都超过历史最高水平，也大大超过同期社会总产值（16.9%）（均按当年价计算，下同）、国民收入（19.3%）、社会商品零售总额（18.5%）的增长幅度，超过了经济增长的需要。货币供应量过多的增长，反过来又刺激了社会总需求的过度膨胀，影响了货币稳定和经济稳定。

1983年9月，国务院正式决定中国人民银行专门行使中央银行职能，另组建中国工商银行，承接原由中国人民银行办理的工商信贷和储蓄业务。经过紧张的筹备，1984年1月1日，中国工商银行正式成立，专门负责城市里的工业和商业金融活动，也包括一部分农村商业活动。农村信贷金融活动由中国农业银行来承担，扩大它的职能，把农村商业银行的监管职能赋予中国农业银行，城里的工业、交通、运输、商业活动基本上都是由中国工商银行来承担。对外经济方面的外汇、贷款、结汇、兑换由中国银行负责，也扩大了它的职能。中国建设银行就主要负责投资贷款。这样初步形成了两级制：一是中央银行；二是成立中国工商银行，扩大原有三个专业银行的职能。在1984年金融体系改革之后，中国工商银行的功能定位与国家关于国营工业企业、城市经济改革重点相吻合，其经营范围体现出经济内生动能的活力。1984年以来，M2的增速逐步加快。

这一时期，中国工商银行各项主要业务伴随国民经济高速发展的金融需求，以范围、规模的迅速扩大和对国民经济各领域全方位渗透为特征，存贷款业务和结算业务快速发展，资金实力迅速壮大，经营效益不断提高。1984年成立当年，中国工商银行各项存款余额1696.16亿元，各项贷款余额2470.22亿元，当年利润54.27亿元。经过10年发展，截至1993年末，中国工商银行各项存款余额8844.44亿元，较1984年增长了4.2倍，年均增长20.1%；各项贷款余额11128.23亿元，较1984年增长了3.5倍，年均增长18.2%；1984~1993年，共实现纯利润1111.83亿元，年均实现纯利润111.18亿元；截至1993年末，中国工商银行各项存款余额占国内银行业存款总额的38.1%，各项贷款余额占国内银行业贷款总额的42.1%，获得并保持了中国第一大银行的地位，为促进国民经济发展和推进改革开放进程做出了巨大贡献。

1984年是中国人民银行与中国工商银行分离的阶段，同时1984年中国建设银行的存款贷款行为还没有完全纳入中国人民银行的中央银行调控体系。在这样的背景下，1984~1986年，中国的货币、信用和银行体系建设经历了重大的改革阶段，相应地，通胀因素也在逐步积累。在中国信用体系中，1984年迎来城市改革和工资制度改革，企业活力的迸发使当时信用市场内生动力强劲，企业利润对员工分成有了资产和未来收益信心的支持，应该说在1984年开始的中国信用市场扩张叠加当时的中央银行体系建设初步阶段，这两种力量共同奠定了通胀起步的基础。在1984年前的货币政策主管单位不是集中在银行体系内，当然这与中国经济发展动力是一脉相承的故事。自1985年开始，中国的货币政策取向才逐步建立，并且将信贷政策管理集中到了中央银行。1984~1985年货币政策取向从"统一计划，分级管理，存贷挂钩，差额控制"走向了"统一计划，划分资金，实贷实存，相互融通"，货币政策工具箱也逐步正式建立起来。

1984~1986年的货币政策工具。1985年，动用国家外汇储蓄增加部分消费品的进口，以缩小购买力缺口，回笼货币；加强贷款计划的指令性管理，严格限制信贷规模；调整银行的贷款利率，通过较大幅度地提高固定资产的贷款利率，压缩对固定资产投资需求；限期收回在 1984 年第四季度超额发放的贷款；为了严格控制基本建设投资规模，将中国建设银行的信贷资金纳入中国人民银行的信贷资金管理范围。1986 年开始实施"稳中求松"的货币政策：取消了中国人民银行对各专业银行的贷款限额指标，允许各专业银行根据实际需要和可能决定贷款规模；在信贷计划安排资金的基础上，中国人民银行再发放 50 亿元贷款给各专业银行，以解决一些地区流动资金的周转困难；人民银行总行允许其下属各地分行，动用超额储备发放贷款，促进地方经济发展。

新中国成立以来，随着我国国民经济计划体制的建立和发展变化，我国银行信贷计划管理先后实行过不同的办法，概括起来，大致可以分为"统收统支""差额控制"两种类型。"统收统支"的信贷计划管理办法起源于新中国成立初期，在经济体制改革前，一直实行这种类型的管理办法。其基本内容是统一计划，分级分项管理，存款由总行统一运用，贷款实行指标控制，层层下达，不得突破。1979 年，我国开始了经济体制改革，与之相适应，人民银行对信贷资金体制进行了初步改革，实行了"统一计划，分级管理，存贷挂钩，差额控制"的信贷计划管理办法。其基本内容是：分级确定存款和贷款总额，存贷款按比例挂钩，实行差额包干，多存可以多贷。这种"差额控制"的办法比"统收统支"的体制前进了一步，但经过五年的实践，证明这种体制仍有弊病：第一，总行每年对分行核定存贷差额，存差上缴，贷差由总行包下来，信贷资金的供给制状况还是没有改变。第二，实行多存多贷，没有相应地考虑到存款的派生效应，没有设立相应的存款准备金制度，出现了信贷规模过速扩张的现象。第三，在正式确立中央银行建制之后，仍然实行大联行清算制度，专业银行可以在往来户透支，存在着联行资金吃人民银行大锅饭的状况。

1985 年货币政策在总的政策方针下，可以总结出三个主要特点：一是提高资金在银行体系内的流通速度，从而提升资金使用效率。以当时的观点来看，存款回收速度很重要。存款回收速度快，就可以在不规模改变基础货币的情况下，由整个银行体系来派生货币和信用，从而达到间接调控经济的目标。当时为了提高资金流通速度，在银行统计制度、银行信息化建设中都做出了重大改革。二是提高利率。在 1985 年，人民银行有针对性地提高了相关行业的贷款利率，以价格手段调控信贷规模。由于当时的利率水平市场化程度不够，在提高利率之前利率水平是否达到充分市场竞争状态，从而达到贷款企业的融资成本可以承受的最高点，这种状态应该是比较复杂的事情，因此价格型的货币政策必须有数量货币政策加以配合。三是严控总体信贷规模，有针对性控制新增贷款规模，对以前不合理的贷款加以收回。应该说，这是一项非常严格的货币紧缩政策，在总体严格中对国家急需的产业又加以保护，这种调控思想和方案被一直继承了下来。以 2020~2022 年货币政策的观点来看，总量货币政策加上以再贷款为代表的结构性货币政策，在控制信贷总量的同时，又对国家急需产业加以保护。房地产政策也传承了 1985 年开始的对某些产业贷款利率进行差别性调整的方案。

1986 年的《中国金融年鉴》记录了 1985 年金融稽核工作中发现的信贷扩张问题，发现中央银行认为 1984 年中国货币、信用与通胀之间是放活与管理的关系。《中国金融年鉴》对 1984 年专业银行信贷工作中的问题表达了以下几个观点：

四、组织并参加全国信贷大检查工作

各级行稽核人员全力组织和参加了全国信贷检查工作。由于各级政府的高度重视、加强领导，各级人民银行和专业银行及其他金融机构的密切配合经过半年来的艰苦工作，已取得以下显著成效。

（一）找到了信贷资金管理不善的症结，查出某些不合理贷款。主要表现在：一是未经批准擅自设立金融机构，办理金融业务；二是不讲政策，盲目发放贷款，信贷资金被用于支持"皮包公司"，用于倒卖紧俏物资、炒买炒卖外汇和高利转贷；三是不问效益，贷款被企业超储积压物资占用或被挪用于搞基本建设、扩大消费基金和垫补财政亏损；四是不顾规模，扩大固定资产贷款；五是有禁不止，继续发放信托贷款和投资；六是不守法纪，以贷谋私，自批自贷用于盖办公大楼和宿舍、经商办企业，甚至贪污盗窃等。

（二）加强了金融宏观控制，防止信贷失控的再次发生。针对检查中暴露出来的问题，各专业银行普遍注意了在严格控制信贷规模的前提下合理使用资金，使信贷失控现象迅速得到制止和扭转，有效地防止信贷失控现象的再次发生。

（三）清理收回不合理贷款，缓和资金供需矛盾。各地本着"边检查、边清理、边收回"的原则，共清理收回不合理贷款 105 亿元，占不合理贷款的

36.2%，使资金供需矛盾得到了一定的缓和。

（四）促进各金融机构建立健全规章制度，提高资金管理水平。

（五）增强了金融系统遵纪守法观念。以贷谋私和玩忽职守的现象明显减少，促进了党风、行风的好转。

（六）初步打开了稽核工作的局面，进一步密切了与各专业银行的关系。通过信贷检查，使人们认识到越是放开搞活，越要加强管理监督的道理，初步显示了稽核监督的重要作用。

随着金融体制改革的逐步深入，中央银行作为最重要的宏观调节机构，其控制机制正在逐步地从以行政手段为主，过渡到以经济方法为主；从以直接控制为主，向以间接控制为主方向转化。稽核监督是金融体制改革中完善间接控制体系的一个不可少的重要内容。加强稽核工作是逐步完善我国金融法制建设的一项十分重要的工作。鉴于我国中央银行体制建立不久，开展稽核工作还缺乏经验，从我国金融的实际情况出发，借鉴国外的先进经验，勇于探索，反复实践，争取在"七五"期间建立一套比较完整的、具有中国特色的、社会主义的中央银行稽核体系，实现稽核工作的经常化、制度化和规范化。为金融体制改革的顺利进行和金融事业的健康发展服务。

从中可以看出，1984年在银行的角度来说，固定资产在信用扩张中起到了十分重要的作用，而且办公楼、商品楼建设贷款增长也很高。从资金供求的角度来看，固定资产投资收益在1984年经济高速增长的角度下是很好的资产，各个银行之间以固定资产为信用支撑的贷款增长速度也随之增长。考虑到1984年各个专业银行之间资金没有相互流通，不存在银行间市场，而且专业银行与中央银行在资金往来中还没有严格的权责划分，这给了专业银行不断竞争扩张贷款的动力，而固定资产投资又是最好的信用抵押物。在市场动力和政府动力的共同作用下，展现出以固定资产为抵押的贷款的急剧增长。在金融机构的放活中，新金融机构的成立也带来了信用的扩张。上述《中国金融年鉴》的观点"未经批准擅自设立金融机构，办理金融业务"，年鉴对于中国金融改革和放活的历史梳理主要集中在对专业银行和中央银行的建设，在农村和城市改革的进程中，当居民和企业有了财富积累后，在传统的农业信用社、中国农业银行、中国工商银行之外的业务需求也随之发展起来，以现代的观点来看，民间借贷、影子银行也就随之产生和发展，当然该体系的资产负债表数据缺失严重，但是从年鉴中可以看出，1984 年，中国金融机构除了银行体系，以自有资金为基础的金融业务形式也处于快速发展中。对于银行体系中贷款发放的合理性，这更多的是银行企业制度建立健全的过程，以 1986 年的观点来看，以重资产为代表的流动性差的贷款投放对象是有问题的。从货币流动性投放视角来说，向流动性差的资产贷款确实会给货币的回收、存款的创造带来影响，这在往后的领导人讲话中经常被提及。1984 年，银行将资金向重资产的投放应该受到了多方面的影响，流动性差的资产投资对象必然有其他政府部门的信用支持，才能比流动性更好的资产获得更多的资金支持。

需要特别说明的是，自 1980 年起商品房相关产业的资金贷款也逐步发展起来，该产业一个突出特点就是以重资产为主，流动性资金少，但是可以释放大量贷款，它对 1980~1984 年的信贷扩张也起到了十分重要的作用。具体资金流通应该包括商品房相关贷款、建筑业行业贷款规模，中国建设银行从 1980 年开始，为配合国务院有关部门组织的住宅商品化试点，在一些地区试办了商品房贷款，有力地支持城镇住宅制度的改革和住宅商品化。中国建设银行在国家信贷计划之内，对符合国家计划管理规定和城市规划要求的，具备开发和建设条件的，有归还贷款能力的开发建设项目，提供周转贷款。同时，中国建设银行还利用统一管理基本建设资金的有利条件，采取代理发行证券，预收定金等形式，帮助综合开发公司筹集周转资金，支持城镇住房制度的改革。1980 年，中国建设银行经当地政府批准、所在地人民银行同意，综合开发公司委托代理发行住宅建设证券 3.72 亿元，吸收购房单位预付定金 50.45 亿元，累计发放商品房贷款 39.13 亿元。1985 年发放贷款 10 亿元。截至 1985 年底。通过中国建设银行贷款支持，商品房竣工面积为 5603 万平方米。其中，住宅竣工面积为 3636 万平方米，销售给个人的住宅面积为 226.4 万平方米。累计收回贷款 13 亿元，取得了较好的社会效益，发挥了中国建设银行应有的作用。

三、FDI 助力投资缺口

20 世纪 80 年代，FDI 在全球范围内发展迅速，逐渐成为全球经济增长的主要动力。随着我国改革开放的步伐不断加快，1983~1986 年，FDI 继续大规模流入中国，从 916 百万美元快速上升至 2243.73 百万美元。外资的大量进入，对于缓解中国资金紧张、加快经济发展起了重要作用。增速方面，从 113% 持续放缓至 14.71%（见图 2-3）。外资的持续流入不仅缓解了国内投资资金紧张的问题，同时还加速了产业建设，为当时失衡的供需关系带来了一定的缓解。

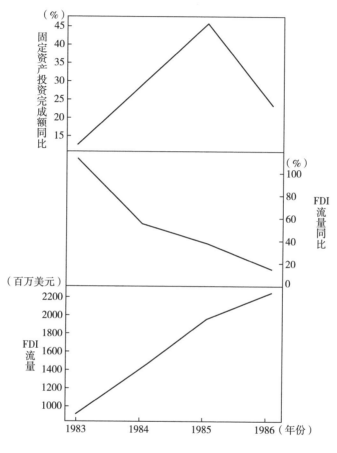

图 2-3　第二阶段：1983~1986 年（三）

政策上继续维持包容开放的主基调。1984 年，邓小平在会见中外企业家代表时强调，我国"在坚持自力更生基础上，还需要对外开放，吸收外国的资金和技术来帮助我们发展"。但这一政策目标在改革开放初期面临诸多约束条件：外汇短缺，进口原材料和零部件受限；技术基础有限，外企转让的技术无法消化吸收；民族产业屡弱，市场放开会威胁处在初期阶段产业的生存空间。因此，尽管"以市场换技术"政策方针形成于 1982~1983 年，但现实情况是，市场还未有效形成，中国实际上是以优惠的生产要素组合吸引外向型企业和进口替代型制造技术的进入，以达到技术学习和外汇积累的双重目标。1983年，《中华人民共和国中外合资经营企业法实施条例》第十四条要求企业在合同中规定"产品在中国境内和境外销售的比例"，以约束合资企业对外出口比重。直到2001年，国务院对该条例进行修改时，才删去对内外销比例进行约定的条款。

1986年10月，国务院颁布了《关于鼓励外商投资的规定》，其中第二十二条规定了对于先进技术企业和产品出口企业，在税收、土地使用费、信贷、用汇以及进出口手续方面给予特别优惠，并在生产经营方面保障其自主权，同时，进一步下放了外资项目审批权，由此鼓励性外资政策架构开始建立。随后，各地方政府也纷纷根据该规定制定配套细则。至此，鼓励性引资政策初步建立。

四、本章小结

在市场建立初期，各种制度机制不完善，这段历史数据和历史经历所展现的规律是具有阶段性的，其中一些数据规律在这一特定历史时期展现了明显的经济周期规律，从中可以总结出一些对现在依然有用的历史经验和规律：

一是间接融资体系内的利率框架应该对商品价格变化有所反应，也就是利率市场化要对包括耐用品价格在内的商品价格有所联动。如果这种联动关系没有满足居民部门资产财富保值需求，就会催生直接融资体系自主扩张，在监管体系不到位的情况下，经济逐渐走向失控的风险将不断加大。间接融资和直接融资体系应该实现互动。

二是投资是具有惯性的。对于投资行为的宏观调控，直接调控也就是我们说的计划调控对于投资惯性要有观察指标，这一指标需要市场融资利率以及投资回报率期限结构的基本支撑。间接调控框架在预算软约束基本属性下，由于利率不敏感，时间滞后可能更长，应该通过长期规划来提高间接调控框架的效率。

三是居民对于物价的预期会对储蓄行为产生非常明显的影响。当居民预期未来物价上涨时，会减少储蓄，通过购买耐用品的方式来实现财富保值，这种行为会加剧耐用品价格的波动，从一定程度上带来更多资源的错配。

四是不管是直接调控还是间接调控，其结果都是政府、企业、居民等各方博弈的结果。随着市场力量的扩大，货币中性的特点逐步显现。

第三章　价格闯关

　　1986~1991 年，国民经济经历了过热、冷却、复苏三个阶段，经历了一个较为完整的过程。阶段内，GDP 增速、投资、贸易以及消费的波动基本维持同步，这说明在市场主体逐步完善的背景下，宏观经济各指标之间的关联逐步加强。整体上，1986~1991 年处在改革开放的转型阶段，从双轨制迈向价格闯关是市场化的必由之路，虽然此时期内国民经济总产出经历了较大的波动，但增速依旧维持在 4% 以上，均值维持在 8% 左右，后期经济增长动力主要来源于投资，同时，率先开放的沿海经济特区也是经济增长的一大推手。此时期内，除了价格改革，企业、税收以及金融等方面都出现了较大的革新。一系列的改革措施推动了经济体制的转型，为后续经济增长提供了强有力的支撑。

　　从 1984 年第四季度开始，国民经济就出现了过热的现象，主要表现一是货币投放量过大，消费基金高速增长、投资过大且具有惯性；叠加 1988 年物价改革，引发了抢购潮。二是 1988~1989 年，宏观调控压缩了社会总需求，帮助经济降温，其中的主要手段包括压缩固定资产投资规模、收紧银行信贷规模以及整顿经济秩序。1989 年第三季度至 1990 年年中，受需求侧放缓影响，宏观调控对压缩力度做出调整，以稳经济为主要目标。三是 1990 年 7 月 11 日，国务院第九次全体会议提出了"把治理整顿的重点真正转到调整结构和提高效益上来"，标志着前期的整顿进入新阶段，即以调整产业结构、提高生产效率为主。

　　伴随改革开放的持续扩张，此时期内对外贸易以及外商来华投资增速均出现较快上升。其中，进出口贸易总额从 1986 年的 2580.4 亿元上升至 1991 年的 7225.75 亿元，同时，外贸结构出现了较大的变化，劳动密集型产业逐渐占据主要地位，例如纺织品、玩具、家具等。与外贸一同攀升的是外资对华直接投资，1986 年 FDI 从 2243.73 百万美元快速跃至 1991 年的 4366.34 百万美元。对华直接投资金额的高速上行主要源于在华投资收益率高且稳定的特点。直接投资也给中国经济增长，特别是沿海特区经济增长带来了不可忽视的助力。

市场化改革、价格改革等一系列深化改革措施叠加工业化和经济发展促进了城市化的进程，导致大量农村劳动力快速涌向城市，在一定程度上冲击了城市内部的就业市场，导致时期内部分年份出现了失业率较高的现象。不过，在经过随后一系列就业政策的调整后，失业率逐步回落。

从第二阶段的市场萌芽开始，市场力量在宏观经济中的表现越发明显，在市场机制的建设和探索中，经济整体经历了加速、过热、冷却和复苏的过程。其中让更多商品价格以市场方式决定，让商品价格逐渐从统制价格向市场均衡价格过渡，并且由技术进步带来价格的波动，从而产生向上的经济周期动能。当然，这离不开作为拥有计价工具、流通手段和财富存储这些重要功能的货币，并且这一期间中央银行体系更加完善。在第三阶段，以价格改革为主要抓手，在市场萌芽的基础上，进一步推进市场化改革。首先由价格双轨制拉开大范围商品经济建设的大幕，随着双轨制弊端显现，从局部突破转为全面突破。在当时市场经验不丰富、宏观调控配套建设不健全的背景下，全面闯关造成了市场价格体系出现了比较大的混乱。在压力面前，宏观政策采取了严控通胀的方式，同时也停止了价格闯关，短时间内宏观调控方针的大起大落给企业生产带来了不小的冲击，同时也产生了很大的政治压力。这又促使宏观调控在短时间内转向宽松。总体来说，物价体系、利率体系与居民预期之间的互动更加密切，这种越来越强大的市场力量需要有指导性、前瞻性的宏观调控框架，还要有可信性的制度框架来应对预算软约束、投机交易的发展，这在当时都不具备。由于没有历史上的宏观调控经验给企业、居民和政府作为参考，在价格闯关大模式下，未来经济发展前景不确定性也很少有参考数据，这很大程度上在经济实际发展层面都会给各方带来压力，其中难免产生债务问题。由于债务的累积和消化，对后续经济发展造成了很大影响，这一阶段以激荡闯关来描述是非常形象的。但它也为后续宏观经济调控积累了宝贵经验，为市场各方提供了重要参考。

在这一阶段中，本书重点关注的不平等问题开始显现。当然，在这一时期内，让一部分人先富起来还是主要任务，但是富起来应该通过提高生产效率来实现，而不是政策改革的倾斜。在存量财富分布比较均匀的时代，不平等问题主要为新增财富获得方式中的机会不平等。这一因素确实给改革工作带来了一定的冲击。在市场化改革措施中，将生产效率与机会更加均衡地分配是改革取得长远成功的重要保障。

一、经济经历过热—冷却—复苏的完整过程

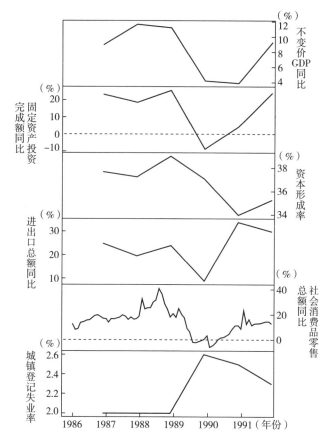

图 3-1　第三阶段：1986~1991 年（一）

在第二阶段（1983~1986 年），改革开放持续深化，但依旧面临价格不透明、供需失衡等一系列问题。1984 年 10 月 20 日，党的十二届三中全会通过的《决定》明确要"加快以城市为重点的整个经济体制的改革

的步伐"以及"发展社会主义商品经济"。在对发展社会主义商品经济的具体方式上，《决定》特别列出了几点执行方针：首先，"增强企业的活力，特别是增强全民所有制的大、中型企业的活力，是以城市为重点的整个经济体制改革的中心环节"。其次，"要建立合理的价格体系，使价格能够比较灵敏地反映社会劳动生产率的变化和市场供求关系的变化"，以及"价格体系的改革是整个经济体制改革成败的关键"。最后，"坚持多种经济形式和经营方式的共同发展，是我们长期的方针，是社会主义前进的需要"。整体上，在开放口子越开越大的同时，要求全社会效率稳步增长。

为了落实《决定》和《中共中央关于制定国民经济和社会发展第七个五年计划的建议》中提出的通过企业、市场体系和宏观调控形成的全面改革，即"在今后五年或者更长一些的时间内，基本上奠定有中国特色的、充满生机和活力的社会主义经济体制的基础"的要求，中国政府在1986年初着手部署了新的改革措施。同年，提出了1986年工作方针：在继续加强和改善宏观控制的条件下改善宏观管理，在抑制需求的条件下改善供应，同时做好准备，使改革能在1987年顺利进行。这种局面亟须解决，需要在1987年和1988年迈出较大的步伐，让新的经济模式可以起到引领作用，特别是在实现市场体系作用和宏观经济调控两方面，主要的改革路径是价格、税收以及财政。吴敬琏在《当代中国经济改革》一书中表示："但是到了1986年10月，国务院领导改变了这一方针，转向以国有企业改革为主线，在1987年与1988年实行了'企业承包''部门承包''财政大包干''外贸大包干'和'信贷切块包干'制度，倒退回了维持市场经济与计划经济双轨制的老做法。"

（一）GDP经历过热—收缩—复苏阶段

1986~1991年，GDP增速出现了一定的波动，其中1987年、1988年，GDP同比增速分别为11.66%与11.22%，维持高速增长。1989年、1990年，GDP增速出现较大回落，分别为4.21%与3.92%。1991年，GDP增速回升至9.26%，并在之后的17年中维持两位数的高增长率（见图3-1）。在第二与第三阶段内经济总产出增速的下行主要原因为政策在1985年下半年与1988年进行的两次大规模宏观调控且以收紧为主。在上一阶段（1983~1986年）的讨论中曾经提到，1985年，消费、投资需求快速扩张，经济快速升温导致通胀抬头。为了防止价格偏离，政策快速收紧，严格控制货币供给数量、信贷，同时还采取了减少职工工资与奖金的形式以收紧需求。

1986年，在紧缩的政策下，经济增速较之前四年出现回落，同时，通胀从1985年9.3%的高位回落至6.5%。但是，在1986年经济刚刚降温后不久，就有不少人开始主张实行扩张性的宏观经济政策，督促政策掉头。1987年，学术界出现了"通货膨胀有益无害"的理论，认为通货膨胀、物价上升不可避免，适度的通货膨胀有利于经济增长。因此得出结论，为稳定经济采取的紧缩政策是没必要的，货币政策的首要目标是经济增长。在这样的背景下，宏观政策再次走向宽松，信贷规模与投资需求快速上升，带动1987年与1988年两年的经济高速发展。

1988年5月上旬，中共中央政治局常委会决定此后5年将进行价格和工资改革"闯关"，彻底实现价格市场化。但是，从经济数据观察，价格闯关计划的实施并没有达到目标。在同年6月初正式宣布工资"闯关"后，居民部门对通货膨胀的预期快速形成。1988年下半年，通货膨胀指数快速拉升，全国范围内出现了抢购潮。为了控制快速膨胀的物价水平，1988年8月27日晚，正式宣布暂停物价改革方案。随后的8月30日，国务院正式发出通知宣布价格改革脚步放缓，工作重点从深化改革转到治理环境、整顿秩序上来。在1988年的"价格闯关"失败后，宏观经济陷入混乱，社会预期走向低迷。在随后的1989年与1990年，经济增速快速回落。从整体上看，"七五"时期（1986~1990年）末的经济形势相比"六五"时期（1981~1985年）初更为严峻。

在1989年的"双紧"方针下，宏观政策的目标是以稳定通货膨胀为主，虽然社会供需摩擦有放缓迹象，但当年社会商品零售物价指数仍然达到17.8%；与此同时，新出现的经济循环不畅以及工业回落速度过快等问题直接导致财政压力增加，此外，稍有好转的高失业率问题再次出现。在这种情况下，1990年，国务院将宏观调控方针改为"坚持和改进总量控制，适度调整紧缩力度"，要求宏观政策在稳通货膨胀的同时坚持经济增长的基本方针。经过一系列的整改，宏观经济不断趋向稳定，但是由于供给侧结构调整缓慢，经济循环不畅的情况并未出现明显好转。伴随企业产量的上升，产成品库存量同步上行出现积压，企业利润效益大幅降低。根据国家统计局发布的数据，1990年预算内工业企业实现利税比1989年下降了18.5%，企业亏损额同比增加1.3倍，这直接导致财政增长放缓，叠加财政支出刚性上升的背景，维持收支平衡的目标更加困难。

与1990年"双紧"方针下的需求不足、经济循环不畅的情况相比，1991年宏观经济表现为需求与工业生产同步增长。1991年，全社会固定资产投资约5279亿元，同比增长18.6%；社会商品零售额9398亿元，同比增长13.2%。支持高增长的两个重要因素：一是银行增加了对固定资产投资的信贷支持；二是企业重新重视新产品研发，消费品种类有所增加。从整体上看，1991年的宏观情况较之前三年有了大幅好转，但运行结构依旧没有发生转变。

（二）投资与 GDP 维持一致

投资方面，受紧缩政策影响，固定资产投资增速于1986~1991年出现大幅波动，其中1989年达到了-7.2%的低位，1990年在低基数的情况下依然维持了2.4%的低增速。

1984年，党的十二届三中全会通过的《决定》明确指出"增强企业活力是经济体制改革的中心环节"。1988年8月，国务院发布的《关于投资管理体制的近期改革方案》中确立了投资主体，第一次真正意义上明确划分了政府投资范围，特别强调政府要"分层次"和企业"权利"。整体中心思想是对于重要的建设工程应该由中央主导，对于地方性的建设工程由地方独立承担，逐渐走向了两级调控。

对于民营经济而言，投资是私营部门创造经济价值的第一步。1987年，党的十三大报告第一次明确指出："社会主义初级阶段的所有制结构应以公有制为主体。全民所有制以外的其他经济成分，不是发展得太多了，而是还很不够。对于城乡合作经济、个体经济和私营经济，都要继续鼓励它们发展。在不同的经济领域，不同的地区，各种所有制经济所占的比重应当允许有所不同。"同时指出："私营经济一定程度的发展，有利于促进生产，活跃市场，扩大就业，更好地满足人们多方面的生活需求，是公有制经济必要的和有益的补充。"

这为民营经济的崛起打下了坚实的基础，让私营部门有信心投资。1988 年，《中华人民共和国企业法》诞生，确立了国有企业的性质、地位以及经营管理的基本原则，明确了政府与企业的关系。同时，第七届全国人民代表大会第一次会议通过的《宪法》，用法律的形式界定了私营经济在国民经济中的地位和作用。其中，第十一条增加规定："国家允许私营经济在法律规定的范围内存在和发展。私营经济是社会主义公有制的补充。国家保护私营经济的合法权利和利益，对私营经济实行引导、监督和管理。"在此基础上，全社会投资信心稳步上升。

1987 年，全国固定资产投资完成额 3518 亿元，较 1986 年增加 498 亿元，同比增长 16.5%，但低于 1986 年 18.7% 的增速。结构上，全民所有制为 2262 亿元，增长 14.4%；集体所有制 480 亿元，增长 22.4%；个人投资 776 亿元，增长 19.6%。整体增速得到控制放缓，但投资总规模依旧偏大，计划以外以及新开工项目过多。在建设上，全国各地贯彻基本建设"三保三压"方针，即保计划内建设，压计划外建设；保生产性建设，压非生产性建设；保重点建设，压非重点建设。政策端继续对建设规模实施严格管理，以将建设规模严格控制在国力允许范围内为目标。

1988 年，全社会固定资产投资增速达到 18.5%，压缩基建规模再次成为治理经济环境的重要环节，主要是因为全社会固定资产投资增长速度超过了社会财力、物力的供应范围，于是在同年 9 月 24 日，国务院发出了清理固定资产投资的通知。通知中明确了清理原则是既要压缩投资规模，又要调整投资结构，并且保持国民经济发展的力量。截至 1988 年 11 月中旬，全国停建固定资产投资项目 9880 个，压缩投资 317 亿元，其中楼堂馆所项目 1591 个，压缩投资 160 亿元。在 11 月 28 日召开的全国计划会议中，明确要坚决压缩固定资产投资规模，按照产业政策序列合理安排投资，减少银行特别是非银行金融机构的投资贷款。不过，投资特别是大型的基建项目通常具有较大的惯性，一旦戛然而止，就必须面对在建工程如何处置的问题。这里引用《经济日报》的原文：

即使压缩的项目停住后，这一个个庞然大物还得拿钱喂，开支活动也不能停下来。有人算了一笔账，有几笔钱是必须花的：已经订了货的国内、国外设备还得买进来；到货的设备还得找个存放的地方；建筑物、设备都需要维护保养，不然天长日久可能报废；施工队伍停工、撤离现场的损失等。总之，说是压缩了若干亿元，实际上不会有那么多的钱。记得某化工厂 1980 年 10 月停建后一年半时间花的维护费开支 1500 万元，这是损失之一。损失之二，很多项目已经投进去大量的钱，由于长期停缓建，这些投进去的钱发挥不了效益，活钱变成死钱，损失也不小。停缓建的中旅大厦，概算 1.2 亿元，已经花掉 5500万元，决定停缓建时已完成 2180 万元的工作量。看着那刚建到地平面的工程，真叫人心痛。

1989 年，紧缩的政策受市场需求快速放缓出现调整，以放款信贷为主。随后，在 1989 年末，在经历了近半年的放缓后，市场逐步升温，其中曾经销售缓慢的大件耐用消费品回暖较为明显。到了 1990 年，虽然紧缩的政策依旧存在，但是整体逐步趋缓。

1990 年《政府工作报告》提出：

今年必须继续控制社会需求的增长，坚持从紧的财政信贷方针。全社会固定资产投资的总规模，就全国范围来说大体控制在去年实际工作量的水平，由国家计委根据产业政策和地区之间的不同情况制订具体的投资计划。要在控制投资总规模的前提下，合理调整投资结构，增加对农业、能源、交通等基础产业的投资，继续压缩一般性加工工业建设，不搞新的楼堂馆所。中央下放给省、自治区、直辖市的基建项目审批权限不变，但省区市下放的项目审批权限要适当集中到省一级，克服审批权多头分散现象，并坚决执行国家的产业政策。国务院已决定开征投资方向调节税，实行差别税率，引导非重点建设资金转到重点建设上来。

（三）消费与 GDP 以及投资保持一致

在需求方面，1986 年 12 月至 1988 年 8 月，社会消费品零售增速持续呈现上行态势，随后一直回落直至 1990 年 9 月，最终缓慢上行。整体上，国民经济正在由资源约束型转向需求约束型，其中最终需求的状况在经济运行中有着举足轻重的作用。在这一时期内，消费需求的增速低于生产增速，供给机制在宏观政策调控下又缺乏自我调节能力，因此，继续深化经济体制改革和宏观调控体系是国民经济突破瓶颈的核心。

1988 年，国民经济出现过热，体现为总需求不断膨胀，带动通货膨胀持续抬头的经济现象。为了降温，中央决定用三年时间来"治理经济环境、整顿经济秩序"。伴随信贷收紧等一系列紧缩政策的实施，1989 年第二季度，最终需求收缩的势头逐步强化。1989 年，职工平均工资仅比 1988 年上涨 10.8%，增速回落了 8.9%。在最终需求快速收缩的背景下，市场快速疲软，自 1989 年 8 月至 1990 年 5 月，社会消费品零售总额维持负增长。在总需求滑坡导致经济急剧下滑后，扭转经济滑坡成了中央的当务之急。为此，政策出现大幅调整，从紧缩回到了宽松，又一次走上了"紧缩—宽松"的道路。1989 年 9 月，贷款大规模投放，其中第四季度银行各项贷款增加 1238 亿元，占全年增加总额的 60.7%。

从宏观数据来看，1989 年第四季度的大规模贷款投放并未有效拉动经济回暖，迫使政策转向最终需求，但是由于消费需求恢复缓慢，企业效益持续恶化。1990 年前三季度全国社会商品零售额同比下降 0.6%。由于消费的放缓，银行新增贷款的一部分被企业库存占据，1~9 月预算内工业企业产成品资金同比增长 42.6%，占同期工业新增流动资金贷款的 47%，最终体现为工业生产缓慢回升。伴随国家持续扩张投资的政策陆续出台和投资需求逐步落地，需求开始逐步升温，加上外贸的发展向好，1990 年起工业生产、固定资产投资以及社会商品零售额开始稳步回升。

（四）失业率先快速抬升后小幅下滑

在就业方面，1986~1988 年，城镇登记失业率维持在 2%，处于低位运行。随后，1989 年快速攀升至 2.6% 并于 1990 年开始小幅回落，最终回落至 1991 年的 2.3%。

1978~1988 年，中国政府在就业方面进行了大规模的改革创新，拓宽就业渠道的同时加强了教育系统，城镇失业率从 1979 年的 5.4%（实际失业率为 13.6%）下降到了 1988 年的 2%，从失业数据就可见政绩斐然。20 世纪 80 年代末期，新生劳动人口数量迅速扩大，就业市场压力再次上升。根据程连升书中的估算，1989 年需要安置的待业人员为 1050 万，但实际仅安置了 300 万，剩余 750 万待业人员没有找到工作。随后的两年中，全国失业率维持高峰阶段。1989 年开始的大规模失业潮与宏观经济紧密关联，主要因素有以下三个：紧缩的宏观政策，产业结构失衡以及持续升温的民工潮。

1. 紧缩的宏观政策

在"双紧"和"价格闯关"的影响下，经济中长期存在的总量失衡和结构问题进一步恶化。1988 年的下半年，宏观经济形势面临巨大压力，投资需求和消费需求出现快速扩张，工业增速过快，财政超预期支出，通货膨胀快速抬头，物价混乱，最终导致全社会进入了较为混乱的秩序状态。为了整顿失衡的经济，1988 年 9 月，党的十三届三中全会提出了"治理经济环境、整顿经济秩序，全面深化改革"的方针，随后，中国经济进入了又一个治理整顿期。从 1989 年第三季度开始，经过一年的努力，紧缩的态势基本形成，社会需求侧出现降温。《中国统计年鉴》（1991）数据显示，全年社会商品零售总额同比抬升 8.9%，剔除通货膨胀实际下降 8.9%。需求过剩的问题虽然解决了，但是需求侧的大规模衰退导致商业部门存货增加，利润下降，最终导致工厂停产，加剧了失业率的压力。紧缩的宏观政策导致 1990 年国有企业停工待工人数达 668 万，公开失业率达到 6%，1990 年全国因为停工或半停工放假的人数约有 400 万。在国有企业业绩快速滑坡的同时，集体企业、乡镇企业、私营部门等本身竞争力就小的企业承受了更大的冲击。根据国家工商行政管理总局（现为国家市场监督管理总局）提供的数据，1989 年 6 月底，全国工商个体商户总量为 1234 万户，参与人数 1943 万，分别较 1988 年底减少 218.9 万户和 357 万人。基建的熄火，导致大量劳动人口失业。据统计，1989 年下半年已有 200 多万民工返回农村。大量劳动人口进入待业状态，为宏观政策继续推进带来了巨大的压力。

2. 产业结构失衡

自改革开放以来，产业政策对三次产业进行了改革，扩张了轻工业的比重，发展了第三产业，在一定程度上缓解了 20 世纪 80 年代初返乡青年的待业问题。但是自 1986 年起，产业结构调整遇到了新的问题。由于对农业基础的认知不足，工农业产品价格剪刀差持续扩大，农业新增投入不断减少，农业生产效率快速下降。第二产业中，加工业增速过快，但是原材料工业和采掘业增速并没有跟上，导致第二产业内出现失衡。第三产业中，服务业发展较快，与大幅落后的交通运输以及金融业形成较大反差，难以做到匹配，限制了服务业的发展。整体上，工业消费品增速过快，重复建设以及产业结构不合理等问题在过去数年中被掩埋在经济高速发展下。伴随紧缩的宏观调控政策，居民部门消费预期快速降温，市场需求急剧萎缩，叠加之前的抢购潮促使企业积极补库存，全社会出现了商品滞销问题，使资金链与产业链无法循环，被迫中断。

3. 民工潮对城镇居民就业冲击

1985 年以后，乡镇企业快速发展，在大规模缓解乡村就业问题的同时也是 20 世纪 80 年代中国经济高增速的重要推手之一。数据显示，1978 年农村乡镇企业总数为 152.42 万个，到了 1988 年，这一数量上升至 1888.16 万个；其中，参与职工数量从 2826.56 万人跃至 9545.46 万人。不过，伴随紧缩的宏观政策，社会上普遍对乡镇企业产生偏见，地方政府对乡镇企业生产要素进行了限制，导致生产经营陷入泥潭。1989 年，乡镇企业职工人数减少到 9367 万人，并在 1990 年减至 9265 万人。这迫使大量农村居民进城务工，给城镇居民就业机会带来了巨大的压力。

在就业市场面临巨大压力的背景下，1990 年 4 月，国务院发出了《关于做好劳动就业工作的通知》，提出了一系列围绕解决就业问题的政策。其中的主要政策为：第一，限制农村劳动力向城镇转移，减轻城镇就业市场压力，同时引导农村居民回到农业。第二，要求企业内部解决富余人员就业问题，不能让压力流向市场。第三，鼓励私营部门企业，拓宽就业渠道。第四，继续扩大就业培训、技术培训等教育工作，提高待业人员专业能力。

在一系列政策的帮助下，失业率小幅回落至 1991 年的 2.3%，但根本问题没有得到妥善解决。首先，导致失业的各类问题依旧存在，在政策的调控下反而出现了计划经济回溯的现象。其次，强制要求农村户口居民回到农业，以农民失业换取城镇就业，并未解决全社会总量的失业问题。因此，在两年后，失业率再次升高。

（五）贸易先放缓后抬升

1986~1991 年，进出口总额增速呈先下降、后抬升的整体态势。其中，增速从 1986 年的 24.86% 回落至 1989 年的 8.74%，随后快速回升至 1991 年的 29.96%，并在 1990 年创下高位 33.79%。整体上，1988~1991 年处在外贸体制由直接管理向宏观控制改革的转型阶段，对外开放的红利加速释放。

1986~1991 年，中国产业结构出现了一定程度的失衡，其中第二产业扩张较快。在贸易上展现为工业制成品出口快速增长，在 1987 年的出口商品结构中，工业制成品占出口总额的 2/3，比 1986 年增长 41.8%。初级产品出口 495.6 亿元，同比增长 25.9%。在随后的 1988 年中，工业制成品出口额进一步上升，占到总量的 70%。随后持续维持高位。

延续上一阶段的对外贸易改革，1988 年 2 月国务院印发的《关于加快和深化对外贸易体制改革若干问题的规定》提出，全面推行对外贸易承包经营责任制，加速对外贸易企业向"自负盈亏、放开经营、工贸结合、推行代理制"转型。其中主要内容包括：第一，全面推行对外贸易承包经营责任制，继续利用好市场机制。企业只需在承包指标内按比例向国家上缴承包额即可，剩余价值可以由地方和企业自行处理。同时，考虑到发展不均衡，不同行业和地区的留存比例可以适当调整，例如机电出口产品的外汇收入可以全额保留。第二，开展自负盈亏改革试点，利用市场机制创造充分竞争。在服装、工艺品和轻工业三个行业开展自负盈亏的试点工作。第三，深化外贸计划体制改革。相较改革开放初期，进一步缩小了进出口商品指令性计划范围，其中进口指令性计划商品占比 20%，出口占比 30%。截至 1988 年底，地方部门自有外汇进口占比已经超过中央外汇进口占比。第四，外贸管理机制改革进一步深化，管理模式由之前的直接控制变为间接控制，行政管理部门和外贸企业实行分离。在审批和管理权限下放分离的背景下，全国各地外贸企业快速抬头。截至 1988 年 7 月，全国累计批准外贸企业超过 2000 家。同时期内，国家开始运用价格、汇率、利率、退税以及出口信贷等经济手段调控对外贸易。

经历了十年的改革开放，1988 年，中国内地已与世界 227 个国家和地区建立了贸易关系，逐渐形成了以日本、中国香港、欧盟以及美国为主的国际市场格局。在全球化的格局下，外商投资企业出口比重持续增加，达到了 1990 年的 12.6%，进口额比重达 23.1%。20 世纪 90 年代，随着外商来华投资快速增加，大批外商企业进入正常经营期，促使进出口额大幅增加，对国民经济和对外贸易起到了显著作用。从 1991 年 1 月 1 日起，国务院通过调整和改革汇率机制、统一外汇留成，创造平等竞争环境，取消对外贸出口的财政补贴，彻底打破实行多年的"大锅饭"机制，使外贸企业走上了自负盈亏、自主经营、自我发展的道路。

二、从双轨制到价格闯关

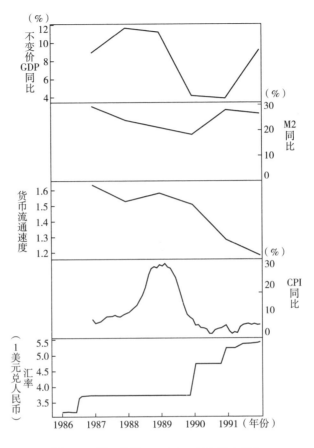

图 3-2 第三阶段：1986～1991 年（二）

1985 年，中国商品价格市场化改革初见成效，特别是在农业产品价格方面取得了很大突破。从 1983～1986 年宏观经济的发展情况来看，通胀虽然有所起伏，但没有演化为恶性通胀，并且通胀与 GDP 之间在时间上存在一定的滞后关系（见图 3-2）。1983～1986 年，在治理通胀过程中 GDP 增速下降了 4 个百分点左右，但是 1986～1991 年为了治理通胀，GDP 增速下降了 7 个百分点左右，最终在衰退期经济增速只有 4% 左右。幸运的是，通胀也在一年时间内迅速下降，下降速度快于此前通胀控制时期，随后两年通胀保持在低位。在经济衰退期间，买方市场促使产品质量提升、市场竞争加剧，这带来了两年的通胀稳定。与此同时，货币 M2 增速开始快速反弹，这一次反弹没有伴随通胀的高企，这与此前的货币与通胀关系也展现出不同的特点。从中可以看出，在经济从衰退中恢复阶段，有一个缓冲时间，允许货币扩张速度加快，但是通胀可能依旧保持稳定。在货币 M2 增速恢复的下一年，GDP 增速从 4% 左右向上增长 5 个百分点，实现了经济迅速恢复。应该说 4% 的经济增长速度，以 2020 年左右的标准来判断，经济恢复是一个缓慢增长的过程，而且这个过程持续了两年时间。通胀治理的成本是高昂的。从对前面两个阶段的描述来看，通胀问题一般需要从三个维度来观察，即中国金融体制改革、预算软约束和价格体系改革。随着市场化改革的推进，由市场决定的价格越来越多，价格改革的因素在本时期内被充分释放出来，展现出一个完整的经济周期过程。价格改革在中国通胀中起到的决定性作用逐渐释放，被后面的相关改革措施所取代，但是中国金融改革与预算软约束依旧存在。这个阶段内，通胀、经济增长与货币之间的关系展现得更加密切，表现出典型的经济周期特点，经济增长从高速到衰退再到恢复，价格通胀也表现出先上涨后下降的形式，货币内生环境更加明显，货币的派生受到央行、企业与家庭部门多重因素影响，治理通胀的代价更加高昂。

1983~1986 年，中国金融体系经历了巨大改革，货币政策也逐步向中央银行体系过渡，货币政策和货币工具在该时期内都发生重大转变，本书在第二章中对此有重点描述，其中中国工商银行的成立具有重大意义。通胀在上一阶段内有所抬升，但是没有发展到失控地步，治理成本也较小，而到了 1986~1991 年，货币体系建设对经济的冲击在中央银行逐步成型的大背景下，通胀高企的主导因素转变为预算软约束和价格改革。价格改革是这一阶段最突出的特点，它对于居民通胀预期的改变在上一阶段中已经有所体现，其间已经出现了居民抢购的苗头，并且一直延续到了下一个阶段。在这里需要分三步来描述，第一，为什么要进行价格改革，其理论依据与短缺经济学的关系。第二，价格改革与工资改革、贷款改革的相互关系，时间发展脉络是什么样子的。第三，通胀是如何被治理的。

（一）价格双轨制

这里首先从第二步开始写起。要研究明白价格改革的时间过程，要从 1984 年中青年经济科学工作者学术讨论会（以下简称"莫干山会议"）讲起，由朱嘉明、刘佑成、黄江南等中青年经济学者在会议上对当时重要的改革问题进行了广泛讨论，其中价格改革方案是重要一环。当时分为三派，提出了价格改革的三种主要方案和观点。以当时的经济发展状态来看，价格改革是市场化改革的核心，是进一步推动中国市场化建设的关键命题。即使以2023年的视角看，党的二十届三中全会依旧有前瞻性和全局性的目光，推动土地、人口、资本等重要生产要素价格市场化改革进一步深化也是始终如一的重大命题。特别是在中国金融机构以国有资本为主体的基本格局下，推动资本价格市场化改革，将资本引向更加有效率的市场部门，这一目标仍然十分艰巨。在1984年的"莫干山会议"中，共形成了七份专题报告，其中两份是关于价格改革的，另五份分别涉及金融改革、企业改革、农村改革等方面，初步形成了一揽子最小改革方案思想的雏形。关于价格改革的专题报告是《价格改革的两种思路》及《与价格改革相关的若干问题》，当时关于价格改革三种主要观点是：小步快调、一步或分步放开价格控制以及放调结合。1985年，生产资料部门的调放结合的双轨制改革开始，同年物价改革也逐步推进，放开和调整了农副产品价格。1986年，双轨制给社会带来了一定冲击，1987年北戴河会议决定开始"价格闯关"，全面取消价格管制，1988年形成了一种恶性通胀。以工业生产资料价格改革为例，中国工业生产资料价格双轨制是在1979年价格改革以来逐步发生与发展的。1981年，国务院批准对超过基数生产的原油，允许按国际市场价格出口；1983年，批准对石油、煤炭超产部分实行加价出售；1984年批准工业生产资料的超产部分可在加价20%以内出售；1985年，取消了原定不高于20%的规定，超产部分允许按市场价格出售；1988年，对主要工业生产资料规定了最高限价；1989年，对橡胶、炭黑等工业生产资料的双轨价格"并轨"，即把两种价格并为一种价格，有的商品并入国家定价，有的商品并入市场调节价。

在计划经济体制下，生产资料、生活资料的生产、供应、销售都由有中央计划统一管理，价格和货币只是一种会计记账手段，与之对应的货币价格也就被冻结了。随着市场改革的进行，一部分生产资料、生活资料的生产、供应、销售开始由市场供求决定。前面已经说明，计划经济下的价格低估了一些产品的价值，由此如何从计划价格向市场价格转变也就成了重要的改革议题。那么如果不进行改革，强行控制价格让其与计划时期一致，从企业和家庭角度来说，这样会损失巨大的改革红利。在市场条件下，利润是生产组织最重要的动力源，价格和货币不再只是会计记账单位，农村承包、企业自主经营都需要产品价格带来的利润作为驱动力，因此价格由计划向市场转变势在必行。价格体系混乱的一种典型现象是，能源、原材料等基础工业产品价格低，加工工业产品价格高，基础工业发展滞后于加工工业发展。在此背景下，金融改革、企业改革同时展开，价格改革在1984年就逐步成型。在"莫干山会议"的《价格改革的两种思路》报告中，考虑到由国家计划供应和统一分配的能源、原材料比重太大，煤炭占50%、钢材占70%，建议采取调放结合、以放为主的方针，先将供求基本平衡的机械、轻工、纺织的价格放开，所需的原料也由计划价改为市场价；随着行业的放开，统配煤、钢材的比重就会缩小，这时较大幅度地提高能源、原材料价格就不会对整个国民经济产生很大冲击。随着行业的放开，就会出现统配内的计划价与自销的市场价，应配套建立物资市场。同年9月20日，相关负责人批示："中青年经济工作者讨论会上，提出的价格改革的两种思路，极有参考价值。"这就是我国价格改革实行双轨制的由来。一种物资两种价格，市场价高于计划价，分配比例逐步缩小，市场份额逐步扩大。价格双轨制，将价格改革的大系统化为可以操作的小系统，避免大风险。纠正了不合理的价格体系，打破了僵硬的价格管理制度，带动了计划、物资体制的改革。这是对计划经济制度的重大突破，奠定了我国商品经济制度的基础。至1986年底，国家计委（现为国家发展和改革委员会）下达的工业指令性计划产品从120种减到60种，国家统配物资从256种减到26种。实行浮动价和市场价的比重，农副产品占65%，工业消费品占55%，生产资料占40%。1985~1987年，价格双轨制改革逐步推进，生产资料、生活资料价格逐步放开，市场的供求力量逐渐释放强大活力。在此三年内，通胀较前期确有提高，都保持在8%上下，没有发展到失控地步，与经济实际增长水平基本匹配。

（二）价格闯关

这种计划价格与市场价格存在差异的环境，也形成了通过倒卖商品价格赚取价差的空间，而这种利润来源于掌握计划价格的社会部分。这也是我们在2020年讨论的不平等典型形式之一，决定利润归属的不是生产率而是世袭存在的。在这种弊端下，1987年、1988年连续两年北戴河会议都对价格改革做出了规定，其基本方向是缩小计划价格和市场价格的差距，让更多生产和生活资料价格由市场决定。1988 年 3 月，上海调整了 280 种商品零售价，这些商品大都属于小商品以及生活必需品，平均价格涨幅都在 20%~30%。在这两次会议中间，价格逐步失控，通胀高企，已经达到 20% 的水平，对生产和生活造成了冲击。这种工资—通胀的螺旋上升机制，关键是缺少了速度控制器，在预算软约束的环境下，宏观调控的市场手段得不到各方回应，对于价格增长和工资上涨的市场动力没有了限制手段。以现在视角来看，市场调控手段和工具得不到市场各方回应，也就只能通过后期的行政手段来强行控制，这就难免误伤生产效率更高的部门，对于僵尸企业形成了一种隐性保护。这种世袭形式的不平等快速演变可能是后期政治动荡的因素之一。

在这里引申一个重大理论问题，在预算软约束的市场环境下，宏观调控者要匹配居民部门面对的物价上涨和工资上涨问题，保证居民部门工资上涨速度快于物价上涨速度，从而实现生活水平提高和财富积累，判断是否可以通过财政手段补贴居民部门。首先这种财政手段不能造成赤字货币化，这与 2020~2023 年美国宏观调控面对同样的问题。这也是笔者在《币值稳定、不平等与商业周期研究》一书中表达的核心思想。

（三）通胀治理

1988 年后期，宏观调控当局面对逐渐失控的通货膨胀，果断叫停了价格闯关，并且采取紧缩性宏观政策，收缩货币政策，加强预算软约束监管，在一系列努力下，通胀被控制住了。具体来说，1988~1993 年，宏观调整中的货币政策展现了典型的紧缩、放松、紧缩、放松的阶段，以货币政策为代表的宏观调控手段逐步成型，在此期间，中国的金融市场也经历了长足发展，这是一笔宝贵的历史财富。首先，为抑制通胀，1988 年第四季度，银行系统推出了存款收益与通胀挂钩的指数计划，即定期存款保值措施，迅速制止了挤兑现象；通过总贷款限额和信贷限额来控制新增信贷，这是典型的数量型货币政策，由于在那个时代企业改革刚起步，贷款利率对于企业来说就是生命线，特别是处于转型阶段的国有企业，贷款利率大幅提高会给企业改革造成几乎致命的打击，因此数量型货币政策是较好的选择。1990 年上半年，货币政策开始放松，对国有企业开始发放大规模贷款，对非国有企业的信贷也开始放松，M2 增速得到迅速恢复，相应地，GDP 增速在 1991 年开始抬头。

自 1984 年中央银行成立以来，各专业银行相继成立，债务周期与经济增长之间的关系也就更加密切了。货币工具是以数量型为主，加上金融机构也是预算软约束的重要组成部分，债务问题必然出现。债务问题积累，有三个大的远景，一是通过改革提高效率来消化债务，二是通过赤字货币化来提高通胀消化债务，三是采取硬着陆强行让整体经济以破产方式实现重组和出清，这三种远景围绕着一个核心命题，经济的发展和损失不会平均落在每个人头上，如何分配这些东西就成了宏观调控的重要评价角度。1984~1991 年，中国经济经历了效率提高、通胀、经济硬着陆的三种情形，不过由于预算软约束的逐步治理，债务在积累中优化。

相较于价格改革的波澜壮阔、险象环生，财政体制改革自 1978~1991 年逐步进行，相伴而行的中央地方关系调整、企业政府关系调整都围绕高效率发展展开。财政体制改革与发展阶段的关系，主要体现在预算软约束发展上。1980 年，我国财政体制改革采取了"划分收支、分级包干"模式，1985 年财政体制进一步发展为"划分税种、核定收支、分级包干"模式，充分挖掘中央和地方的积极性。

从上面的回顾中可以看出，有一个重要事实是两次北戴河会议关于价格闯关的决定，其中一个因素就是不平等问题扩大造成的政治压力。易纲在《预防通货紧缩和保持经济较快增长研究》一书中将该因素总结为价格刚性和城市居民利益保护，因此财政补贴才逐步加重通胀走向失控。该分析框架的核心也是工资与价格的关系，在模型分析中没有将不平等带来的政治压力考虑其中。如果城市居民的利益得到了很好的保护，由于价格改革带来的效率提高使农村和城市居民实际可以消费的物资都更加丰富，那么改革面对的财政补贴压力将是可控的。其中，不平等问题的失控是造成价格改革逐渐失控的关键因素，从现在经济学发展的角度来看，20 世纪八九十年代关于不平等问题的研究并没有进入问题的核心。在货币学派和凯恩斯学派的分析框架中，对不平等问题带来的政治改革压力也没有用重要变量加以描述。即使是注重结构性模型的凯恩斯模型也没有将不平等问题列为分析的重要因素，但这种政治压力是切实存在的。以至于发展出来完善的货币和财政分析框架来管理经济体中的通胀现象，现在对于不平等问题宏观调控的工具和理论框架依然不成熟。从中国在该时期的实践来看，价格双轨制改革刚开始时通胀整体是可控的，经济发展势头良好，但迫于不平等问题的政治压力，加速价格闯关、一步调整到位的思想开始占据政治核心。再考虑到提高工资以满足价格放开的要求，资金利率却没有跟随上涨，从 DPIL 角度来看，工资—通胀螺旋基本上就会失控了。易纲在《预防通货紧缩和保持经济较快增长研究》一书中将通胀分析框架定位为静态分析模式，分析价格和工资调整是一次性的，但从目前的状况来看，迫于不平等问题，这种变化将是动态演化的。在这里大胆地提出一个问题，如果在价格改革的第二阶段能顶住压力，加快价格改革，而不是采取全面放开形式，结果会不会有所不同？在这里以更加正式的形式对这个大胆问题加以描述，当逐步推进改革，触动社会各个阶层的利益，又不愿意采取财政方式加以补偿时，是否应该按照最初的设想坚定不移地执行下去，以加快改革步伐来解决不平等问题。答案是顶住压力，而不是前后摇摆。

三、改革开放持续扩大，外资加速入华

1986~1991 年，FDI 呈现持续且快速流入中国的态势，绝对值从 2243.73 百万美元快速跃至 4366.34 百万美元（见图 3-3）。改革开放以来，政策持续改革，投资环境不断改善，外商纷纷入华投资，投资地域由南到北，从沿海地区逐步向内陆推进。在"七五"时期（1986~1990 年）外商直接投资总额超过 100 亿美元。随着时间的推移，来华外企数量持续增加，"七五"时期中外合资经营企业、中外合作经营企业以及外资企业（统称"三资企业"）超过 2000 家。外向经济的持续向好也使市场上的外国品牌商品数量稳步上升，居民可选消费不断升级。

外资持续加码中国与中国本身经济势能快速抬头紧密关联，叠加人口高基数的背景，外资的投资回报率呈现稳定且持续的正循环。2019 年商务部国际贸易经济合作研究院在首届跨国公司领导人青岛峰会上发布的《跨国公司投资中国 40 年》报告显示，自改革开放以来，外企在华投资回报超全球平均线，即使在全球贸易摩擦较为严重的 2018 年，美国企业在华投资收益率仍达到 11.2%，超过 8.9% 的全球平均水平。

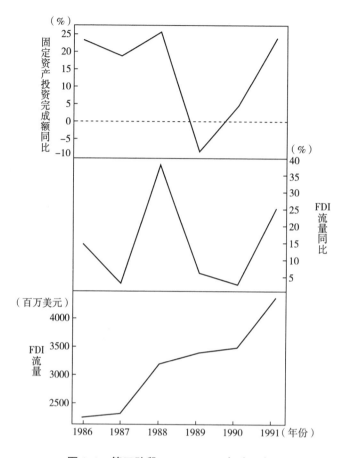

图3-3 第三阶段：1986~1991年（三）

在外资快速流入的背景下，国内市场商品不断增加，对外开放进一步推动了经济体制改革的进程。首先，外企商品的快速进入推动了中国市场价格改革。此前，价格受计划管制，市场定价的功能难以发挥，导致企业盈利与创新迟迟难以抬头。外企对商品的定价推动了国内价格体系与国际市场价格体系接轨，引导国内市场价格体系走向均衡。价格的市场化可以引起市场竞争，从而决定资源配置与企业利润。最终，私营部门参与市场经营的热情将逐步升温。其次，外商直接投资企业对中国市场体系的改制完善起到了较大的作用。在改革开放的最初期（第一阶段与第二阶段），外资的进入多靠政策优惠，如土地、税收等。优惠的政策带动了外资的热情，但是在一定程度上挤压了本土企业的生存空间，不符合市场化的基本条件。持续走向市场化的目标促进了中国市场改革。最后，在第三阶段，对外开放的成果与试验田还是以南方沿海地区为主，数年的实践为日后中国市场全面走向开放打下了牢固的基础，磨合出了一条适合中国社会与市场的体系。

四、本章小结

在市场萌芽的基础上，这一阶段继续向市场化改革迈步，价格改革让市场力量在时间维度上以更加全面的方式展开。一系列制度革新让效率提升加速，这让经济从上一阶段底部迅速复苏，并发展到过热，经济动能快速释放。国民经济经历了一个较为完整的发展阶段。其中从价格双轨制到价格闯关的价格改革措施激发了市场活力，提高了资源的有效配置，但同时也在短时间内快速推高了通货膨胀，这是一条经济转轨的必由之路。可以总结出如下几点规律：

第一，宏观经济随着市场化改革进程，在更长时间维度内展开。消费、投资与经济总量之间的时间关系也更加明确，相互之间的高点、低点彰显时间差距以及顺序规律。货币、通胀之间的高点、低点同样展现出这种规律。

第二，对比第三阶段与前后阶段，第三阶段具有明显的过渡特点，市场力量与计划力量胶着对立。从第三阶段后，经济周期时间跨度明显变长，通缩、通胀在整体经济中持续时间更长，且伴随着资本市场发展，资本市场与宏观经济波动的关系开始显现。直接融资、间接融资体系与预算软约束一同发展，货币政策工具对经济直接掌控能力逐步减弱。

第三，随着经济周期在更长时间范围内展开，通过宏观调控手段来给经济刹车或者加热，这种调控手段从实施到见效之间的时间空隙越发明显。在这个时间空隙中，考验市场各方定力和耐心。这需要市场各方沟通，对远景达成可信性共识，减轻对于硬着陆、流动性陷阱的担忧。

第四，不平等问题要纳入改革措施的重要考虑因素，通过长远考虑、阶段性调整来减轻不平等因素对于社会的冲击，从而有效释放改革措施的长久红利。

第五，改革开放的红利持续释放，此时期内对外开放持续扩大，出口逐年增长。在FDI高速流入的同时，技术和管理经验也一并进入，加快了国内产业升级的速度，提高了中国企业的竞争力。

第四章 春天的故事

在经过 1989~1991 年的三年治理之后，宏观经济进入"八五"时期，在完成治理整顿的基础上，国民经济以 1992 年邓小平南方谈话以及党的十四大为标志，进入了一个全新的阶段，改革开放踏上了一个全新的征程。经济体制改革从 20 世纪 80 年代以放权让利为主逐步转向以建立社会主义市场经济体制框架为目标，市场化的快速推进释放了大量红利，进一步推动了经济增长。"八五"时期，伴随积极灵活的宏观经济调控政策，经济体制改革步伐明显加快。一方面，宏观经济总量维持高增速增长，经济结构出现了较大的变化，进一步提高了经济总体实力，改善了人民生活，为后续进入"九五"打下了坚实的基础。另一方面，在改革的过程中也出现了一些问题，首先是经济总量增长不够稳定，其次是经济结构变化存在不合理的方面，这阻碍了经济长期稳定的快速增长。

1991~1996 年，宏观经济整体实现软着陆，即在成功压制住通货膨胀的同时将经济增速维持在了较高水平，GDP 平均增速维持在 11% 以上的高水平，通货膨胀从 1994 年 24.1% 的高位回落至 1996 年的 8.3%，并在后续数年中持续保持下落态势。在 1993 年与 1994 年两年中，国民经济处在计划经济向市场经济转轨的过程中，出现了投资需求与消费需求双膨胀现象，这加剧了商品供给短缺的状况，成为通货膨胀上行的主要原因之一。为了抑制通货膨胀，中央政府延续了前期紧缩的政策，为此，投资增幅没有出现高增长。不过，在持续的市场化改革以及邓小平在南方谈话中平息前期的争议和疑虑后，外商直接投资快速大幅流入，实际 FDI 流量从 1991 年的 43.66 亿美元快速增长到 1997 年的 452.57 亿美元。受宏观经济繁荣的影响，社零总额也同步维持高增速，平均增速达 22% 以上。在就业市场方面，受紧缩政策的影响，市场整体疲弱，具体体现在商品滞销、库存上升、企业开工率低。产业结构进入调整阶段，倒闭关停的企业快速增加，导致失业率快速上行，这是体制改革、产业结构升级进程中不可避免的问题。对外贸易方面，中国对外贸易总额年均增速超过20%，远高于GDP的增速，并在1992年成为世界第十大贸易国。结构上，出口份额逐年攀升，其中，制造业和轻工业产品为主要出口商品。进口与出口同步，呈现逐年增长的态势，此时期内主要进口商品为机电产品、原材料以及能源。在持续深化改革开放的背景下，中国的出口市场从传统的东南亚市场向欧美市场快速扩张。

相较于前三个阶段，第四阶段在处理大通胀时采取了更加精细化的调控措施，以及有效通过税收体制改革，协调了能源、交通和粮食流通领域的中央财政压力，在一定程度上压缩了地方政府预算软约束对通胀的影响，将宏观调控与产业调整有效结合，最终实现了经济软着陆。前三个阶段都为治理通胀付出了沉重的代价，在GDP大幅降速、投资项目大量压缩的前提下，通胀才被逐步控制下来，在经济减速之后，带来了社会各个方面的压力。后来又迫于压力，短时间内采取刺激性措施，重新将经济拉起，这种短时间内的大起大落对经济造成了深度创伤，经济结构调整缓慢，新旧制度机制对峙严峻。第四阶段在前三阶段工作基础上，进一步大胆推进了价格制度改革，对粮食价格、能源价格进行了深度调整，以价格体系拉动产业结构随之调整，这无疑给通胀带来了巨大扰动。但是价格调整方向，又刺激了粮食、能源供给，压制了加工工业的原材料需求，将产业整体向均衡状态推进，因此通胀治理的代价不需要通过强行行政手段加以调控，这在很大程度上保障了经济软着陆的产业基础。在价格体系改革推进的同时，汇率体系也进行了重大调整，人民币采取了一次性贬值方式，对双轨制进行并轨，人民币汇率贬值给国内输入性通胀带来了一定压力，在1994年汇率改革和大通胀确实是在同一时间发生的事情。但是从当时的进口结构来看，这种一次性贬值带来的通胀效果整体是可控的，由于能源材料本身就处于涨价阶段，压制了加工工业对原材料的需求，这导致进口材料对国内通胀的影响降低。在这个阶段内，金融市场取得重大发展，直接融资体系逐步建设完善，在大通胀背景下，金融市场也经历了重大起伏。在经济整体软着陆环境下，金融市场波动性逐步下降，并且呈现出上涨态势，这与居民财富不断积累、预期向好存在重要联系。在这个阶段内，不平等得到了妥善处理，在中央财政实力加强下，区域发展、重点人群都得到了重点保障，经济发展成果具有很大的带动效果。

在经济软着陆过程中，通胀下降了 20 个百分点左右，GDP 增速只下降了 4 个百分点左右，此时期末期 GDP 增速还保持在 10% 左右，经济仍然保持了较高速度。从经济后续发展来看，经过这一轮价格改革和汇率改革，中国通胀危险基本解除，并且经历了一段时间的通缩压力。由于宏观调控和产业调整有机结合在了一起，着陆过程中产生的债务问题主要集中在了落后产能部分，这一债务问题没有在经济整体中扩散，也就有了通过经济高效率发展增量来化解债务问题的空间。一系列债务压力从经济整体中被妥善剥离了出来。

一、宏观经济软着陆

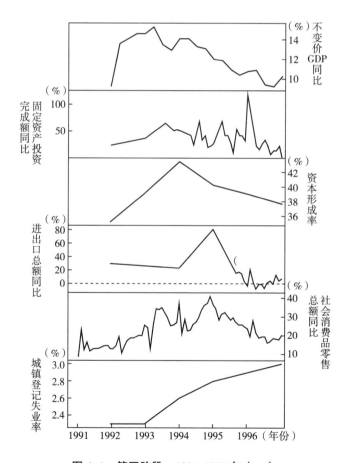

图 4-1　第四阶段：1991~1996 年（一）

在第四阶段，1991~1996 年，宏观经济再次出现了"快热快冷"的情况，整体以软着陆为主（见图 4-1）。大家并没有从宏观经济的角度总结前期"价格闯关"导致的后果，而是将其推给了改革"左右路线"。1993~1994 年，通货膨胀再次急速抬升，并在 1994 年出现了 CPI 同比增速高达 24.1% 的惊人水平，与此同时，失业率再度抬升。站在历史的角度来看，1992 年是中国改革开放的一个分水岭，1992 年之前是中国经济改革的初期，主要进展是分权。分权化促使中国经济结构发生了巨大的变化，但是国有经济压制民营经济的总体格局没有发生改变。1992 年后，民营经济得到迅猛发展，逐步成为国民经济发展的重要力量，改变了原有的体制格局，国民经济逐步过渡到双重体制并存的阶段。整体上，1991~1996 年是中国经济软着陆的过程，在有效控制通货膨胀的同时，经济增速平缓回落到了适当区间。

（一）GDP 增速逐步放缓

国家统计局数据显示，从 1992 年开始，GDP 同比增速数据开始公布更细刻度的季度数据。因此，自 1992 年开始，书中描述的 GDP 增速均采用季度数据。1992~1996 年，GDP 增速整体维持在较高水平，除了 1996 年的第二季度与第三季度，其余皆维持两位数增速。趋势上，GDP 增速在 1992 年达到 1984 年以来高点之后，持续维持回落态势，从 1992 年的第一季度 13.6% 回落至 1996 年第四季度的 10.3%，虽然整体呈下落趋势，但依然维持了高增速，国民经济处在高速扩张阶段。

改革开放的持续推进助力中国经济与全球经济逐步接轨，特别是以"出口创汇"为导向的制造业对海外需求的波动较为敏感。20 世纪 80~90 年代，国际局势出现了巨大的变化。伴随苏联的解体，东欧局势混乱不定，全球社会主义运动陷入低谷。随着冷战的结束，全球格局两极化结束，出现一超多强的格局，同时，全球化的快速进程让不少发展中国家抓住了机遇。《共和国的足迹——1992 年：邓小平视察南方》中提到：

中国尽管挫败了西方国家的"制裁"，但面临的严峻挑战仍然存在。这种复杂的形势使相当一部分干部和群众的思想产生困惑。一些人对社会主义前途缺乏信心，一部分干部和群众受传统教条式观念束缚对改革开放姓"社"还是姓"资"心存疑虑，对党的基本路线出现怀疑和动摇。

在这最关键的时刻，邓小平于1992年1月12日至2月21日视察南方深圳、珠海、上海等城市，途中多次发表讲话强调：

党的基本路线要管一百年，动摇不得。改革开放胆子要大一些，敢于试验。判断的标准，应该主要看是否有利于发展社会主义社会的生产力，是否有利于增强社会主义国家的综合国力，是否有利于提高人民的生活水平。计划多一点还是市场多一点，不是社会主义与资本主义的本质区别。社会主义的本质，是解放生产力，发展生产力，消灭剥削，消除两极分化，最终达到共同富裕。社会主义要赢得与资本主义相比较的优势，就必须大胆吸收和借鉴人类社会创造的一切文明成果，包括当今资本主义发达国家的一切反映现代社会化生产规律的先进经营方式和管理方法，中国要警惕右，但主要是防止"左"。要抓住时机，发展自己，关键是发展经济。发展才是硬道理。必须依靠科技和教育，经济发展才能快一点。要坚持两手抓，一手抓改革开放，一手抓打击各种犯罪活动。两只手都要硬。在整个改革开放过程中必须始终坚持四项基本原则。必须反对腐败，廉政建设要作为大事来抓。中国的事情能不能办好从一定意义上说，关键在人，说到底，关键是我们共产党内部要搞好。社会主义经历一个长过程发展后必然代替资本主义。这是社会历史发展不可逆转的总趋势。一些国家出现严重曲折，社会主义好像被削弱了，但人民经受锻炼，吸取教训，将促使社会主义向着更加健康的方向发展。我们搞社会主义才几十年，还处在初级阶段，巩固和发展社会主义，需要几代人、十几代人，甚至几十代人坚持不懈地努力奋斗。从现在起到下世纪中叶，将是很要紧的时期，我们要埋头苦干。

邓小平南方谈话的思想很快传递到全党，国务院随即做出了一系列加快改革开放的决定。1992年10月，党的十四大明确提出，中国经济体制的改革目标是建立社会主义市场经济体制。中国改革开放的步伐由此进一步加快。随后，1993年11月，党的十四届三中全会中审议通过的《中共中央关于建立社会主义市场经济体制若干问题的决定》明确了建立社会主义市场经济体制的基本任务和要求，这一决定不仅解决了改革发展中的关键问题，也成为推动20世纪90年代经济高速增长的关键。

邓小平南方谈话掀起了国民经济热潮，政府部门和企业部门热情高涨，对市场机制的扩大起到了重要作用。高涨的热情叠加宽松的货币政策，在全国范围内出现了开发区热、房地产热、资本市场热等，经济再次进入高热状态。1992 年的 M1 与 M2 的增速分别达到了 35.7% 和 31.1%，CPI 逐月走高至 8.8%，同年季度 GDP 增速维持在 13.6% 的高水平上。当时出现了一种观点，认为经济并未过热，通胀高企是经济高增速的必然条件，不用急于回归紧缩。另一种观点则认为经济过热即将失控，必须快速采取措施避免泡沫破裂。相关讨论一直持续到了 1993 年开春，人民币兑美元汇率从 1992 年 11 月到 1993 年 5 月之间的 6 个月内贬值了 45%，同时 CPI 从 8.2% 跃至 14%，并在后期延续了高增速的态势。在宏观数据的印证下，通胀需要急刹车的观点才逐步出现。1993 年 4~5 月，邓小平亲自干预，政策再次转向通胀管理。作为应急措施，中共中央、国务院于 1993 年 6 月在《关于当前经济情况和加强宏观调控的意见》中宣布了稳定经济的"16 点计划"，包括金融、财政和投资等几个方面：①提高存款和贷款利率，发行国库券以弥补财政赤字；②指令专业银行收回超过限额的贷款；③要求专业银行重新审查对各类金融机构的拆借，限期收回非法拆借的资金；④将专业银行的政策性贷款与商业性贷款分开；⑤加强中国人民银行的中央银行职能；⑥公司在证券市场上市需要得到国家的批准；⑦减少 20% 行政开支；⑧要求各地区在 7 月 15 日以前完成它们承担的国库券销售指标；⑨重新审查地方批准建立的经济开发区；⑩削减基本建设投资；⑪增加对交通部门的投资；⑫改革外汇留成制度；⑬禁止在收购农产品时给农民打白条；⑭禁止地方当局从企业和农场非法"募集"基金；⑮派出调研组分赴 20 个省、自治区、直辖市，考核金融活动的正当性；⑯停止出台新的价格改革措施。在应急措施之外还有 1993 年 11 月出台的《中共中央关于建立社会主义市场经济体制若干问题的决定》，其中要求建立全新的财政税收体制、推进金融体制改革、加速国有企业改革以及建立新的社保制度，以保证 20 世纪末初步建立社会主义市场经济的目标可以达成。在"16 点计划"后，经济过热的势头得到缓解，M1 增速、PPI 以及人民币汇率都出现了回调。随后，GDP 增速从 1993 年第二季度的 13.5% 回落至 1994 年第二季度的 13.3%，并在后期延续了放缓态势。

1994 年，宏观调控在 1993 年的基础上取得了一定的成就，宏观调控体系的框架基本确立，整体经济从过热中逐步回落，但 GDP 增速依旧维持高增速，实现了抑制通货膨胀和保持适度增长双重目标，为经济体制和增长方式双重转轨打下了基础。从 1994 年开始，GDP 增速放缓速度加快，从 11.8% 回落至

1996 年的 9.7%，CPI 从 1994 年 2 月时的 23.2% 逐步回落至 1996 年末的 7%。整体上，宏观经济实现了软着陆。

（二）投资维持收紧

从 1993 年起，中国经济再次出现过热的现象，固定资产投资作为宏观经济增长的主要推手开始高速增长。其中，1992 年与 1993 年固定资产投资增速分别为 42.6% 与 58.6%；投资率在 1993 年与 1994 年达到峰值，分别为 43.4% 与 40.24%，大跨度超越前期水平。随后，在紧缩的宏观政策下，1994~1996 年固定资产投资增速分别回落至 27.8%、18.8%、18.2%；投资率从峰值回落至 1996 年的 37.7%。投资需求带动了消费需求，当时的国民经济正处于从计划经济向市场经济转轨的过程中，投资需求与消费需求出现双膨胀，加剧了商品供给的短缺状况，造成 1993~1994 年全国商品零售价格指数分别上升了 13.2% 和 21.7%，导致通货膨胀快速上行。

1993 年下半年，在前期通货膨胀的压力下，宏观调控快速介入。1994 年初，国务院发出《关于继续加强固定资产投资宏观调控的通知》；1994 年 3 月，在国务院的领导下，成立了加强固定资产投资宏观调控领导小组，对全国各地区在投资的宏观调控上都采取了紧缩措施，例如对项目进行清理，延缓暂停一批项目，严格控制新开工项目，掌握资金投放情况，并加强了对房地产、开发区的管理。1994 年投资完成额为 17042 亿元，投资增速为 30.4%，比 1993 年下降了 31.4%。

1995 年，由于继续实施了适度收紧的宏观政策，固定资产投资规模得到了有效的控制，其中，投资完成额 20019 亿元，同比增长 17.5%，回落 12.9%。作为"八五"时期的最后一年，1995 年的固定资产投资领域基本实现了总量控制和结构调整的目标，宏观调控在抑制了投资增速过快的同时，并没有对经济增速产生影响，这说明整体调控的效果是积极明显的。不过，对投资资金源头的严格控制对部分项目的建设和投资效益产生了影响；另外，投资增速下降造成投资品市场需求不足，直接导致部分企业出现了经营困难。

1996 年，随着国内经济软着陆逐步取得成效，国际收支形势较好。投资完成额 22974 亿元，同比增长 14.8%。在宏观调控下，增速有序回落，成功实现软着陆的目标，不过国民经济整体仍然面临抑制通胀以及促进经济增长、帮助企业脱困的两难选择。为此，1996 年的宏观政策继续将抑制通货膨胀作为宏观调控的首要任务，执行适度从紧的财政政策和货币政策，注意把握宏观调控力度，努力改善经济总量平衡状况，加强市场物价监管，既实现了物价上涨率大幅度回落，又保持了国民经济适度快速增长。作为"九五"计划的第一年，1996 年宏观调控的成功为后续的黄金时代打下了坚实的基础。

（三）收入增速拉动居民消费

需求方面，社零总额增速自 1992 年的 12.92% 持续攀升，最终达到 1994 年 11 月的 40.68%，随后，维持下落态势至 1996 年底的 20.1%。从绝对量看，社零总额快速从 1991 年末的 833.5 亿元上升至 1996 年末的 2871.7 亿元，社会总体需求维持强劲态势。

整体上，消费的持续上升与国民经济的繁荣是分不开的。1991~1996 年，国民收入水平持续提升，其中全国城镇居民人均可支配收入从 1700.6 元快速上升至 4838.9 元（见图 4-2）。居民收入水平的上涨主要来源于企业利润的增加，在城镇居民以外，农业产值的提高同步提升了农民的收入，农村居民人均纯收入由 1990 年的 686 元提升至 1995 年的 1555 元，实际年均增速达到 4.2%。与前面的阶段对比，城镇居民收入实际年均增长率在"六五"

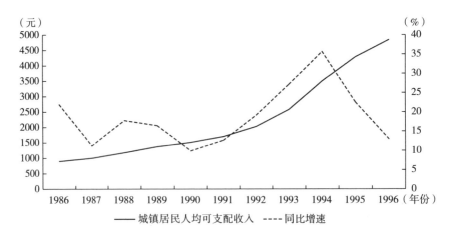

图 4-2　1986~1996 年城镇居民人均可支配收入及其同比增速

资料来源：根据国家统计局数据整理。

时期为 6.9%，"七五"时期为 1.2%，"八五"时期为 7.9%。这扭转了"七五"时期实际收入增长缓慢甚至负增长的局面，根据张振、罗维晗（2022）在《币值稳定、不平等与商业周期研究》中提出的动态价格指数（DPIL）的概念，在收入增速超越通胀增速时，居民消费支出就会增加，生活质量得到提升。

除了居民收入增速的快速上升以外，供给侧也出现了较大的变化。改革开放以来，中国市场持续扩大，市面上商品种类快速增加，此时期内许多国际知名品牌进入中国市场，为消费者提供了更多选择，同时也推动了中国消费市场的国际化。在收入增长和商品种类日益繁多的背景下，消费出现了较快的上升。特别是在 1992 年邓小平南方谈话后，经济转向建立社会主义市场经济体制阶段，公有制经济实现方式多样化。在市场化机制的作用下，生产领域技术水平迅速提升，工业化进程的加速促进了国民财富积累。随后召开的党的十四届三中全会中审议通过的《中共中央关于建立社会主义市场经济体制若干问题的决定》提出了具体的行动纲领，持续推进市场化改革。

在供给和收入水平的作用下，"八五"时期居民消费结构出现了较大变化，其中耐用品持续上升，日用类消费品增速放缓。与 1990 年相比，1995 年城镇居民在洗衣机、电冰箱、彩色电视机"新三件"的基础上增添了录像机、游戏机、音箱等组合。同时，随着居民生活质量的不断提升，住房需求也出现了上行。1991~1994 年，城乡居民居住条件进一步改善，城镇人均住房面积从 6.7 平方米提升至 8 平方米，农村人均住房面积从 17.8 平方米提升至 20 平方米。

（四）失业率在改革过程中出现上升

1996 年，国民经济在经过三年的调整后实现了软着陆。在紧缩政策的干预下，市场出现了疲软的迹象，商品滞销、库存上升、企业开工率维持低位。产业结构的调整迫使传统企业转型，倒闭关停的企业数量增多。国有企业改革的政策也使过去积累了多年的隐性冗员问题快速暴露了出来。紧缩的宏观政策碰上经济过剩、结构调整以及改革深化，失业问题再次爆发。城镇登记失业率从 1992 年开始稳步上升，从 2.3% 逐步上升至 1996 年的 3.0%。不过，关于真实失业率究竟有多高的问题，学者、政府以及居民部门都有着不同的感受。但是，与同期西方发达经济体 5% 的自然失业率相比，城镇登记失业率维持在 3% 左右的水平显然是不符合当时的宏观环境的。大量学者对真实失业率做出了各种估算，虽然结果各有差异，但是都远高于国家统计局公布的城镇登记失业率。从整体来看，失业问题主要受改革调整影响，是经济转型的必由之路。

原因一：劳动力市场供给过剩。国家统计局的数据显示，截至1996年末，全年人口出生率为16.98‰，死亡率为6.56‰，自然增长率为10.42‰。年末全国总人口122389万人，比上年末增加1268万人。其中，城镇人口为35950万人，占全国总人口的29.4%；乡村人口为86439万人，占全国总人口的70.6%。结构上，0~14岁人口的比重为26.4%，15~64岁人口的比重为67.2%，65岁以上人口的比重为6.4%。1978~1998年，中国人口自然增长率平均达到12.5%，尽管低于同期的世界平均自然增长率，但我国的人口基数大，由此产生的劳动力使就业压力十分突出。

原因二：就业体制改革深化。在1993年国有企业逐步实现全员劳动合同制之前，中国就业市场模式较为单一，主要体现为"低工资，高就业"。城镇居民基本可以通过计划体制安排到有需求的国有单位工作，出现了名义失业率低但隐性失业率高的普遍现象。在改革初期中，就业市场按照"搁置存量，扩大增量"的基本方针增加了就业渠道以及方式。伴随改革初期经济的高增速，市场对于劳动力需求增加，就业市场压力可控。但是，自20世纪90年代中期以来，经济体中重复建设、企业中劳动力过剩、企业经济效益低等问题迫使国家从计划模式转向市场模式。大量经济效益低的企业破产退出市场，导致失业人员数量快速上升。

原因三：紧缩的宏观政策。从1993年年中开始，宏观政策采取了紧缩的模式以控制通货膨胀。财政、货币的"双紧"措施持续近50个月，长期的紧缩政策使得物价持续走低，经济增速逐步放缓。总需求不足和市场疲软导致产品滞销，企业停工停产。1999年3月8日的《参考消息》提到："按照一些经济学家的估算，国民经济每增加1个百分点，就可以增加500万人就业；反之，失业必将增加。"

（五）进出口总额先升后降

在外贸方面，1993年之前，国家统计局公布的数据频率为年度，随后调整为月度，为此，本书从这一时期起将年度数据切换至月度数据，以便观察。趋势上，1992年与1993年人民币进出口总额同比增速延续了前期的高速增长，平均达到了 20%，随后一路下滑并在 1997 年之前维持低位波动。在结构上，1993 年出现了短暂的贸易逆差现象，随后维持小幅顺差并维持稳定状态。从长期来看，1992~2000 年中国贸易维持平稳增长，处在成长突破阶段（见图 4-3）。在结构上，出口增速先快速上升，在 1994 年达到峰值，为 31.9%（以美元计价），随后在 1996 年快速回落至 1.5%；在进口方面，受紧缩政策的延续，整体增速以下行为主，从 1991 年的 19.6% 逐步回落至 1996 年的 5.1%。

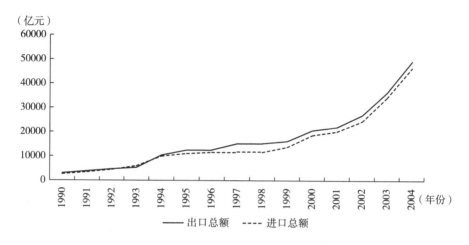

图 4-3　1990~2004 年中国进出口总额

资料来源：根据海关总署数据整理。

1992 年，邓小平南方谈话后，解放了思想，加快了中国对外开放的进程，伴随着经济特区的建立，我国的进出口贸易发展开始明显提速，进入高速发展时期。同年，党的十四大提出了中国经济体制改革的目标是建立社会主义市场经济体制，外贸体制的市场化改革从此开始快速推进。随着《中华人民共和国对外贸易法》等外贸相关的法律法规逐步出台，外贸经营权不断扩大、关税逐步降低、人民币双重汇率实现并轨等一系列改革措施都为外贸注入了活力。

出口逐步成为拉动中国经济增长的核心推手之一。"八五"时期出口对国民经济增长的贡献率在 30% 左右，超过了"七五"时期的 27.5% 和"六五"时期的 15.2%。更重要的是，出口结构出现了较大调整，工业制成品从 1990 年的 74.4% 上升到 1994 年的 84%。不过，1991~1996 年的出口结构仍然具有发展中国家的明显特点，即出口产品以劳动密集型、资源密集型的低附加值产品为主。出口的大幅上升主要依赖于生产效率，即数量的提升，并非技术进步。

进口则逐渐成了促进产业结构升级、弥补国内短板的一条捷径。大量外资的流入加快了国内积累的速度，特别是伴随资金进入的国外技术促进了国内自主研发技术水平的更新。在结构上，"八五"时期，技术密集型的机械及运输设备进口比例超过 50%，成为产业升级不可缺少的重要因素。

1996 年，出口贸易出现较大回落，贸易顺差减少。原因主要有以下五点：一是出口退税率下调和出口退税款拖欠。二是 1995 年出口增速基数过高。三是国有外贸企业经营机制落后。四是出口产品结构单一，同时国际市场竞争越发激烈。五是出口产品价格下降。为了应对这些影响因素，后续的改革中继续加大了提高效益、以质取胜的力度；同时拓展国内市场，充分利用国内消费市场；继续推进外贸体制改革，采取严厉措施制止"对内抬价抢购，对外压价竞销"的无序竞争。同时，加速推进出口企业改革，与市场接轨。

二、价格改革取得最终胜利

从通货膨胀的发展形势来看，1994 年通胀超过了 1993 年，达到了 25%左右的超高水平。这种通胀形势比价格闯关时期还要高，从而在 1993~1996 年的四年间，中国通货膨胀率经历了超级通胀阶段。随着市场力量的崛起，通胀惯性相较之前更加强大，1993 年通胀上升之后，货币政策收紧，在货币政策放松之后，通胀率在 1993 年基础上再次上涨，后续回落用了三年，到 1997 年通货膨胀才回落到 2.8%。其间伴随着房地产市场泡沫的破裂，特别是东南沿海的房地产市场泡沫的破裂，其中以海南最为突出。在海南房地产市场泡沫的处理方式依旧出现在了 2021 年房地产调控的风头。房地产作为一个重要产业，生产率提高如何评价，市场竞争如何监管等问题，可能早在 1992 年就深深埋在了中国经济发展之中。资本市场泡沫也在这次通胀中应声而起，1994 年伴随着通胀回落而破裂，就像在《币值稳定、不平等与商业周期研究》中描述的那样，零售价格指数、以房地产市场为代表的耐用品价格指数、资本市场回报率与实际经济增长是联系在一起的。

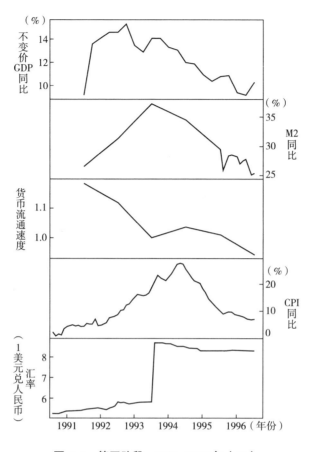

图 4-4　第四阶段：1991~1996 年（二）

　　需要特别指出的是，1992~1993 年中国部分区域出现了房地产热现象，出现了泡沫化的倾向（见图 4-4）。房地产市场发展与资本市场发展是相互作用的，展现市场力量的同时，宏观调控中的方向盘也在市场和中央银行的博弈中成型。1993 年，国务院出台的《关于当前经济情况和加强宏观调控的意见》表示，应以金融部门治理为主要抓手，涉及外汇、房地产投资、基建投资和物价改革等十六个方面，对整体经济过热做出了宏观调控的决定。以现在的观点来看，此次意见在市场机制不够健全，特别是在金融市场化改革没有取得重大进展的情况下，采取的是以行政手段为主的宏观调控方式。从实际历史效果来看，它抓住了经济过热下金融信用扩张、预算软约束和物价改革的三个主要因素，都给出了明确的宏观调控目标和手段，最终实现了经济软着陆。通胀问题被逐渐治理，工业增加值仍然保持了高增速，能源、交通和粮食价格改革逐步完成，经济结构改革目标也得以实现。

从金融部门的宏观调控手段来看，主要是采取数量型工具控制信贷总量，压缩金融机构信用扩张规模，对效率低、风险高的资产进行了集中处理。较上一个阶段的紧缩货币政策，这个过程有很大的相似性，也动用了存贷款利率价格型工具。在资本市场建设不完善的背景下，价格型工具确实在有效性、指导性方面存在一定技术和实践困难。在货币和财政宏观调控的双框架下，该意见将财政治理放在了配合位置上，将加强财政税收的体系建设作为紧缩性财政政策的表现形式，并且以建设、完善财政和货币现代体系作为实现紧缩宏观政策的重要抓手，将深化改革与加强宏观调控有机结合在了一起。这是一种宝贵经验，在深化改革的同时，完成了宏观调控目标。在经济过热时可以通过加强纪律和规则来实现这一目标，那么应该设想当需要刺激经济时，政府能够采取一种什么样的深化改革和宏观调控组合。

（一）价格改革和工资改革继续前进

1992 年，价格改革重新放开，中国暂停的价格市场化改革恢复推进。在这一阶段内，商品市场价格并轨，外汇汇率价格并轨，这种彻底改革基本创造了市场力量的价格体系。由市场力量主导的价格黏性和市场恐慌在商品价格、耐用品价格、资本市场价格中展现出更加强大的力量。货币和转轨因素共同造就了这个阶段。与 1987~1988 年价格闯关时通胀迅速失控不同的是，1992 年价格改革取得重大突破，成为改革开放以来价格放开最多的一年。1992 年，零售物价指数没有失控，说明经过三年调整后整体经济结构中市场价格与管制价格之间的差距被缩小了。1991 年底，国家物价局（现为国家发展和改革委员会）和国务院有关部门管理的生产资料和交通运输的价格有 737 种，而 1992 年就放开了 648 种。轻工业产品除了食盐和部分药品等个别品种，价格全部放开了。1992 年底，中央还放开了粮食的价格。1993 年春，中国社会零售商品总额中的 95%、农副产品收购总额中的 90%，以及生产资料销售总额中的 85%，已经由市场供求决定。在价格改革继续推进的同时，工资制度改革也在 1993 年取得进展，此次工资改革重点群体是公务员和事业单位，进一步突出效率在分配中的作用。

粮食和能源价格体系是整个经济关系运行的基础，同时影响着上层建筑即政治基础。在我国决定进行粮食价格改革的时候，波兰是一个重要的参考国家。1970~1990 年，波兰数次开始粮食价格改革，引起国内工人运动，最终导致国家政治制度发生改变。从这一惨痛的历史教训中可知，粮食价格事关整个国家运行基础，采取财政补贴方式来阶段性调整粮食关系是一种可行方案。但将其作为一种基本国家政策来实施时，在决定改变它时必须小心翼翼，采取完善配套措施加以推进。当然如果经济新生财富足够多，可以通过新增财富来补贴因为粮食涨价受到冲击的社会阶层。

在我国粮食价格改革中，中央和地方都准备了资金来收购粮食。1990 年、1991 年经济整体着陆，粮食价格出现下跌现象，在此基础上，经济整体复苏，粮食价格也就有了上升的市场基础。1993 年，国务院出台了《关于加快粮食流通体制改革的通知》，决定加快粮食价格的市场化改革，将这一部分责任压实在了地方政府身上。具体来说，该通知规定保留粮食订购数量，价格随行就市。地方可以根据自身财政状况相应规定粮食最低收购价或最高销售价，建立粮食储备，在加强粮食价格市场化行为同时，加快建立粮食价格宏观调控体系。进入 1993 年 12 月后，粮食价格上涨速度加快的苗头开始出现。为此，国务院在北京召开全国平抑粮油价格、稳定市场供应会议，会议认为在粮食库存充足情况下，主要是市场预期变化、地区发展差异导致了粮食价格超预期上涨。认为面对这样的情况，要坚持全国经济会议对于提高农产品价格的决定，特别是粮食价格，但是这次涨价太快，准备工作并未做好，涨价最高的已达原定明年调价幅度的 3 倍。为应对粮食价格超预期上涨，要采取全国国有粮食价格销售统一降价方式，并准备长期调控措施。关于为什么要继续推进粮食市场化改革而不是采取强行行政命令式降低粮食价格，认为："如果不调价，第一，工农业产品价格剪刀差日益扩大，不利于调动农民的积极性；第二，明年的农业生产资料价格由于上游产品特别是石油调价还会上涨，不足以补偿农民的生产成本。石油不调价，石油工业不能发展，要萎缩。石油调价，化肥、农药等农业生产资料都得涨价。如果我们不提高农产品特别是粮食的价格，农民不但无利可图，而且不愿种地了，因为收获的产品连成本都补偿不过来。"

1994 年 5 月 26~27 日，在北京召开的全国粮食价格改革工作会议指出，粮食价格应该由市场形成，具体操作是指订购 500 亿千克的粮食，按国家规定的订购价收购；400 亿千克的粮食，随行就市收购，就是市价；国家粮食系统要通过粮食的吞吐，把市价基本稳定在订购价的水平上。在粮食销售方面，粮食的收购价提上去了，销售价要顺加，为保证顺加不会带来社会动荡，要采取分步到位、分粮食类别加价、中央和地方部分财政补贴等方式，特别是全国四种主要粮食，稻谷多提一点价，小麦少提一点价，玉米不提价，大豆价格略有降低。

（二）金融市场取得大发展

自中央银行成立之后，我国的专业银行也经历了成立、发展、完善的阶段。经过十年左右的发展，到 1992 年中国非银行金融机构也进入快速发展阶段。从货币需求和供给来看，这种资本市场快速发展，为企业制度股份制改革提供了途径，从这方面来看，中国基本具备了生产率快速提高的基础。具体来说，到 1992 年底，中国有 85 家金融证券公司，其中约 20 家是在 1992 年成立的；有 1200 家信托投资公司，其中 300 家以上是 1992 年成立的。此外，还有 20 家财务公司、4 家保险公司、9 家租赁公司和 3000 多家城市信用合作社。

在上一个阶段的最后三年，在零售价格进入管控下，名义平均工资依然保持了高增速，这基本为接下来几年经济中的通胀恢复、资本市场发展创造了条件。1990~1991 年，上海证券交易所和深圳证券交易所相继成立，股票、债券、民间融资、场内和场外交易都在短时间内迅速发展。1993 年，经济运行货币化进程几乎脱离了中央银行的控制，金融机构大量出现，信用扩张逐步进入高风险区，宏观经济运行金融风险开始积累。应该说，在上一阶段末尾，经济经历了衰退阶段，已经积累了一定债务。不同于中央银行成立之前的政企综合下的预算软约束信用扩张，在该阶段信用扩张叠加了居民部门信用扩张，它所形成的风险已经不能够通过简单在会计系统中进行划账处理，许多场外信用扩张甚至无法通过会计方法来处理。面对这种情况，1993 年货币政策转向紧缩，包括加强金融纪律、使国有银行与其隶属的信托投资公司分离、所有专业银行必须立即取消信贷计划外贷款、限制地区间贷款、加强监督执行等。1993 年，迫于国内外压力，在当年第四季度开始，货币政策转向宽松。

（三）证券价格、土地价格、人民币价格经历深度调整

我国 M2 增速从 1992 年开始上涨，到 1993 年达到该时期内最高点，之后逐步减速。通胀在 1992 年开始加速，在 1993 年 M2 增速高点之后继续上涨，在 1994 年达到阶段内高点，之后逐步下行。根据之前研究，在这里通胀是指一篮子商品和服务的价格指数，与之相对的以房子价格为代表的耐用品价格、资本市场指数也在该时间段内展现出波动的特点，与通胀类似的是，这种波动的幅度也很大。以上证综合指数为例，上证综合指数在 1992 年初开始上涨，从 200 点上涨至 6 月的 1400 点，上涨幅度达到 6 倍，之后迅速下行，12月回到 400 点，在一年之内起伏巨大。之后的 1993 年起伏仍然很大，从年初的700 点左右上涨至 3 月的 1500 点，在短短两个月内资产价格就翻了 1 倍多。之后逐步下行，回落到 1994 年 7 月的 350 点左右。在这段回落期间，M2 增速高点逐步出现，通胀高点随后出现。从市场预期来看，收缩性的宏观调控政策对于资产价格产生了巨大压力，预期的形成本身就打压了资本市场的持续泡沫化行为。随着经济整体软着陆，并且逐步复苏，上证综合指数展现出一种温和上涨的形态，波动幅度明显变小，截至此时期末已上涨至 1000 点左右。资本市场的高点对于通胀和货币展现了明显预期性，其波动幅度与通胀存在一定联系。

根据《中国房地产市场年鉴》，中国房地产市场投资在 1992 年开始经历快速发展阶段，与此同时房地产价格大幅上涨，于 1993 年上半年达到峰值，随后从 1993 年 7 月开始回落。1996 年末，房地产价格经历了回落、调整和复苏的阶段。以海南省为例，1988 年商品房的平均价格为 1350 元 / 平方米，1991年为 1400 元 / 平方米，1992 年猛涨至 5000 元 / 平方米，1993 年达到了 7500元 / 平方米，在短短三年内，增长幅度高于 4 倍。虽然其整体上涨幅度还不及资本市场的 7 倍涨幅，但是房地产市场以其独有的带动效果，将相关地区和产业都推向了泡沫化的顶峰。其表现和股票市场基本一致，房地产作为耐用品，其财富储存属性已经开始显现，并且其通胀预期发现功能也开始形成。从前面房地产投资数据来看，投资增速起伏巨大，已经远远超过国民经济其他部门的起伏程度，远远超过 GDP 增幅，房地产的阶段属性开始显现。

从金融市场化改革来说，长端利率是房地产重要参考指标，短端利率是资本市场重要的参考指标，利率期限结构市场化改革对于引导和控制房地产周

期、资产价格波动具有重要意义。一种理想状态是能达到 1996 年时的整体经济形势，在经济整体温和上涨的同时，通胀、资产价格和房地产价格都温和复苏。在 1993 年 6 月宏观调控中，针对房地产市场，采取了终止房地产企业上市融资、压缩房地产企业银行贷款方式，通过收缩直接融资、间接融资两种方式，直接给房地产市场降温。从实际效果来看，这种调控组合拳相当有效，但也导致了很多房地产项目烂尾。这是数量型调控政策的弊端，但是这种产业调控政策和方式一直得到了延续。回顾 2021 年房地产调控，也是直接采取更加精准的数量型政策来对房地产市场进行降温。从政策设计上来看，针对不同情况的房地产企业设置不同的融资和企业改革限制，从而实现精准调控目标。房地产周期与宏观经济相互伴随，在考虑如何面对下一阶段时，更加精细的数量型政策是选项之一。但是，如何利用长端利率来有效调控房地产相关融资行为，从根本上协调经济增长潜能与房地产周期之间的关系则更为重要。数量型政策面对着巨大的政策可信性压力，当下一次要实行数量型政策时，如何判别房地产企业的特征来针对性调控，将使房地产企业在之前的特征上采取隐藏性策略，并且使市场投资方难以对这种判断标准形成共识，从而对更广范围内的企业产生冲击，带来更大波动。

这一阶段内价格改革做出了最后调整，国内商品价格体系基本实现了市场决定，与此同时对外价格体系也面临调整。在国内价格调整的尾声，以汇率为代表的对外价格体系改革也走进舞台中央。从整体价格改革开始到最终完成对外汇率体系改革，渐进式改革策略保证了整体改革方向没有发生大反复。虽然价格体系和汇率体系改革对宏观经济产生了很大影响，但也积累了宏观调控与产业调整的宝贵经验。在该时期进行外汇体系改革之前，我国外汇体系实行双轨制。1978~1993 年，汇率以双轨制为特征。实行外汇留成制度，建立和发展外汇调剂市场，建立官方汇率与调剂市场汇率并存的双重汇率制度，实行计划和市场相结合的外汇管理体制。

1993 年 5 月 25 日，美国财政部在一份递交给国会的报告中将中国列为汇率操纵国。在人民币汇率改革前夕，中国面临资本大规模外流、宏观经济过热的情况。1993 年，经常账户逆差为 119 亿美元，其中货物和服务贸易逆差达到 117 亿美元，外汇储备仅有 211 亿美元。在内外部压力下，汇率双轨制已无法适应当时经济发展的需要，人民币汇率制度改革呼之欲出。一方面，汇率双轨制滋生寻租和腐败行为。在 1994 年以前，中国汇率制度实行双轨制，呈现官方汇率与外汇调剂市场汇率并存的局面。1993 年底，有八成的外汇交易采用外汇调剂市场汇率交易，仅有两成外汇交易采用官方汇率交易。外汇调剂价格持续高于官方价格，给寻租和腐败行为提供了套利空间。另一方面，汇率双轨制已无法适应当时经济发展的需要。汇率是影响国际贸易和国际投资的重要变量，"一市两价"的外汇市场格局已无法适应当时的经济发展需要。为完成"稳定汇率，增加储备，建立统一规范的外汇市场"的改革目标，1994 年 1 月 1 日，作为建设社会主义市场经济的改革措施之一，中国将双重汇率制度改为单一汇率制。人民币官方汇率与外汇调剂价并轨，官方汇率由 1993 年 12 月 31 日的 5.80 元 / 美元大幅贬值至 1994 年 1 月 1 日的 8.70 元 / 美元，并实行单一的有管理浮动汇率制，取消外汇留成与上缴，实施银行结售汇，实行以市场供求为基础的、单一的、有管理的浮动汇率制度，建立统一规范的全国外汇市场，实现人民币经常项目可兑换。

　　其实我们也要惊讶在如此风高浪急的世界，我国在 1991~1996 年的改革依旧大步前进，取得历史成就。1992 年前后价格改革和工资改革继续推进，前期价格中采取了逐步放开的形式，首先放开了加工工业的产品价格，这使加工工业利润上升，促进了社会对于加工工业的投资，但是由于国民经济另一部分价格还没有调整，或者说价格调整速度没有跟上加工工业投资速度，这造成了在此时期国民经济结构的失衡现象。有几个突出表现：一是加工工业重复投资建设，由卖方市场逐渐向买方市场过渡，这是市场力量作用的结果。在一定程度上带来了加工工业的经济周期，这是价格调整释放的市场力量表现。由此价格力量已经没有办法再回头采取强行政府调控方式来进行价格管理，只有向财政、货币宏观调控手段过渡，这体现为经济软着陆或者硬着陆。由于原材料价格没有及时调整，市场价格体系对于加工工业的过度扩张没有产生限制效应，也就产生了更大经济波动。二是原材料价格调整落后，导致能源、交通建设跟不上加工工业发展，体现为缺电、交通运输运力紧张，导致这一现象的原因包括价格调整慢、利润率低导致市场投资意愿低等。另外能源、交通项目都涉及跨区域投资，这种投资一般都受中央财政支持，但此时中央财政在税收体系中还没有这个能力兼顾完成重大能源和交通的投资，这也就迫切要求财政税收体系改革。同时要提高原材料部门产品价格，以达到提高收益率、增加投资的目的，这是符合市场发展规律的。由于在原材料部门，政府对于市场力量还占据主导优势，因此原材料价格调整非常关键，而且对整体国民经济通胀、增长具有非常重要的影响。三是房地产投资热。这种投资热度远超一般固定资产投资热度，体现了居民部门对商品房的庞大需求。当然市场力量作用下会导致逐渐从卖方市场向买方市场转移，由于房地产是一种高度金融化市场，它具有非常大的金融传染性，这给我国金融风险管理制度、产权制度、企业管理制度、货币政策工具、资本市场建设带来重大考验。在房地产热潮之后的资本市场热潮逐步发生，债务不仅仅出现在了实体部门，金融部门债务问题也初见端倪。面对这样的经济和产业形态，我国宏观调控当局采取了果断措施，坚持利用市场化手段进行调控，理顺原材料和农业产品价格体系，厘清国家税收体系，调整国家投资和产业结构，采取财政、货币手段进行综合调控。宏观经济最终在该时期体现为高增长、高通胀、软着陆、快调整，经过这一阶段我国价格改革进程基本顺利结束，由价格改革推动的宏观工资、税收、金融和产业结构改革基本顺利完成，为后续市场经济发展打下坚实基础，之后我国通胀就没有发生过价格改革期间的大通胀，宏观调控转向财政和货币手段。随着商品房市场和金融市场发展，由于中国在价格改革期间打下了能源、粮食产业调控机制的坚实基础，一篮子商品和服务价格指数被控制在可控范围内，中国的房地产市场和金融市场成为债务最主要的反应器，就像本书在前面指出的，中国的增长、通胀、债务总是在市场和宏观当局作用下相互权衡，展现出发展阶段的特点，当然在这之外还有国际局势、自然灾害等外生因素影响，如何平衡内外循环成为宏观调控必须考虑的问题。

在此期间，中国农业、房地产、能源市场都经历了深刻调整。以房地产投资增速和房地产价格为代表的房地产市场在市场机制和宏观调控下，展现了巨大的阶段性波动，在一定区域内造成了债务问题累积。由于现金流收紧，有相当多房地产投资因为资金链断裂而形成大量烂尾楼，造成投资损失。1992~1993年房地产投资增速极高，远超其他类型固定资产投资，1992年房地产开发投资同比增长117.5%，在此基础上，1993年房地产开发投资同比增长165%，之后在1994~1996年房地产开发投资增速在宏观调控下逐步回落，分别为31.8%、23.3%、2.1%。1996年房地产增速下降幅度很大，在经济整体软着陆背景下，房地产开发投资增速回落到个位数水平，国民经济结构经历深刻调整。在此期间讨论通胀主要指零售价格指数，但在之前的研究中，我们发现评价货币、信贷的宽松程度，以房地产价格为代表的耐用品市场价格具有重大意义。金融系统在 1992 年前后经历了较大发展，产生了很多非银行金融机构，这无疑给房地产市场超高速发展提供了土壤。

投资前提是有利润驱动，从投资增速可以看出，当时的房地产价格热度已经逐渐失控，资金在供需两端大范围扩张，以房地产中长期借贷为代表的资本市场中债务水平上升、质量下降。价格放开也刺激了居民对房地产的需求，特别是居民工资上涨，对于耐用品保值性产生了强烈需求，金融机构预算软约束也带来了信贷大范围扩张，最后不得不采取行政手段来调控房地产市场。以现代观点来看，房地产市场的供需仍然在很大程度上受到了行政因素的调控。特别是资金长端利率市场化改革对房地产市场调控作用明显不够，一般是通过行政性命令来控制房贷数量来完成房地产市场调控目标。房地产价格是一个非常重要的宏观货币政策目标。虽然货币政策正常空间下只作用于短端利率，但是如果长端利率对于短端利率变动没有反应，房地产市场极有可能脱离宏观调控基本面，整体上形成一种自我发展的宏观小系统。农业产品、能源产品是一般意义上通胀主要构成内容，在此时期内，这两项内容价格都经过巨大调整，也相应造就了这一阶段的超级通胀。但是，通过这一阶段的调整，我国基本形成了农业价格管理、农业生产和销售物资价格调控、以中央财政支持的能源交通基础设施大规模投资机制，这些机构和制度基础充当了我国调控通胀的政策抓手。当然产业调控与宏观调控之间的关系也在我国对于农业和能源交通绝对控制下实现了分离，但货币宽松下产业调控实施的价格因素更多体现在了房地产市场、资本市场上，我国市场机制和政策调控机制的关系在商品、服务、耐用品、证券产品价格上发生了分离。例如，为达到农业产品价格有序调整目标，宏观调控当局采取财政补贴方式来调整农业价格，将这一支出责任分给了中央和地方共同执行。

三、高回报率拉动的投资

在国外直接投资方面，以邓小平南方谈话为快速上升的拐点。自改革开放以来，中国政府持续优化营商环境。不过由于一些做法，争议再起，邓小平南方谈话平息了这些争议和疑虑，外商对中国的信心快速上升。具体体现为FDI大幅流入，实际FDI流量从1991年的43.66亿美元快速增长到1997年的452.57亿美元（见图4-5）。

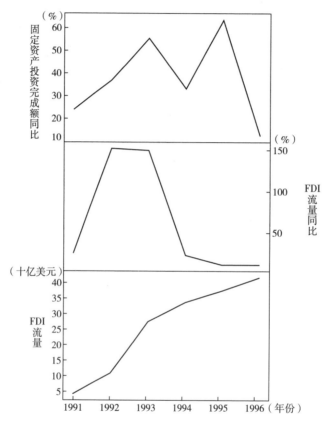

图4-5　第四阶段：1991~1996年（三）

1992年初，邓小平南方谈话提出，"社会主义也可以有市场"；针对"姓资姓社"问题的争论，提出了"三个有利于"的判断标准，强调要保持政策稳定性，破除了阻碍市场经济发展的瓶颈。党的十四大明确提出要"进一步扩大对外开放，更多更好地利用国外资金、资源、技术和管理经验"，强调"对外开放的地域要扩大，形成多层次、多渠道、全方位的对外开放格局""利用外资的领域要拓宽"。1992年，中共中央、国务院决定将对外开放特惠政策扩大至5个长江沿岸城市，东北、西南和西北地区13个边境市、县以及11个内陆地区省会城市。在 1993 年 11 月的党的十四届三中全会上，进一步强调"坚定不移地实行对外开放政策，加快对外开放步伐"。1993 年 12 月 29 日，《中华人民共和国公司法》颁布，1994 年开始实施，为国有企业改革吹响了号角，也为外资并购国有企业打下了基础。

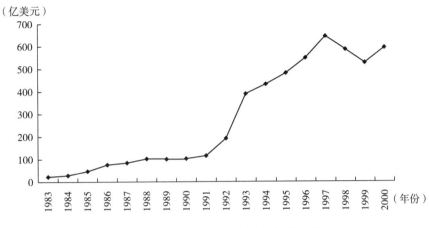

（亿美元）

图 4-6　1983~2020 年中国实际利用外资额

资料来源：根据商务部数据整理。

在南方谈话之后，FDI 规模快速攀升，逐渐成为我国利用外资的主要形式。我国实际利用外资额从 1991 年的 115.5 亿美元猛增到 1997 年的 644.08 亿美元，年均增长 33.58%（见图 4-6）。自 1992 年起，中国成为引进外资规模最大的发展中国家。

在结构上，FDI 也出现了较大的改变，其中来自我国港澳台和东南亚华人地区的 FDI 比重下降。以 1992 年为节点，实际利用外资中来自我国港澳台地区和东南亚的比重在 1992 年达到最高点 81.98%，之后逐年下降（见图 4-7），欧美日对华投资份额相对提高。FDI 的多元化主要来源于中国大陆市场投资回报率的稳定上升，对全球资金更加具有吸引力。

随着 FDI 的快速扩张，外商独资经营比重显著提升（见图 4-8）。在改革开放初期，中国不支持外商设立经营独资企业。随着 1986 年《中华人民共和国外资企业法》的出台，外商才具备了经营合法性。自 20 世纪 90 年代开始，伴随商业环境逐步完善，法律法规逐渐清晰，越来越多的外商开始采取独立经营的模式。

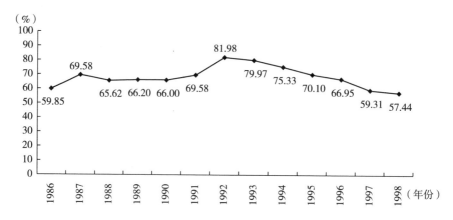

图 4-7　我国港澳台地区与东南亚对中国实际投资额占比

资料来源：根据《中国对外经济统计年鉴》数据计算得到。

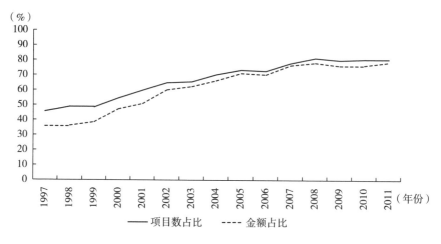

图 4-8　外商独资企业占实际利用外商直接投资比重

资料来源：根据国家统计局数据计算得到。

四、本章小结

价格改革取得了最终胜利，经济实现了软着陆。市场体系在这一阶段基本建成，新旧体制机制焦灼对立的局面基本解除，具有独特性。通过宏观调控和产业投资调整相结合，实现经济软着陆是这一阶段宝贵经验。在第三阶段的基础上，这一阶段继续向市场化改革前进。特别是在邓小平南方谈话的影响下，党的十四大提出了中国经济体制的改革目标是建立社会主义市场经济体制后，随后，市场活力快速释放，成为宏观经济增长的主要因素。

第一，在价格体制改革的持续推动下，商品和服务价格逐步放开，让市场在资源配置中起到了定价作用。价格改革有利于增强企业的竞争力，特别是民营企业的积极性，激发了市场活力，最终提高了经济效益。

第二，自邓小平南方谈话消除了外资对中国市场的疑虑后，全球投资者对中国市场充满信心，外商直接投资快速上升，特别是外商独资经营的占比快速抬升。技术、管理经验与外资同步入华将投资中国推向全球化的浪潮，这促进了国内企业的创新与改革，提高了国内市场竞争力，出口商品增加值快速上升，企业利得快速积累，为后期高质量发展打下基础。

第三，财政政策中，中央财政和地方财政关系调整对经济发展具有重大意义。在中国预算软约束基本属性下，调节中央财政和地方财政收支比例关系，成为调控预算周期的重要手段。通过扩大或者缩小地方政府的预算限制，从而实现财政效力扩张。不同于传统财政分析框架中的财政赤字指标，中国体制下中央和地方财政的带动效果是不一样的，地方政府财政带动效果更大，因为地方政府显然有和兄弟地方进行竞争的动力，这促使它通过财政撬动更多资源来进行经济建设。这种机制在通胀上行阶段，可以通过抑制方法来调控通胀。

第四，从这一阶段开始，资本市场与房地产市场进入高速发展阶段。资本市场的回报率与房地产市场的价格与通胀一样，展现出了波动的特点。伴随着非银行金融机构的发展，金融稳定、经济增长与通胀的密切联系开始显现。从后续的经济发展来看，预算软约束通过金融稳定的政策目标对我国宏观调控的影响越来越深刻。

第五，灵活有效的宏观调控政策并没有以牺牲经济增速为代价来控制通货膨胀。在宏观调控过程中，通过财政补贴方式有效保障了困难群众的生活水平，使其不被通胀侵蚀，且价格通过市场形成有效抑制了经济整体中的不平等问题。

第五章　跨世纪大发展

在前一阶段（1991~1996 年）中国经济实现了高增速、低通胀的软着陆，国民经济拨云见日，进入 1996~2008 年的黄金时代。在这一阶段中，中国经济的主要特点是高增长、高投资、高消费、低通胀以及外贸持续扩张。其中，GDP 平均增速维持在 9% 以上，类似这样超过 10 年的经济高增速在人类历史上是罕见的。

1996~2008 年，全球经历了两次规模大、冲击强的金融危机，分别是 1997 年的亚洲金融危机以及自 2007 年在美国开始并在 2008 年向全球扩散的全球金融危机。在两次金融危机的影响下，中国经济受外需收缩的影响出现波动，其中对外贸易尤为明显。特别是 1997 年的亚洲金融危机是中国改革开放以来外贸出口快速增长的第一次放缓，具体体现在 1998 年出口金额增速放缓至 0.5%。随后，在宏观政策的积极调控下，经济增速快速恢复，回到上升区间。宏观经济在经历冲击后的快速恢复得益于中国坚持人民币不贬值，同时积极采取鼓励出口、吸引外资、扩大内需等举措，对冲了危机对中国经济的影响。在 2001 年中国加入 WTO 之后，对外贸易进入高速发展阶段，出口增速快速上行，曾一度达到 2004 年 35.4% 的超高增速水平。通胀温和的高速经济增长使经济整体负债率保持在低位，系统性金融风险逐步降低，在一定程度上为应对 2008 年全球金融危机奠定了基础。

在随后的 2008 年全球金融危机冲击下，宏观经济在上涨的路上再次遇到了阻力，特别是新的阻力远强于 10 年前亚洲金融危机的冲击。在全球金融危机的冲击下，国际需求再次出现快速收缩，出口金额增速在 2009 年快速回落至 −16%，国内经济增速同步放缓至 9% 左右，随着宏观经济的下行，国内消费同步出现回落。为了对冲全球金融危机对宏观经济带来的影响，中国政府推出了一揽子经济刺激计划，强有力助推了宏观经济突围。

在两次金融危机的冲击下，中国都迅速走出了危机。除了金融危机，黄金时代内中国经济还面临 SARS 病毒和汶川地震的影响，在一次次的冲击下，经济增速都在经历短期回落后就快速抬升，成功避免了长期衰退。回头看，投资带来的拉动是两次危机下宏观经济的"稳定器"。在两次危机后的一揽子经济刺激计划中，投资都起到了有效的作用。除以政府牵头拉动的基建投资外，此时期内外商直接投资与民间投资也是拉动中国经济持续向好的主要力量。自改革开放以来，外商营商环境持续改善，盈利稳定上升是外商对华投资持续上升的主要原因。

内需虽然同步受到了两次金融危机的影响，出现了一定的回落，但是总体维持了持续向好的姿态，其中有两个因素：一是收入水平的持续上行；二是市场的逐步开放使市场上商品种类在此时期内快速增加，大幅改善了前期供给不足的情况。

在第四阶段，价格改革取得最终胜利，国内生产、生活资料价格基本由市场决定，随着外汇制度改革的推进，对外价格关系也逐步理顺。在此基础上，黄金时代中的通胀因素主要由市场条件决定，居民部门的预期因素随着价格改革胜利而逐渐平稳，居民的收入和工作预期成为价格未来预期的主导因素。在初始阶段，前期改革下积累的相关债务问题开始显现，并且在经济中逐步扩散。国有企业经营困难，财务流动性压力大，与此相联系的金融机构坏账水平提升，存在系统性金融风险隐患，非银行金融机构前期大发展也积累了众多不良债务，这些债务与国有企业债务相互交织在一起，对经济整体产生了巨大下拉效应。在这样的背景下，内需—通缩循环产生了，从而对居民部门的未来收入预期产生向下的冲击，带来了价格因素持续走低、国有经济保增长压力大的宏观经济状态。在国家整体宽松的宏观调控下，财政政策以发行国债为突破口，扩大经济体中货币供给，货币政策也采取宽松取向。配合宏观调控，国有企业改革三年行动方案也走向历史舞台，全国金融工作会议同样明确了金融体系结构性改革的大方向。经过三年结构性改革，国有企业盈利能力显著增强，金融机构坏账得到妥善处理。以时间换空间，通过国民经济的高速增长，有效化解了前期积累的债务问题。最终从通缩中走出，并且实现经济的温和高速扩张。

债务—通缩，或者中国预算软约束下的内需—通缩，应该只是经济发展的一个片段。以中国国有企业效率发展来说，不能说它完全克服了经济效率低于民营经济的缺点，但是这种效率之间的差距随着国有企业制度、产权、运营方面全面改革深化是在缩小的。债务阶段变化，对国有企业盈利能力产生影响，进一步带来居民部门收入流动性水平的变化，从而导致经济周期的传导链减弱。因此，不能把通缩问题老是归咎在国有企业身上。如今，国有企业的盈利水平、投资水平、现金流水平在某些行业远超民营经济，这是客观事实。

从全球角度来说，债务—通缩治理的代价越来越大。在信用体系崩溃之后，需要超级宽松政策才能维持住通胀水平，但是资产价格、房地产价格及服务价格增长幅度也很大，在造成金融稳定风险的同时，财富水平分化越来越严重。以金融危机为例，通胀在三次 QE 之后才逐步恢复，在此之前，证券价格和房地产价格已经上涨。2023 年，由于前期货币增长过多，美联储又面临了大通胀难题，这无疑是应对通缩的后果。这一系列问题，都说明随着经济的发展，众多隐藏因素正逐渐强大到足以改变经济增长和宏观调整的整体逻辑。本书重点关注的不平等问题，现在正在被全世界关注。对于全球来说，不平等问题加剧，更多货币刺激性政策，被富有阶层以房地产、证券资产形式来存储，而不是用于消费。随着不平等问题扩大，这种货币刺激性政策，需要更多钱才可以获得之前的经济增长速度，但是这带来了证券价格和房地产价格高企，多次积累之后，经济增长、金融稳定之间的平衡越来越难以处理，最终带来社会失衡。以现代货币理论指导的 2020~2023 年货币政策，在全球范围内产生灾难性后果，金融稳定、经济增长之间到了历史罕见的对立面。我们可以大胆猜测，如果继续沿着这条宏观调控道路前进，下一次危机时，社会将彻底撕裂，极有可能催生更加极端民粹主义的政府。对于中国来说，我们还致力于保持正常的货币政策空间，从更加长远的角度出发，我们也面临不平等问题带来的挑战，这个危机现在来看已经在人口总量下降上逐步显现。这是一个全球性的理论和实践挑战。

一、大繁荣

随着改革开放的大门越开越大，国民经济逐渐从新中国成立初期的封闭环境走向全球化。在全球化背景下，国民经济与全球经济联系日益紧密，受外部环境影响逐步增强，单纯分析国内各种因素对宏观经济的影响已经难以解释经济

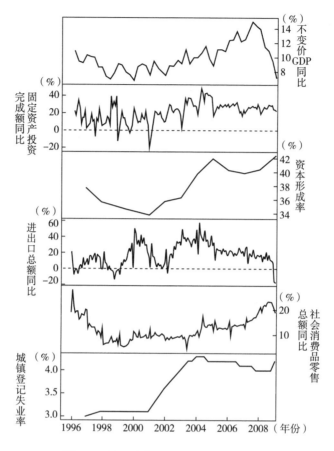

图 5-1　第五阶段：1996~2008 年（一）

的实际律动。1997~2008 年，全球发生了两次范围广、冲击强的金融危机，分别为 1997 年亚洲金融危机与 2008 年的全球金融危机。1997~2001 年，中国宏观经济方面体现为 GDP 增速持续下行，主要原因是受人民银行承诺人民币维持币值稳定影响，导致出口受到了较大冲击，叠加外资退潮带来的投资增速放缓，导致经济下行压力加大（见图 5-1）。2001~2007 年，在全球金融危机前，中国顺利加入 WTO，扭转了前期的下行压力，国民经济进入了新一轮上升阶段。1996~2007 年，宏观经济虽然有波动，但是整体展现出持续向好的态势，其中 GDP 增速、投资、消费持续向好。2008~2012 年，GDP 增速出现了较大波动，主要影响为 2008 年全球金融危机以及后续中国一揽子的经济刺激计划。在国际金融危机的冲击下，全球市场需求快速衰退，导致中国出口收缩，企业生产放缓，投资意愿低落，就业压力上升，国内消费低迷，最终体现为 GDP 增速出现较大下行。

（一）经济增速连续十年高增长

1996~2008 年，全球经历了两次金融危机，全球主要经济体增速出现了大幅下滑。已经经历了近 20 年改革开放的中国自然不可能独善其身。不过值得庆幸的是，中国经济本身的韧性以及宏观政策调控的积极有效，使国民经济在 1998 年第二季度就走出了第一轮亚洲金融危机的阴霾，并在 1998 年第二季度至 2007 年第二季度之间持续走高。在 2007 年末全球金融危机出现以后，中国 GDP 增速虽然出现大幅下滑，但增速依然能维持在较高的水平上，其中 2008 年与 2009 年的增速分别为 9.7% 与 9.4%。

在具体的增速上，受亚洲金融危机的影响，1997~1999 年 GDP 增速出现下行，随后持续上升并于 2007 年第二季度达到此时期内顶点 15%，之后在国际金融危机的影响下再次走低，于 2008 年第四季度回落至 7.1%。除了亚洲金融危机的冲击，中国经济本身还面临历史遗留问题。吴敬琏在《当代中国经济改革》中列举了三个问题：第一，1993 年以后紧缩措施的惯性。第二，在对国有经济进行战略性改组的过程中出现的失业潮导致需求下降。第三，改革带来的波动使居民储蓄意愿提高，再次压制了需求。

在内部问题还没解决的背景下，1997 年亚洲金融危机突然爆发。在内外因素交织的影响下，中国经济出现下行，并自 1998 年出现了长达两年的通货紧缩、物价下行的状况，其中 CPI 在 1999 年达到了 –1.4%。针对经济下行压力不断增大的情况，中央政府从 1998 年初开始从需求与供给两侧采取一系列的经济刺激措施。需求方面，宏观政策实施了以国债投资为主的积极的财政政策，1998~2001 年共发行长期建设国债 5100 亿元，用于基建投资，很快抑制了投资下滑的趋势。此外，国有银行对国债投资的项目实行宽松政策，加大对项目的支持力度。供给方面，从 1998 年初开始，中央政府在采取扩张的财政政策与货币政策增加需求的同时，采取了一系列宏观调控措施来提高供给。首先，根据党的十五大对国有经济布局将数十万家国有中小企业改制为产权明确、以市场导向为主的民营经济，大大增加了企业的活力。其次，改善民营企业经营、创业环境。在随后的数年里，中国经济进入高速发展期，GDP 从

2003 年开始基本维持两位数的增幅。

2003~2007 年，中国经济在前期政策的刺激下进入了高增长阶段，其中年均增速保持在 10% 以上，同时通货膨胀维持在温和区间。不过受前期刺激政策影响，国民经济出现了局部过热的新矛盾——以投资、贸易为主。2003 年 4 月，中国人民银行出台了控制房地产过热的 121 号文件《关于进一步加强房地产信贷业务管理的通知》，开始对经济发出紧缩信号。随后，SARS 病毒的出现使经济前景不确定性快速增加，紧缩政策随即放缓。2004 年第一季度，经济过热现象再次出现，其中 1~2 月固定资产投资增速达到了 53%。在起伏不定的经济环境下，政策突破了宏观调控"松—紧"的传统框架，创新性地探索出了"总体中性 + 结构性调控"的新方法。总体中性体现为稳健操作，而结构性调控则表现为"有保有压、区别对待"，注重采取"点到即止"的微观调控措施。对局部过热领域采取了有针对性的调控，如出台了只针对钢铁、电解铝、水泥和房地产四个行业较大幅度提高固定资产投资项目资本金比例的措施。此外，这段时期的宏观调控尤其注重事前预防调控，及时化解了宏观经济运行中的苗头性问题，实现了改革开放以来首次经济增长"软起飞"。

2007 年，当中国经济处在繁荣景气的阶段时，美国次贷危机引发了全球金融危机。受全球金融危机影响，中国经济增速快速掉头下行，从 2007 年第二季度的 15% 快速回落至 2009 年第一季度的 6.4%。2008 年全球金融危机对中国的冲击主要分为两类：首先，在全球金融危机下，全球需求快速放缓，迫使中国出口企业订单大幅减少。从 PMI 新出口订单指数来看，自 2008 年第二季度开始出现大幅下滑，在 2008 年 11 月创下了 29% 的低位（见图 5-2）。根据当时的报道看，很多企业反映几乎没有出口订单。该指数全年平均值为 53.8%，低于制造业平均水平 2.1 个百分点，这反映出对外贸易发展并不积极。全球市场的低迷快速结束了本轮经济的上行趋势。其次，金融危机触发了高杠杆企业的资金链危机，企业资金链的断裂导致金融体系出现连锁反应，具体体现为资本市场上资产价格的下跌。从 2007 年 10 月开始，资产价格大幅缩水，上证指数在一年间从 6000 左右的高位一路下跌至 1664 的低点。

在政策方面，宏观经济调控的目标从 2008 年前三季度的"把防止经济增长由偏快转为过热，防止价格由结构性上涨演变为明显通货膨胀作为宏观调控的首要任务"转向第四季度的"实行积极的财政政策和适度宽松的货币政策，出台更加有力的扩大国内需求措施，促进经济平稳较快增长"。

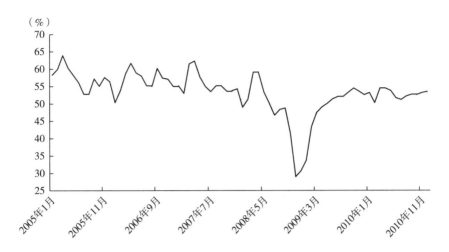

图5-2　2005~2010 年 PMI 新出口订单

资料来源：国家统计局。

（二）投资充当了中国经济面对两次冲击的稳定器

投资方面，全社会固定资产投资完成额同比增速在 1996~2008 年均维持高位，整个阶段中只有 1999 年出现了 5.1% 的低位，主要原因是亚洲金融危机、国有企业改革以及宏观调控对前期投资过热的调整。2000 年后，投资再次进入高增速模式，2003~2008 年，全社会固定资产投资完成额同比增速均维持在 20% 以上。

1993~1996 年，宏观调控采取了"双紧"的措施，两相配合的货币政策和财政政策有效地抑制了通货膨胀，同时保持了经济的高速增长，实现了前期国民经济的软着陆。在随后的 1997 年，国家继续采取了适度从紧的财政与货币政策，对固定资产投资继续从严控制总规模。其中要求固定资产投资增速低于 GDP 增速，继续从资金源头上进行控制，从严控制新开工项目的审批、投资预算，加强项目建设管理，缩短工期，控制费用，扭转前期超额的状况。此外，在投资侧对产业结构进行调整，对国内产能过剩和低水平重复建设的项目，一律不准开工。1998 年，国民经济受通货紧缩以及亚洲金融危机双重影响，表现出了需求不足，经济增速放缓的现象。为了缓解亚洲金融危机的冲击，党中央、国务院果断采取了应对措施：第一，实施更加积极的财政政策，新增发行 1000 亿元财政债券，专项用于农林水利、交通通信、城市基础建设、电网、中央直属储备粮库、经济适用住房六个方面。第二，改进信贷服务，新增 1000 亿元中长期银行贷款投资，三次下调存贷款利率，支持经济发展。第三，贯彻落实上述政策，以更高的效率落实部署，特别是在建项目的投资。在采用了依靠刺激投资的模式下，1998 年国债项目投资带动全国经济增长达到 1.5 个百分点。伴随投资项目的惯性，1999 年达到 2 个百分点，2000 年达到 1.7 个百分点，起到了"四两拨千斤"的作用。也正是在这一时期，投资拉动的房地产业开始进入快速成长的阶段。

在随后的几年中，投资在经济增长中都起到了重要作用。高增速、低通胀和高投资共同创造了一个黄金的时代。投资项中的民间投资占比逐步提高，前期以国债为主，后期以民间投资为主。国务院发展研究中心的一份调查报告显示，1999~2001 年，民营经济的固定资产投资增速要快于国有经济固定资产投资增速。同时，民营经济的增幅不仅高于国有经济，还高于全社会投资的平均增幅（见表 5-1）。

表 5-1　全社会固定资产投资中各种经济类型投资增长　　　　单位：%

年份	全社会平均	国有经济	集体经济	个体经济	其他经济	其中			
						股份制经济	外国投资	港台投资	联营经济等
1998	13.9	17.4	8.9	9.2	11.6	40.3	−16.2	42	37.9
1999	5.1	3.8	3.5	12.1	5.3	27.3	−12.6	−8.7	35.1
2000	10.3	3.5	10.7	12.2	28.5	63.9	−8.4	6.2	−3.2
2001	13.0	6.7	9.9	15.3	28.9	39.4	7.8	22.4	−0.2
2002	16.9	7.2	13.4	20.1	36.2	47.1	19.1	11.5	46.2

资料来源：历年《中国统计年鉴》。

在民营经济投资快速成长的背景下，社会投资对政府依赖度在 2000 年前后出现明显下滑。国家统计局数据显示，1999~2001 年，国债投资占全社会投资的比重依次下滑，分别为 8.1%、8.8%、6.5%；预算内投资资金增长率也逐步下降，分别为 54.7%、13.9%、13.2%；社会投资增长率分别为 5.1%、10.3%、13.0%。在随后的年份里，固定资产投资增速一直维持在 20% 以上，其中，2003~2008 年全国固定资产投资年平均增速为 25% 以上，其中房地产投资为主要推手。

整体上，2003~2007 年属于经济周期的上升阶段，全社会固定资产投资规模急剧扩张，宏观经济政策的主基调为"促进经济平稳较快增长，防止经济和投资过热"。而 2008 年底爆发的全球金融危机则使全社会固定资产投资规模延续高速增长态势。

2008 年，全球金融危机爆发，中国经济受到了大幅冲击，中国政府实行了大规模刺激计划，中央新增 1.18 万亿元投资，进而带动包含社会投资在内的一揽子经济刺激计划。随后，固定资产投资增速基本保持平稳，固定资产投资景气回升，并于 2009 年 11 月到达峰。在一揽子经济刺激计划的帮助下，中国经济顺利渡过了全球金融危机的冲击，将经济增速维持在 9.7% 的水平。

（三）消费受两次金融危机冲击有限

1998~2008 年，中国经历了快速的经济增长和社会变革，国民经济的快速发展带来了居民收入的快速增长，使社零总额出现高增长。整体上，消费与经济增速态势保持一致。根据国家统计局的数据，1998 年，中国社零总额为 3.3 万亿元，2008 年则达到 18.4 万亿元，增长了约 5 倍，这反映了中国经济的快速发展和消费市场的扩大。同时，消费结构的升级和互联网等新兴产业的崛起也对社零总额的增长产生了影响。例如，高端消费品和互联网消费的兴起，使得消费额的增长不仅在数量上而且在质量上也有明显提升。这进一步促进了中国经济的发展。

在这个时期，中国社会需求呈现出以下几个特点：首先，消费结构逐渐升级。随着居民部门收入水平的提高，消费结构也逐渐升级。消费者开始更加注重品质和品牌，高端消费品市场逐渐形成。同时，文化、旅游等消费也逐渐兴起。这种消费结构升级对中国经济的发展产生了巨大的推动作用。其次，互联网和移动通信技术的普及加速了消费方式和需求的变化。电子商务和在线支付开始流行，消费者开始习惯于通过互联网购物和娱乐。随着互联网的发展，人们的消费方式和需求也发生了变化。在线购物、电子支付、网络娱乐等新兴消费方式逐渐成为主流，对传统消费行业造成了影响。最后，服务业的发展也是这一时期的重要趋势。服务业的比重逐年增加，特别是金融、保险、房地产、医疗和教育等服务业的发展，带动了相应的消费需求。服务业的发展不仅扩大了就业机会，而且提高了居民的生活质量。

1997~2008 年，社零总额增速波动整体呈现上升趋势，但是也存在一定的波动。1997 年的亚洲金融危机对中国经济产生了一定的影响，虽然宏观调控积极介入，但是社零总额增速在短期内受到了影响，增速出现放缓。然而，伴随宏观调控政策的实施，增速开始逐年回升。2001 年，中国正式加入 WTO，国际贸易壁垒逐渐降低。这为零售市场带来了更多的商品种类与竞争，同时也为中国企业提供了更广阔的市场空间。此后，社零总额增速明显加快，经济增长势头更为迅猛。在随后的 2003 年，SARS 疫情的暴发导致零售在短时间内受到波及，随后在 2004 年逐步回升。2008 年，全球金融危机爆发，外部需求的快速放缓导致部分出口企业因订单减少而陷入困境。在随后一揽子宏观政策的调控下，通过刺激国内需求，调整经济结构，使社零总额增速逐步回暖。

（四）受经济结构调整影响，城镇登记失业率出现低位逆周期波动

自 1978 年改革开放以来，中国实施了两次较大规模的国有企业改革，分别是 1992 年以前的国有企业改革和 1993~2014 年的国有企业改革。其中，20 世纪末以建立现代企业制度为目标的国有企业改革引起了较严重的职工下岗潮，直接导致失业率出现了较大幅度的攀升。从国家统计局公布的城镇登记失业率观察，自 2002 年失业率达到 4% 后便持续攀升，虽然失业率持续向上，但学术界普遍认为数据明显低于实际感受。

在亚洲金融危机的冲击下，大量企业出现停工、倒闭甚至破产，给就业市场带来了新的压力。尽管 2000~2008 年中国的 GDP 增速较高，但同时失业率也相对较高，这可以归因于以下几点：首先是城乡劳动力转移的不平衡。在这段时间内，中国发生了一次规模较大的城乡劳动力转移。虽然大量的农民工涌入城市，参与了工业和服务业的生产，但由于城市中的就业机会相对有限，农民工中有相当一部分在城市中找不到合适的工作，因此失业率较高。其次是产业结构变化。中国经济的产业结构在这段时间内发生了较大的变化，从以重工业为主的经济结构向以服务业和高技术产业为主的经济结构转变。然而，由于

不同行业之间的需求和供给关系不同，一些传统的重工业领域在经济结构变化的过程中受到了影响，一些企业因为不再具有竞争力而关闭或裁员，这也导致了就业岗位的减少。最后是经济增长与就业增长之间的滞后。尽管经济增长较快，但就业增长并不一定与之同步。有时候，企业为了提高效率和竞争力，可能会采取自动化和机器人技术来替代部分人力，这也导致了一些人失去了工作机会。这在这一时期的制造业转型中较为明显。

在这一阶段中，值得特别注意的是自 2004 年以来出现了农民工招工难问题，这与前期的就业难的环节形成了明显反差。主要是因为在 2004 年之前，中国处在典型的二元经济发展阶段，具有劳动力供给充分的特征，大量农村剩余劳动力和企业冗员同步存在，在市场化开放不充分的背景下，导致熟练劳动力工资无法提升。蔡昉在 2012 年发表的《抓住劳动力市场新特征》一文中将 2004 年定义为"刘易斯转折点"到来的年份。

2004~2007 年，中国处在经济快速增长阶段，但是城镇登记失业率一直没有出现下行，而是维持在 4% 左右。主要原因是国有企业改革、农村劳动力转移和就业结构调整。在国有企业改革方面，自 20 世纪 90 年代末以来，国有企业改革持续推进，部分国有企业职工的下岗为就业市场增加了压力。在农村劳动力转移方面，虽然农村户口转移进入城市居民失业统计口径的人数较小，但是也在边际上增加了城市中劳动力的供给。在就业结构调整方面，随着中国经济结构不断优化，服务业、高科技产业和新兴产业的发展为就业创造了新的机会。然而，在这一过程中，部分传统产业的就业岗位减少，导致部分从业人员需要寻找新的就业机会。

2008 年，全球金融危机导致全球经济进入严重衰退，全球需求快速放缓，中国出口受到较大冲击，许多出口导向型企业减产甚至倒闭，从而导致失业率上涨。除了出口，企业部门对经济增长预期转弱，使企业对新增就业岗位的需求减少。为了应对冲击，中央提出了实施更加积极的就业政策。其中包括：第一，以"保增长"来达到"保就业"的目标。2008 年下半年，国家出台了一系列扩大内需刺激经济发展的措施，在保证经济增速的同时力求创造新的就业增长点，拉动就业岗位增加。第二，出台针对性政策，重点解决大学生和农民工就业。第三，加大医疗保险力度、完善住房保障。在一揽子经济刺激计划中，专门安排了一定资金投向就业和社保建设，以保障受冲击群体的基本生存需求。在一系列的努力下，2008 年全年实现了就业再就业的工作目标。

（五）外贸受两次金融危机冲击较大

1998~2008 年，中国的出口额从 0.3 万亿美元增长到了 1.43 万亿美元。受 1997 年亚洲金融危机以及 2008 年全球金融危机的影响，进出口增速出现大幅下滑。其中，在 1997 年，进口增速降至 2.5%，并在 1998 年继续下降至 −1.5%，在 2009 年回落至 −11.2%。在出口方面，出口增速从 1997 年的 20.9% 大幅回落至 1998 年的 0.5%，在 2009 年回落至 −16%。在绝对值方面，1996~2008 年，进出口金额大幅上升，进口从 0.14 万亿美元增长到了 1.13 万亿美元，出口从 0.15 万亿美元增长到了 1.43 万亿美元，贸易顺差持续扩大。在这一时期，中国对外贸易持续增长，逐步成为全球贸易的重要角色。如果将时间拉长，从改革开放初期（1978 年）至 2008 年，中国的对外贸易总额提高了 123 倍。中国在全球贸易中的地位也从改革开放初期的第 32 位提升至全球第二大出口国和第三大进口国。特别是在 2001 年加入 WTO 之后，2002~2007 年，我国出口取得了年均 28.8% 的高速增长（见图 5-3），出口依存度在大国经济体中处在较高水平。

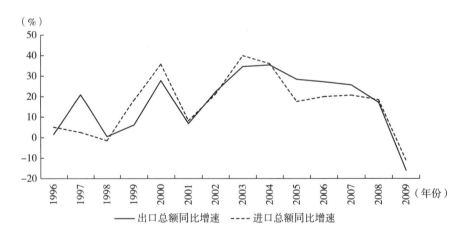

图 5-3　1996~2009 年中国进出口总额同比增速

资料来源：海关总署。

中国对外贸易进出口的增长主要得益于以下几个重要因素：第一，中国加入 WTO 后，采取了一系列贸易自由化和市场开放措施，降低了关税、非关税壁垒，进一步促进了国际贸易和外商投资的发展。第二，中国的外向型经济发展策略取得了成功，中国企业逐渐打开了国际市场的大门，大量出口制成品和原材料以及劳动力等资源，满足了世界市场的需求，同时也促进了中国经济结构的转型和升级。第三，全球化的趋势加速了中国对外贸易的发展，加强了中国与世界其他国家和地区的经济联系和合作。与此同时，中国的经济实力不断增强，提升了国际经济竞争力和话语权。第四，中国政府积极实施外贸促进和国际贸易投资促进的政策，包括鼓励企业拓展国际市场，提高进出口贸易便利化程度，降低贸易壁垒等措施。

整体上，1998~2008 年，中国的进出口贸易得益于多种因素的综合作用，取得了显著进展，推动了经济增长和社会进步。这也为中国的国际贸易和外向型经济的进一步发展奠定了基础。

在对外开放方面，1998~2008 年是中国改革开放的高峰阶段。一方面，中国在加入 WTO 后，逐渐打开了市场，降低了关税和非关税壁垒，进一步推动了国际贸易和外商投资的发展。此外，中国也开始积极参与区域和全球贸易谈判，例如，与东盟、韩国、澳大利亚、新西兰等签订自由贸易协定，并加入了亚太经合组织（APEC）和金砖国家等经济合作组织。这些举措为中国与世界其他国家加强经济联系、扩大开放提供了机会。这是中国走向全面开放的标志。另一方面，中国在国际金融市场中的影响力也逐渐加强。2001 年，中国加入 WTO 之后，也开始逐步实施汇率市场化改革，并在 2005 年推出了"人民币汇率形成机制改革"，允许人民币汇率浮动。这一政策改革使人民币逐渐成为国际支付和结算货币，提升了中国在国际金融市场中的地位。同时，在这一时期内，中国还加强了与国际组织的合作，积极参与国际事务。例如，中国积极参与联合国和其他国际组织的活动，在反恐、维和、气候变化、粮食安全等方面发挥了重要作用。

二、战胜通缩

1998 年 1 月，中国人民银行彻底放弃了对商业银行贷款的直接管理，开始实施现代意义的货币政策。但是中国经济却从 1997 年起进入了长达六年的通货紧缩期。这次通货紧缩与亚洲金融危机导致的出口需求减少和激烈的国企改革引发的大规模失业有关。在这六年中，中国人民银行不断努力试图使中国经济走出物价持续下降的困境：1997~2002年七次降息，存款准备金利率由8.28%降至1.89%，再贷款利率由10.62%降至3.24%，一年期存款利率由7.47%降至1.98%，一年期贷款利率由10.08%降至5.31%；1999年开始征收利息税；1998年3月21日，中国人民银行将金融机构在中国人民银行的"缴来一般存款"和"备付金存款"两个账户合并为"准备金存款"，并将存款准备金利率由13%下调至8%，1999年11月21日下调至6%；1998年、1999年通过公开市场操作分别增加基础货币701.5亿元和1919.7亿元；通过"窗口指导"和调整信贷政策来引导商业银行加大信贷投入。这期间，货币政策的目标变量已经转向基础货币，但中国人民银行的货币政策对通货紧缩并未产生明显效果。这次调控的经验表明间接调控手段对于通货紧缩并不是非常有效的手段。

2003年中国经济进入了新一轮的加速增长时期，2003~2006年中国名义GDP年平均增长14.9%，而年平均CPI增长仅为2.1%。在这一段时期，外汇占款迅速增加引发基础货币快速增长。从2002年起中国人民银行的公开市场操作主要是用于对冲外汇占款的快速增加。在国债规模过小的背景下，2003年4月中国人民银行开始发行中央银行票据，加大公开市场操作对冲力度。为了回收银行体系流动性，中国人民银行在2003~2006年四次上调存款准备金利率达到9%。为抑制过度投资，引导货币信贷的合理增长，在这一时期内中国人民银行三次加息，到2006年8月一年期存贷款基准利率分别提高至2.52%和6.12%。

2007年中国经济出现了通胀的势头，外汇占款迅速增加引发基础货币快速增长和国际大宗商品价格飙升导致国内企业生产成本提高是造成这次通胀的主要原因。中国人民银行以基础货币为目标变量采取了紧缩的货币政策：在2007年1月到2008年6月15次提高存款利率，达到了17.5%；2007年6次加息，一年期存贷款基准利率高达4.14%；通过公开市场操作发行央票，对冲流动性；通过窗口指导要求商业银行收紧信贷。2008年上半年货币政策遏制通胀的效果尚不明显，然而中国经济已产生衰退迹象。

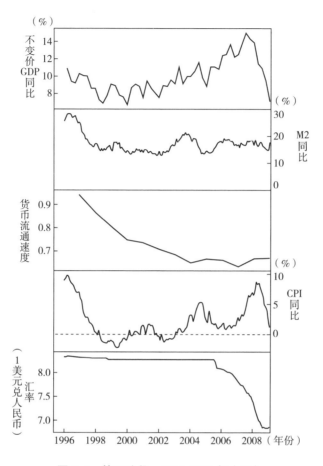

图 5-4　第五阶段：1996~2008 年（二）

2003~2006 年，我国经济增长速度都超过了 10%，与此同时，随着经济高速增长的是相对较低的通货膨胀率，我国经济经历了一段黄金时期（见图 5-4）。2007 年之后，经济增速依然保持在高位，这期间，通货膨胀率开始逐步上升，伴随传统一篮子商品和服务价格指数上升的同时，以房子价格为代表的耐用品价格也快速上涨，股市也出现快速上涨态势。具体来说，在 2007 年 6 月消费价格指数达到 4.4%，7 月达 5.6%，8 月达 6.5%，9 月稍下降至 6.2%，10 月上升至 6.5%。中国股票市场迅猛发展，居民对股票投资热情高涨，2003~2005 年上证综合指数一直在 1000 点左右徘徊，进入 2006 年开始上涨，到 2007 年 10 月到达 5000 点。

（一）通缩的形成与发展

在前四个阶段中，中国经济像干柴，只要宏观调控向松的方向调整，预期自然会推动中国经济快速发展，再叠加价格改革和预算软约束还处于调整过程中，通胀具有巨大动力，宏观当局面对主要问题是如何在经济不过热情况下，完成结构性改革，完善市场经济体系建设，面临的主要挑战是如何将紧缩宏观调整政策与结构性产业调整有效结合在一起。在给经济降温的同时，减小对经济整体冲击，有效引导产业结构调整，从历史数据来看，在第四阶段有效实现了经济软着陆。但是进入第五阶段之后，首先面对的问题是如何处理通缩。这个通缩问题的产生有多个因素：首先，也是最重要的因素，随着价格改革取得最终胜利，粮食、能源价格体系基本由市场决定，这种市场机制使得通胀整体与经济增长效率挂钩，而经济增长效率提升是一个缓慢积累的过程，这自然有了通缩基础。其次，随着汇率改革完成，对外开放程度扩大，外商直接投资、对外出口对中国经济整体的影响越来越大。外部冲击因素变多，在不利因素的冲击下通缩风险上升。最后，经济软着陆过程中，剥离的债务问题开始显现，相关企业经营财务压力逐步加大。

在黄金时代的通缩阶段，虽然通胀在低位运行，但是 GDP 增速一直维持在 8% 左右，这是很快的经济增速。即使站在 2023 年来看，这速度对于印度、东南亚来说也是很大挑战。这种高速增长下的通胀低位运行与历史上发达国家的通缩表现也很不相同，发达国家通缩伴随经济增速负增长巨大压力，社会濒临破碎边缘，经济秩序受到巨大冲击。但是黄金时代通缩阶段，社会各方面改革进程依旧顺利，人民币外汇在经常项目可兑换、资本项目受管制下仍保持坚挺，国家内部、外部依然对当时的中国经济增长充满信心。传统债务—通缩螺旋没有形成，GDP 增速波动，但是没有趋势性下滑倾向。作为黄金时代的一部分，这为中国如何应对通缩积累了宝贵经验。一个关键问题是，这种通缩现象的主导因素是什么，为什么不同于发达国家的通缩伴随着经济大崩溃，我国最终走出了通缩，并且实现了一个经济增长高速、通胀温和的黄金时代。前面讲过，这次通缩是在上一阶段大通胀之后发生的，前期库存增加，确实为这一通缩提供了基本背景。另一个重要背景是，在这段时间国际粮食和能源价格。从当时芝加哥交易所的玉米、大豆等粮食价格来看，从 1997 年初开始，

CBOT 玉米和 CBOT 小麦价格一路下滑，至 1999 年年中才逐步平稳，后平稳状态保持了一年时间。国际粮食价格持续回落使国内粮食价格也承受了压力。我国粮食价格不具备持续上涨的国际环境。易纲在《1998—2000 年中国通货紧缩研究》一书中认为，首先，我国主要粮食价格都不低于国际市场水平，其中玉米是大大高于国际市场水平，水稻和小麦与国际市场价格基本持平，因此大陆标准粮食价格没有进一步上涨空间；其次，我国国内粮食连年供大于求，粮食储备达到历史最高水平。与此同时，国际布伦特原油价格从 1996 年底的 24 美元 / 桶左右，一路下跌至 1998 年底的 12 美元 / 桶左右，下降幅度达到 50% 以上。随后价格才逐步回升，到 2000 年底达到 33 美元 / 桶的高位。这段时间的国际原油价格整体波动幅度大，价格相对历史上来说很便宜，特别是在我国通缩开始时期。国际粮食、原油价格下跌，给了我国通缩现象的基本国际环境。我国在经济快速增长的同时，虽然价格负增长，这没有在经济体中产生广泛深度影响。与流动性陷阱背景下，经济增长停滞，通胀负增长情况非常不同。因此，在这段时间内的宏观调控措施展现出了自己独特的一面。

（二）内需—通缩理论

需要特别指出的是，通胀或者通缩是对经济状态总体的描述，它同时伴随着社会、政治、文化等各个层面的发展，甚至和科技进步带来的社会变化也存在重大关系。因此，其背后的原因并不总是相同的，由债务—通缩或者中国预算软约束下的内需—通缩，都应该只是经济发展的一个片段。从社会进步角度来说，市场各方都会从历史中学习。从中国国有企业效率角度来说，不能说它完全克服了经济效率低于民营经济的缺点，但是随着国有企业制度、产权、运营方面全面改革深化，这种效率差距是在缩小的。如果我们认可中国市场竞争逐步完善，那么在这个大背景下，国有企业盈利能力和水平是在不断提高的，其投资效率也实现了大幅提高。因此，由于金融条件变化，对国有企业盈利能力产生影响，进一步影响财务流动性水平，从而导致传导链减弱。因此，不能把通缩问题老是归咎在国有企业身上。如今，国有企业的盈利水平、投资水平、现金流水平在某些行业远超民营经济，这是客观事实。从全球角度来说，债务—通缩治理的代价越来越大。在信用体系崩溃后，需要超级宽松政策才能维持住通胀水平，但是资产价格、房地产价格及服务价格增长幅度也很大，在造成金融稳定风险同时，财富水平分化越来越严重。以金融危机为例，通胀在三次 QE 之后才逐步恢复，在此之前，证券价格和房地产服务价格已经上涨。2023 年，由于前期货币增长过多，美联储又面对了大通胀难题，这无疑是应对通缩的后果。这一系列问题，都说明随着经济的发展，众多隐藏因素正在变得很强大，足以改变经济增长和宏观调整的整体逻辑。本书重点关注的不平等问题，现在正在被全世界关注。对于全球来说，不平等问题加剧，更多货币刺激性政策，被富有阶层以房地产、证券资产形式来存储，而不是用于消费。随着不平等问题扩大，这种货币刺激性政策，需要更多钱才可以获得之前的经济增长速度，但是这带来了证券价格和房地产价格高企，多次积累之后，经济增长、金融稳定之间的平衡越来越难以处理，最终带来社会失衡。以现代货币理论指导的 2020~2023 年货币政策，在全球范围内产生灾难性后果，金融稳定、经济增长之间到了历史罕见的对立面。可以大胆地猜测，如果继续沿着这条宏观调控道路前进，下一次危机时，社会将彻底撕裂，极有可能催生更加极端民粹主义的政府出现。对于中国来说，还致力于保持正常的货币政策空间，从更加长远的角度出发，我们也面临不平等问题带来的挑战，现在来看，这个危机已经在人口总量下降中逐步显现。这是一个全球性的理论和实践挑战。

（三）国有企业改革与金融体制改革共同推进应对通缩

从 1997 年开始，国有企业改革三年行动方案成为经济体制改革的重心，1997 年《政府工作报告》指出，国有企业改革重点有：集中力量抓好国有大型企业和企业集团，抓住重要企业由银行提供资金支持，加强信贷监督，发展跨地区、跨行业、工技贸相结合的大型企业集团，积极推进和规范企业的股份制改革；进一步放活国有小企业，加快改组、联合、兼并、股份合作制、租赁、承包经营和出售等形式改革步伐；规范破产，鼓励兼并，推进再就业，对国有企业实行调整改组，促进资产重组，提高国有经济的整体素质；多渠道增资减债，把拨改贷形成的债务逐步转为国家资本金，煤炭、水利、水电、军工四个行业要在 1997 年转完，1989 年以后的基本建设经营性基金形成的债务，逐步转为国家资本金，选择一些大型企业和企业集团，通过发行股票或可转换债券筹集资金。有条件的地方，可以运用本级财政资金，解决一些骨干企业资本金不足的困难，鼓励企业主动用自己的财力，积极补充公积金和资本金，提高资金使用效益，降低企业负债率；切实加强企业经营管理，积极转变观念，真正面向市场，建立适应竞争环境的内部管理制度；认真抓好企业扭亏增盈工作。1999 年《政府工作报告》对国有企业改革成果进行了精简总结：国有企业改革进一步深化。纺织、煤炭、石油和石化、冶金等行业以及国防工业的调整和改组，取得新的进展。国务院向部分国有重点企业派出稽察特派员的试点工作，取得初步成效。国有企业下岗职工基本生活保障和再就业工作普遍加强，大多数下岗职工进入了再就业服务中心，并且领到了基本生活费，全年共有 600 多万下岗职工实现了再就业。

以国有企业改革为重点进行通缩治理最终取得了成功，从经济后续发展来看，国有企业盈利能力、治理水平显著提高，通胀水平也逐步走向温和区间。与此同时，与国有企业改革密切相关的金融体系改革、产业结构调整也取得长足进展。扩大内需是产业结构调整的主要方向，商品房市场建设成为重要的产业抓手。国有企业与我国金融体系联系密切，在国有企业坏债清理过程中，相当多坏账在银行部门累积，为应对金融危机的风险，金融机构也进行了战略性重组。1997 年底，全国金融工作会议召开，这是具有战略性意义的事件。随后，发布的《关于深化金融改革，整顿金融秩序，防范和化解金融风险的通知》（以下简称《通知》），提出贯彻和落实此次全国金融工作会议精神要实现的目标，即力争用 3 年左右时间大体健全与社会主义市场经济发展相适应的金融机构体系，金融市场体系和金融监管体系，显著提高金融企业经营管理水平，基本实现全国金融秩序明显好转，化解金融风险，增强防范和抵御金融风险的能力，为进一步全面推进改革开放和现代化建设创造良好的条件。为此，《通知》提出 15 条措施。可见国有企业改革和金融体系改革都在三年内完成了重大调整，这三年也是中国黄金时代通缩的三年。这种前瞻性改革措施有效完成了经济增长整体效率提升，促成了黄金时代后续强劲增长。

在黄金时代后半段，2002 年初全国金融工作会议又一次召开，这次会议是在我国已加入世界贸易组织新情况下召开的，会议重点是把国有独资商业银行改组为国家控股的股份制商业银行，条件成熟的可以上市。还需要特别指出的是，在黄金时代后期，汇率又进行了一次改革。

三、WTO 打开中国大市场

1998~2008 年，中国 FDI 的吸收规模不断扩大。根据国家统计局发布的数据，实际使用外资金额从 454.63 亿美元跃升至 923.95 亿美元。这一时期，中国成为世界上最大的 FDI 流入国之一，FDI 对中国经济增长的贡献不断增加（见图 5-5）。

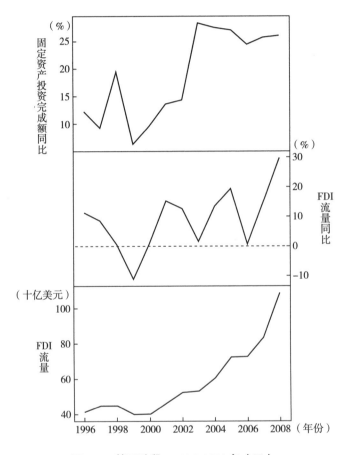

图 5-5　第五阶段：1996~2008 年（三）

此外，中国 FDI 的结构也在不断优化。在这一时期，中国吸引了大量的制造业、能源资源等领域的投资，但同时也逐渐吸引了高技术、研发和设计等高附加值行业的 FDI。这些新兴行业的 FDI 投资在一定程度上加速了中国经济的结构升级和产业升级,提升了中国经济实力。此外,中国政府出台了一系列措施鼓励 FDI 的投资。例如,加快了外商投资企业准入审批的速度、实行了更加开放的经济政策、鼓励 FDI 投资高科技领域等。这些措施极大地提高了外资企业在中国的投资信心。

自改革开放以来,外商直接投资就快速涌入,1998~2008 年,规模的扩大主要有几个因素:一是 20 世纪 90 年代以来,政策环节持续改善。例如,设立经济特区、高新技术产业开发区和保税区等,为外资企业提供优惠政策和良好的投资环境。二是随着中国经济的持续增长,市场规模的逐步扩大,消费需求不断提高。外资企业看好中国市场的发展潜力,纷纷加大在华投资,以期获得更大的市场份额和盈利空间。在上一个阶段中,本书曾提到外资企业持续稳定的获利是扩大投资的核心推手。三是庞大的劳动力资源,且劳动力成本相对较低。四是此时期内,政府大力投资基础设施建设,如交通、能源和通信等。基础设施的改善为外资企业在中国的投资和运营提供了便利条件。五是加入WTO 时承诺进一步开放市场,降低贸易壁垒,使外资企业在中国的市场准入和运营环境得到改善。六是自改革开放初期,全球产业链逐步调整,许多外资企业将生产基地从其他地区转移到中国。七是在 2008 年全球金融危机的冲击下,中国政府采取了一系列措施,稳定经济形势,维护投资环境平稳有序,为外资企业注入了大量信心。

外商直接投资数额的快速增加,推动了中国经济的高速发展,有利于中国经济迈向高质量发展。而中国则利用自身大市场优势换取了技术进步,整体上可以看作"市场换技术",具体来看有以下两个方面:

一方面,国际大型企业的不断涌入推动了改革的进程。随着改革开放的不断扩大,20 世纪 90 年代中后期,越来越多经营规模大、技术水平高的跨国公司进入了中国市场。伴随它们一并进入的还有先进的管理模式与技术,其中管理模式的落地要求经营环境与软、硬件设施配套,在一定程度上倒逼政府提升服务体系、基础设施、科技水平、人才素质以及政府政务效率。在中国加入 WTO 之后,全球 500 家最大的非金融公司绝大多数在中国展开投资。

另一方面,从生产转向服务。改革开放以来,进入中国市场的资金多用于产业链中的低附加值,即加工和装配,但是研发、设计、品牌、金融等一系列代表现代服务业的行业则很少进入中国开展业务。主要原因是当时的中国市场依旧不成熟、消费力不足、同时面临高端劳动力短缺的问题。自 20 世纪 90 年代末起，外资企业开始在中国设立研究和开发（R&D）机构。吴敬琏在《当代中国经济改革》中的数据显示，到 2008 年末，外资在中国设立研发中心超过 1200 家。联合国贸易和发展会议数据显示，中国加入 WTO 后，62% 的跨国公司将中国作为 2005~2009 年设立海外研发机构的首选地。

四、本章小结

在上一阶段经济软着陆之后，中国经济进入了为期十年的黄金时代，实际GDP 年均增速达到 9% 以上，成为世界第二大经济体；特别是在加入 WTO 之后，改革开放的大门进一步放宽，对外贸易出现了大幅扩张。

第一，在 2008 年全球金融危机出现前，中国经济处在高速发展阶段。通胀温和的高速经济增长使经济整体负债率保持在低位，系统性金融风险逐步降低，在一定程度上为应对 2008 年全球金融危机奠定了基础。在 2008 年全球金融危机之后，一揽子经济刺激计划有效防止了国民经济进入衰退。

第二，受经济结构调整影响，失业率较经济增速出现了低位逆周期波动，即经济增速与失业率同步上行。失业率的持续波动与 20 世纪 90 年代开始的国有企业改制有较大关联，其次是产业结构的调整，产业结构升级迫使部分劳动力离开市场。这是经济结构调整下不可避免的。

第三，外汇市场在平衡内需与外需上具有重要的作用，从 2005 年 7 月开始，外汇市场逐步进行了市场化改革，向着以市场供求为基础、参考一篮子货币进行调节、有管理的浮动汇率制度方向推进。如何管理好外需在国民经济中的比重是在黄金时代中最好的教训：对内，这是协调出口企业与内贸企业利益关系的重大社会问题，具体涉及出口退税、出口补贴等一系列财政政策；对外，是如何建设风险中性、有弹性的外汇市场。随着人民币国际化进程的推进，人民币在经常项目和资本项目下的可兑换性将为这种内外需的平衡带来新的机遇与挑战。

第四，在我国预算软约束的属性下，企业破产不是债务危机的主要表现形式。特别是国有企业的债务问题，在产权上很难做到破产。我国就业制度对于中小企业进行破产程序也设置了很多隐形阻碍。这就使由债务驱动的宏观经济中的通缩现象在我国有自己独特的经济表现形式。整体经济在通缩状态下，企业破产、职工失业幅度都较小，债务关系更加复杂，金融机构在中间承受了巨大压力。经济通缩时间长、程度深，但是冲击力小，是一种缓慢经济衰退，治理起来非常难。需要国有企业改革、金融机构改革共同推进来实现结构性改革的成功。当然，通缩作为宏观经济的一部分，总是会出现的。国有企业的生产效率不会总是问题的关键，随着经济的发展，特别是在 2020 年前后，债务困难主要体现在了地方政府债务问题上，这就要求通过对地方政府债务以及相对的金融机构进行结构性改革。这种结构性改革需要财政和货币政策大方向上的配合。

专栏 5-1

亚洲金融危机

1997 年初，在东南亚各国出口放缓以及资产价格明显存在泡沫的背景下，国际各大对冲基金已经把目标瞄准了东南亚。以索罗斯为主的量子基金开始囤积泰铢并同时在市场上散布泰铢即将贬值的消息。

1997 年 2 月开始，以量子基金为首的国际炒家开始以大量抛售、做空泰铢来展开对泰国经济的攻击。仅仅三个月，泰铢对美元的价格一度跌至 10 年最低水平。泰国从而开始实施资本管制，尝试阻止大量资金流出泰国。6 月，对冲基金再次向泰铢发起攻击，但泰国中央银行因为仅有的 300 亿美元外汇储备已经耗尽而被迫后退。6 月 30 日，泰国总理发表公开讲话称泰铢不会贬值。但仅仅在两天后，泰国因为被迫放弃固定汇率而使得泰铢再跌将近 20%，泰国的经济在泰铢的迅速贬值中瓦解。然而更严重的是兵败如山倒——由于整个东南亚国家的经济发展模式几乎一样，所以经济结构也颇为相似。在泰铢倒下后，国际炒家并不罢休，马上开始了对菲律宾、印度尼西亚、马来西亚及新加坡的攻击。接着，多米诺骨牌效应将危机传到中国台湾、中国香港地区以及韩国等。至此，东南亚金融危机演变成亚洲金融危机。

按照时间顺序看：7月2日，泰国泰铢开始浮动汇率后暴跌近20%。7月11日，菲律宾比索开始浮动汇率后暴跌17%。8月14日，印度尼西亚中央银行取消汇率波动限制开始自由浮动后暴跌23%。10月初，中国台湾无力抵抗攻击，新台币贬值6.5%，危机由此传递至中国香港。11月中，韩元大跌，韩元兑美元汇率跌至1737。11月21日，韩国政府开始向国际货币基金组织（IMF）申请援助。

在1997年之前，东南亚各个国家的产业结构基本相同，基本上都集中在简单的加工工业，而经济的快速增长主要建立在从发达国家引入高科技和投资资本的基础上。为了维持国内经济的稳定快速增长，同时缩小与发达国家过大的差距，东南亚各国都曾大规模地引进西方强国的科技和资本，并举债进行国内基础建设。东南亚国家赶上了20世纪70年代后发达国家进行大规模产业结构调整，向外转移传统制造业的机会，实现了经济的快速增长。但缺点是这种繁荣对发展中国家的经济景气度和美元的流向有严重的依赖而且容易受到劳动成本更低的国家的冲击。

在危机发生前的一年，泰国经常账户赤字为GDP的8.1%，而在这之前泰国已经持续了数十年的经常账户赤字。造成赤字的原因为泰国国内的高投资率，而高投资率是推动泰国经济增长的重要因素。但是由于大部分国际投资者都看好泰国项目的回报率，所以融资活动在赤字的情况下还是源源不断进行着。

一方面，在东南亚各国快速吸收外来资金发展的同时，中国实施了改革开放，取消了汇率双轨制，这意味着中国政府开始减少对汇率的控制，同时相对开放市场，这大大地增加了对外资的吸引力，不少外商开始注资中国市场。同一时期，由于日元兑美元的贬值一度超过50%，日本的出口竞争力快速上升。在中日的优势下，东南亚国家不断失去竞争力。1996年，所有东南亚国家的出口率都出现了大幅度的下跌，如泰国的出口增长率从1995年的24.7%下跌至-1.9%。

另一方面，流入泰国的资本并没有因为中国、日本的压力而停止，持续流入的资本不断推高泰国的股市和房价。在轻易就能获得外国贷款的背景下，泰国的金融机构盲目扩大了对房地产商的贷款供给。1993 年，泰国的信贷总额为 2640 亿泰铢；1996 年，这个数字上升至 7670 亿泰铢。资产价格的过度繁荣推动了地价、物价以及工资的上涨。这种做法不但进一步削减了泰国商品出口的竞争力，同时也提高了泰国国内对于进口的需求。在这个背景下，经常账户赤字以及外债迅速扩大。图 5-6 为 1992~1996 年泰国工资走势：

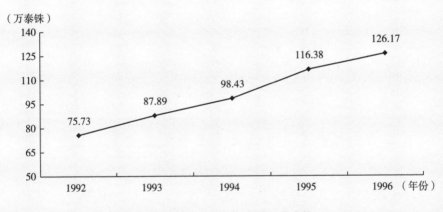

（万泰铢）

图 5-6　1992~1996 年泰国工资走势

资料来源：泰国国家经济与社会发展部门。

　　1996 年泰国的经济增速为十年间最低，仅有 6.7%，而在 1985~1995 年泰国的经济增长率都维持在 9% 左右。对于泰国而言，出口和投资是经济增长最主要的两大来源。1990~1995 年，泰国的平均出口增长率为 19.6%。而 1996 年，跌至 -1.9% 的出口增长率开始让国际投资者失去了继续投资的信心。失去信心的国际投资者不愿再为泰国的经常账户赤字买单，大量的资本开始流出泰国。接下来，泰国中央银行不明智地维持泰铢固定汇率制，致使金融危机升级。当国际投机者开始抛售泰铢资产时，泰国中央银行依然选择以贬值或者实施资本管制来控制危机。泰铢的快速贬值可以很好地抑制资本出逃。宏观来看，贬值也可以改善贸易。

不尽如人意的是泰国中央银行选择了在外汇方面保护泰铢；但是由于外债高达 1100 亿美元，赤字巨大以及泰国的外汇储备只有不到 400 亿美元的背景下泰铢在外汇市场无力回天。马来西亚中央银行则实施了资本管制，从而成功地控制了国内的危机。1984~2000 年泰国 GDP 如图 5-7 所示。

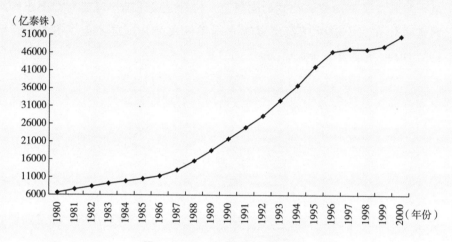

（亿泰铢）

图 5-7　1984~2000 年泰国 GDP

资料来源：世界银行。

IMF 的观点

IMF 对泰国金融危机的性质做出了片面的总结——泰国的金融危机是一场国际收支危机。在泰铢陷落后，决定对泰国施救的 IMF 开出了错误的药方：实行泰铢自由浮动、大幅提高利率、进一步开放资本账户、关闭出现问题的金融机构等；在泰国中央银行遵照 IMF 的建议实施之后，大量的企业和金融机构的破产发生了。

从整个亚洲金融危机来看，原因可以概括为三个部分：首先，东南亚的经济发展重度依赖出口，通过低廉的劳动力价格生产出成本低廉的物品来赚取利润，是几乎所有东南亚国家主要的经济来源。低级的工业体系，没有升级的产业扩张，叠加不重视科技生产的因素使得整体产能效率无法升级，进而导致商品只能满足现阶段的需求而跟不上时代发展。

同时，随着经济和时间的推移，生产成本也在稳步上升，从而导致本来依靠低廉制作成本的东南亚商品难以维持低廉价格，这也让竞争对手（中国等后起之国）"弯道超车"。其次，大量炒作房地产催生泡沫。在经济迅速上升的同时，大量热钱和银行贷款纷纷进入地产，房屋供给过剩，价格的迅速上升带来极大泡沫，进一步恶化了东南亚各国经济状况。最后，在金融经济方面：一是东南亚各国在外汇储备量低的情况下出现大量外债。二是为了吸引大量的外商投资而实施的固定汇率制。三是为了维持固定汇率制而大量且长期动用外汇储备来弥补逆差最终导致外债不断叠加。四是东南亚国家的外汇储备普遍较低，但是它们的外债水平却长期维持在高位，由于外汇和外债差距过大，其中央银行很难在受到攻击时进行干预，使投机者可以轻易地操控市场。

在亚洲市场的剧烈波动下，国际金融市场也受到剧烈冲击。伦敦股票市场从 1997 年 10 月初的 3077.98 点跌至 10 月 24 日的 2849 点。10 月 27 日，美国道琼斯指数大跌 554.26 点，迫使纽交所 9 年来首次使用暂停交易制度。1997 年 11 月，日本金融行业中的银行与证券公司出现倒闭破产潮，日元大幅贬值，较年初下跌了 17.03%。直到 1998 年第一季度，危机才逐步缓和。对于已经深深融入国际经济体系的中国而言，特别是面对国际贸易依存度很高的情况，邻国地区的货币快速贬值以及进口规模大幅削减，使中国对这些地区出口和从这些地区获得的外商直接投资大幅减少，最终导致中国市场走弱。

第六章　科学发展

　　在经历了黄金时代之后，中国经济受到外部因素影响出现了一定的回落，但是在积极有效的宏观调控下，宏观经济在短暂回落后快速回暖，展现出了超强的韧性。2008~2013 年，自 2007 年开始的全球金融危机在 2008~2009 年持续发酵，随后，受全球金融危机的影响，欧债危机爆发。在全球需求快速收缩，多数发达经济体进入衰退周期的背景下，我国出口大幅放缓，失业率小幅抬升，消费同步下行，宏观经济增速出现了较大下滑。为了缓解宏观经济的下行压力，2008 年下半年，中央出台了一揽子经济刺激计划为宏观经济托底。

　　在一揽子经济刺激计划的帮助下，宏观经济快速回暖，其中 GDP 增速从 2009 年第一季度的低谷 6.4% 快速回升至 2010 年第一季度的 12.2%。在投资的引领下，宏观经济全面复苏，消费、就业出现大幅好转。2010~2013 年，伴随一揽子经济刺激计划力度的逐步放缓，宏观经济增速同步走弱，在此时期内持续下行，不过整体依旧维持在高增速水平。伴随中国宏观经济的率先恢复，全球投资者继续看好中国市场，FDI 流量快速攀升。

　　2010 年，中国经济增速出现拐点，进入了换挡下行期。其中，关于经济增速下行的解释有以下几种：首先，2010 年中国劳动年龄人口到达峰值并开始出现负增长，逆转了劳动力供给、人力资本改善、资本回报率以及资源重新配置，导致经济潜在增速下降。其次，从 20 世纪 90 年代开始，全球科技进步出现放缓，其中特别是欧美发达国家受全球金融危机的影响，研发支出持续下行。最后，不平等问题持续恶化，以美国为代表的部分西方发达经济体内部出现了财富差距加速扩大的情况，导致社会各阶层之间的矛盾日益加重。

　　黄金时代初期的通缩被克服之后，通胀逐步升温，证券价格也大幅走高，经济呈现过热的迹象。与此同时，金融部门经过 1997 年、2002 年两次重大改革以及 2005 年汇率改革后，金融系统市场化程度逐步完善，调控价格水平的工具趋于市场化。但是经济对外依存度高度上涨，经济结构失衡风险加剧。首先，投资率超过趋势水平上涨，消费率下降，经济内需建设明显不足。其次，人民币面对单边升值压力，金融市场受外部环境影响不断加深。在经济结构有失衡风险、通胀上行的背景下，货币政策在此时期开始阶段采取紧缩状态，来试图调整经济表现。突如其来的自然灾害加重了通胀风险，这突出了国家整体投资在农业、能源、交通安全应对的不足，对外向经济部门投资过多，中西部建设不足，只有粮食和能源安全才有经济安全。但是全球范围内的金融危机，对我国的出口和金融市场造成巨大压力，在这样的背景下，货币政策果断转向宽松。在宏观调控努力下，2010 年中国经济基本走出了全球金融危机的初步影响，进入经济调整阶段。经济增速换挡，从前期高投资增速刺激下的经济结构向更加依靠内需方面转型，在这一时期互联网经济实现了大发展，我国经济数字化转型初步显现。通胀在前期货币高增速惯性下逐步走高，展现典型货币特点，在货币增速得到有效控制之后，通胀也逐步走低，实现通胀温和的经济增长，经济结构不断优化。在这一阶段农业、能源和交通投资得到长足发展，国家对粮食、国内能源价格的控制能力显著增强，通胀在市场化货币政策、完善财政政策和产业结构优化的前提下，不再具备经济滞胀的国内大环境。虽然在后续经济发展中，出现了 PPI 长期低位运行，但是房地产价格大涨的经济价格现象与经济结构向深度调整存在密切关系，主要是我国在向内需调整中，债务杠杆增速过快，经济整体大范围调整的后续影响。在经济增速换挡提质大背景下，科技红利、人口红利逐步减少，如同黄金时代通过债务剥离来用高经济增速化解债务压力的空间在急剧减少。经济周期与经济增长的重大因素都在这一阶段发生巨大变化，需要真正的科技进步、制度创新来应对整体困难。

在这一阶段，资源、环境约束开始凸显，以前经济发展不需要担心的问题变得越来越重要，金融稳定考验经典货币财政理论，对人类几百年的经济周期理论发出挑战；环境变化开始危及人类生存，产业带来的环境污染需要更多绿色投资；资本与劳动分配不平等现象加剧，本来经济发展前景是所有人都有成功机会的社会基础被打破，人类面对分裂和极端民粹主义威胁。这些问题是全人类共同面对的挑战，给人类技术投资、经济理论创新带来了重大考题。对于中国来说，这些问题让经济结构有转型压力，环境治理成本高企、人口出生率持续下降、地方土地财政发展模式不可持续、债务压力无法有效化解，也有巨大机遇。中国这次将与世界各国一道探索这些问题，提供中国方案，创造一个包容性增长的经济模式。

2013 年 11 月，党的十八届三中全会中通过了《中共中央关于全面深化改革若干重大问题的决定》，在经济体制改革方面，强调要发挥市场在资源配置中的决定性作用，推进国有企业改革和混合所有制经济发展；在政治体制改革方面，全会提出要发展社会主义民主政治，推进人大制度、政府治理、司法体制和基层群众自治制度改革；在文化体制改革方面，全会强调要发展社会主义先进文化，推进文化产业发展、文化市场建设和对外文化交流；在社会体制改革方面，全会提出要完善社会管理体制，加强社会保障体系建设，推进教育、医疗卫生、住房等领域的改革；在生态文明体制改革方面，全会强调要建立生态文明制度体系，推进资源节约、环境保护和生态文明建设。会议整体凸显了中国政府在深化改革、完善社会主义市场经济体制和推进国家治理现代化方面的决心和信心，为未来改革发展指出了明确的方向。

一、逆境下换挡

进入第六个阶段，改革开放已经走过了 30 个年头。在第六个阶段（2008~2013 年），中国经济遇到了巨大的不确定性。首先是 2008 年初的雨雪冰冻灾害导致南方多地遭受重大生命财产损失。其次是 5 月 12 日四川汶川发生里氏震级 8.0 级地震。最后是自 2007 年以来持续的全球金融危机在 2008 年持续发酵升温。

国内自然灾害对我国宏观经济造成了较大冲击，同年全球经济和金融市场急剧动荡使我国经济存在巨大的下行压力。为了应对宏观经济下行压力，2008 年下半年，中央出台了一揽子经济刺激计划为宏观经济托底，帮助宏观经济快速恢复。

2012 年 11 月，党的十八大提出了以"以更大的政治勇气和智慧，不失时机深化重要领域改革"。特别是在经济改革方面，要坚持社会主义市场经济的改革方向，处理好政府和市场的关系，在更大程度更广范围发挥市场在资源配置中的基础性作用；同时要加快推进社会主义民主政治制度化，实现国家各项工作法治化。在随后的 2013 年 11 月，党的十八届三中全会通过了《中共中央关于全面深化改革若干重大问题的决定》，对全面深化改革，特别是经济改革做出了总体规划。指出"核心问题是处理好政府和市场的关系，使市场在资源配置中起到决定性作用和更好发挥政府作用"，"市场决定资源配置是市场经济的一般规律，健全社会主义市场经济体制必须遵循这条规律，着力解决市场体系不完善、政府干预过多和监督不到位的问题"。这是自 1993 年党的十四届三中全会以来再次强调市场的作用以及与政府的关系。为全面深化改革所要达成的体制目标规定了基本的框架。

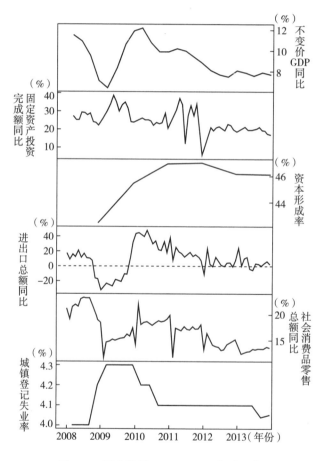

图 6-1　第六阶段：2008~2013 年（一）

（一）经济增速从危机中走出并实现换挡

整体来看，国民生产总值增速在这一时期经历了先降后升，再逐渐放缓的过程（见图6-1）。其中的标志性年份则是2008年和2009年，这两年中国经济和世界经济受美国次贷危机及其衍生的全球性金融危机影响而出现下滑。中国在一揽子经济刺激计划下较快地从金融危机中走出，GDP增速在2010年第三季度重新回到12.2%的高位。但好景不长，随着中国经济体量逐渐壮大，内部经济结构问题与全球需求波动等影响日渐明显，GDP增速在2011年开始波动下台阶，GDP增速于2012年开始进入常态化的中高速增长。

2008年初，经济总体形势好于预期，但受灾害等因素的影响，居民消费品价格上涨较快。第一季度CPI同比增长8%。中国人民银行根据党中央和国务院的统一部署，执行从紧的货币政策，在2008年上半年第四次累计上调存款准备金率2%，一般金融机构人民币存款准备金率在5月20日进一步上调至16.5%。同时仅对农村信用社实施较低的存款准备金率以鼓励金融支农。

进入第三季度，随着国际金融动荡加剧，中国人民银行分别于2008年9月和10月两次下调金融机构人民币存款准备金率，合计1.5个百分点，三次下调金融机构存贷款基准利率，一年期存款利率从4.14%下调至3.6%，一年期贷款利率从7.47%下调至6.66%。货币政策及时根据经济形势调整，从上半年的紧缩转入宽松，为经济增长提供支撑。

除了货币政策转向，财政政策同样积极作为，2008年11月5日，国务院常务会议研究部署进一步扩大内需促进经济平稳较快增长的数项措施，包含保障性安居工程、农村基础设施建设、铁路、公路和机场等大型基础设施建设，加快医疗卫生、文化教育事业发展，加强生态环境建设，加快自主创新和结构调整，加快地震灾区灾后重建各项工作，提高城乡居民收入，全面实施增值税转型改革，加大金融对经济增长的支持力度等。上述工程建设初步匡算到2010年底约需投资4万亿元。此外，会议还决定在2008年第四季度先增加安排中央投资1000亿元，提前安排明年灾区重建基金200亿元，带动地方和社会投资总规模达到4000亿元。

2008 年，我国 GDP 总量为 30.1 万亿元，同比增长 9.0%，而 2007 年最终核算 GDP 增速为 13%。从季度数据来看，分别为 11.5%、10.9%、9.5%、7.1%，2008 年初南方雨雪冰冻灾害与"5·12"汶川地震以及从紧的货币政策并未对我国经济增长造成较大影响，中国经济增长动能依旧强劲。但随着美国次贷危机进一步加深为全球性金融危机，全球主要发达国家需求衰退，经济增速放缓，与全球接轨的中国经济受影响较大，进出口总额在 2008 年 11 月转入负增长，同比减少了 16.19%，尽管一揽子经济刺激计划及时出台，但落地尚需时日，第三、第四季度 GDP 增速分别降至 10% 以下。

2009 年第一季度，中国的 GDP 增速来到阶段低点，同比增长 6.4%，增速大幅放缓，但与同期其他国家相比，增速差强人意。其中，美国、欧元区、日本等均陷入衰退，美国 GDP 季节调节后环比折年率为 –6.1%，连续三个季度为负，较 2008 年同期低 7 个百分点。

随着适度宽松的货币政策进一步推进，新建投资项目陆续上马，GDP 增速在随后的三个季度迅速回升，分别为 8.2%、10.6% 和 11.9%。2009 年国民生产总值现价总量为 340507 亿元，固定资产投资总额为 224846 亿元，较 2008 年增长 30.1%，大幅增长的固定资产投资支撑中国经济走过金融危机的余波，当年中国成为全球较快走出国际金融危机的国家之一。

2010 年，中国人民银行继续实施适度宽松的货币政策，考虑到全球流动性过剩对通胀预期的影响，中国人民银行全年上调了 6 次存款准备金率，共 3 个百分点，引导信贷货币向常态回归。全年国民生产总值增速进一步回升，总值达 39.8 亿元，同比增长 10.3%。2011~2013 年，中国经济增速进一步放缓，自 2011 年第一季度最高的 10.2% 逐渐放缓至 2013 年第四季度的 7.7%，并一直延续至下一个阶段，其中的成因是复杂的，既有经济结构性因素、人口因素、劳动生产率增速减速等内生因素，又有欧债危机等全球环境影响因素，关于这一问题的讨论已有很多研究，本书不再赘述。

（二）投资高增长推动经济走出危机

固定资产投资作为我国经济的重要拉动力量，在很长一段时间内占据国民生产总值较高份额，这一现象在这一阶段中体现得更为明显，由于 2008 年重大自然灾害和全球金融危机，我国利用投资拉动为国民经济托底，其中，固定资产投资完成额增速在此时期内呈先快速上升（主要受一揽子经济刺激计划的影响）随后逐步放缓的态势。从 2008 年 12 月开始，固定资产投资完成额增速开始出现大幅上行，并在 2009 年 6 月达到 33.6% 的峰值水平，随后自 2009 年 9 月开始逐步回落。直到 2013 年 10 月以前，增速都保持在 20% 以上的高水平位置。

投资率进一步走高，达到历史罕见的 47.03%，接近国民生产总值的一半。较高的投资率势必产生部分无效、低效投资，进而在未来降低内生增长动力，但从最初的投资安排来看，方向是合理的，也是必要的。在国民生产总值的波动中我们提到了资金的十个用途方向，但并未具体描述其规模。2009 年 3 月，国家发展和改革委对一揽子经济刺激计划投资项目的安排作了部分调整，主要投向重点领域和薄弱环节，禁止投向"两高一资"项目（见表 6-1）。在资金来源方面，自 2008 年第四季度到 2010 年底，中央政府新增投资 1.18 万亿元，加上地方与社会投资总额共 4 万亿元。对于地方政府和企业配套资金和项目资金，中央财政代地方财政增发 2000 亿元国债，银行发放长期限、低利率特种贷款支持，地方投融资平台发放部分债券。

表 6-1　一揽子经济刺激计划投资方向　　　　　　单位：亿元

重点投向	资金测算
廉租住房、棚户区改造等保障性住房	约 4000
农村水电路气房等民生工程和基础设施	约 3700
铁路、公路、机场、水利等重大基础设施建设和城市电网改造	约 15000
医疗卫生、教育、文化等社会事业发展	约 1500
节能减排和生态工程	约 2100
自主创新和结构调整	约 3700

资料来源：国家发展和改革委。

上述投资在接下来一段时间内使我国基建迎来大增长，薄弱环节得到补足，2009 年前三个季度，全社会投资增长 33.4%，增幅较 2008 年提高 6.4 个百分点。从结构上来看，农业和教育、医疗卫生、社会保障、文化等民生工程投资同比增长 42%~47%。根据国家发展和改革委公布的信息，截至 8 月底，已建成 1.1 万个基层医疗卫生服务项目，改造农村初中校舍面积近 400 万平方米；建成廉租住房 27 万套、开工建设 126 万套；解决 2278 万农村人口饮水安全问题，建成农村沼气项目 247 万户、农村公路 20 万千米、农村电网各类线路 10.3 万千米。居民生活水平，社会福利等诸多方面得到改善，中国经济增长也在投资的帮助下快速走出金融危机。

此外，值得注意的是，虽然中国经济在一揽子经济刺激计划下快速走出了阴霾，但是经济增长比以往更加依赖投资拉动。特别是经济中存在的一些问题还没有来得及解决，又被粗犷性的经济增长模式掩盖。

（三）受全球需求收缩影响，外贸大幅波动

进出口总额的波动趋势在这一阶段和 GDP 同比高度重合，主要影响因素来源于外部。2008 年全球金融危机爆发后，全球需求出现剧烈收缩，自 2008 年第三季度起，以美元计价的出口总额增速大幅放缓，一度跌至 2009 年 5 月的 -26.4% 并在 2009 年维持负增长。进出口总额在这一时期先降后升，随后放缓。在 2008 年初，中国的进出口总额仍然保持较高增速，其在 2008 年 5 月增速甚至高达 21.32%，这是中国加入 WTO 后的常态。

随着美国次贷危机逐渐演化为全球性金融危机，主要发达经济体都陷入衰退，欧洲 2008 年最终消费增速为 1.2%，较上年下降了 1 个百分点，2009 年全年最终消费增速下降 0.2%，转入负增长。美国 2008 年最终消费增速为 0.57%，较上年下降了 1.7 个百分点，2009 年转入负增长为 -0.25%，我国出口相应受到波及，2008 年 11 月出口为 -2.2%，较 10 月降低了 21.4 个百分点。

在全球金融危机爆发前，很多国家陷入了高通胀和维持经济增速的两难境地，我国情况也类似。工业生产者出厂价格指数（PPI）于 2008 年 8 月达到 10.1% 的历史高点，2008 年 4 月，中国消费品物价指数（CPI）为 8.5%，这是进入 21 世纪以来的最高点。较高的价格和从紧的货币供给使消费需求逐渐回落。全球金融危机爆发之后，影响逐渐扩大，我国加工外贸型企业的订单受到较大冲击，部分企业对未来前景产生担忧，部分企业关停倒闭，消费者需求与加工制造企业需求增速双双回落。2008 年 11 月进口总值迅速转负，为 -17.9%，较 10 月降低了 33.5 个百分点，贸易顺差出现回落。

2009 年上半年，各国大规模的货币宽松政策和其他刺激政策效果逐渐显现，大宗商品价格开始逐渐回暖，以石油为例，美国西得克萨斯州轻质原油（WTI 原油）价格从 1 月的 33 美元/桶低点回升至 2009 年 6 月的 70.6 美元/桶。消费者信心指数有所回升。进入第三季度，全球主要发达国家经济指标出现好转，美国 GDP 季节调整后环比折年率为 3.5%，迎来首次正增长，欧元区环比 GDP 环比增长 0.4%，较第一季度的 –2.5% 回升了 2.9 个百分点，日本经济也逐渐好转，第三季度环比增长 1.2%，逐步企稳。

随着各国经济形势好转，我国经济刺激项目逐渐落地，居民及企业预期改善，我国对外贸易也逐渐转暖。2009 年 11 月，由于 2008 年的基数效应以及全球逐渐转暖的经济形势，进出口总额同比增长 9.9%，由负转正。

中国进出口总额增速在 2010 年 5 月由于 2000 年基数效应以及各国陆续从衰退中走出而创下 48.37% 的新高，全年增速为 34.7%。随后，进出口总额增长逐渐回归常态，2011 年进出口总额增速为 22.5%。

全球金融危机对我国进出口总额增长造成重大不利影响，但哈佛大学增长实验室的数据显示，中国出口产品结构有所改善，中国制造占全球商品的份额有所提升。2008~2010 年，中国钢铁等初级原材料出口份额大幅下降，纺织品、机电产品份额大幅上升。以钢铁为例，中国 2008 年出口总额占世界份额为 11.02%，2010 年为 10.18%。纺织品份额从 29% 上升至 33.32%，世界上每三件纺织品就有一件是中国制造。电子产品份额从 19.21% 上升至 21.93%，机械产品份额从 15.2% 上升至 17.93%。从这一角度来看，2008 年国际金融危机是我国对外贸易的挑战，也是机遇，我们成功应对了挑战，也抓住了机遇。

尽管 2011 年我国进出口总额增速相对乐观，但实际上全球经济下行风险仍在上升，新一轮的衰退在酝酿之中，欧洲主权债务危机升级蔓延，日本"3·11"大地震经济受冲击严重，部分新兴国家增长动力匮乏。全球经济复苏前景不明，我国国内经济也面临较大下行压力。2012 年中国进出口总额同比增长 6.2%，其中，出口增长 7.9%、进口增长 4.3%，增速较 2011 年大幅回落，其中既有基数的原因，亦有全球经济复苏放缓的影响。

整体来看，这一阶段中国的进出口在波动中前进，进出口的结构在危机中有所调整，但由于全球经济增长动能受多重风险掣肘，外需相对有限，国内经济下行压力亦偏大，中国的进出口总额增速较前一个阶段有较大程度的回落。

（四）消费在危机之后展现出巨大的韧性

居民可支配收入稳定提升，消费与储蓄观念改变，制造业产能不断壮大，对外开放不断深化是促使我国的社零总额增速自1996年以来一直加速态势的主要推动因素。社零总额增速在2008年7月达到了23.3%的历史高点，但随着第三季度受全球金融危机的冲击，居民可支配收入受到影响，社零总额增速在2009年2月达到这一阶段的最低点（11.6%），随后有所复苏，但整体不及以往动辄20%的增速，2013年增速最终回落至13.1%。

2008年初，南方遭遇多年一遇的特大暴雪灾害，多地交通、电力等基础设施受到冲击，粮食生产同样受到较大影响，商品供给不足，居民消费价格高位运行，第一季度各月的CPI分别为7.1%、8.7%和8.3%，其中的主要拉动项为食品价格，贡献率为85%。纵使如此，我国的居民消费动力依然强劲，第一季度社零总额增速仍维持在20%之上。其背后的长期原因是市场经济改革逐渐深化后，居民消费需求得到满足，短期原因是假期经济的崛起，住宿餐饮业零售额同比增长24.7%，拉动整体销售额增长。

随着2008年全球金融危机席卷而来，全球商品需求锐减，吸纳了大量劳动力的众多中小微制造企业面临停工减产、破产或濒临破产，大量劳动力面临收入下降或是失业的风险，收入随之下降，当年居民可支配收入仅增长9.5%，较2007年下降3.8个百分点。相应地，减少的收入反映在社零总额增速上，2009年社零总额同比增长15.9%，较2008年21.6%的增速下降了5.7个百分点。

为了促进消费进一步增长，挖掘我国的内需潜能，2009年8月银监会发布了《消费金融公司试点管理办法》，在此引用该管理办法对消费金融公司的介绍："消费金融是向各阶层消费者提供消费贷款的现代金融服务方式。拟试点设立的专业消费金融公司不吸收公众存款，在设立初期的资金来源主要为资本金，在规模扩大后可以申请发债或向银行借款。此类专业公司具有单笔授信额度小、审批速度快、无需抵押担保、服务方式灵活、贷款期限短等独特优势。"这是如今逐渐壮大的消费金融品牌蚂蚁花呗、招联金融最早的雏形。但其在初期的发展并不迅速，一方面是因为居民提前消费的习惯尚未形成，另一方面是第一批试点公司和持牌消费金融公司体量相对有限。

2009 年 11 月 28 日，中共中央政治局召开中央经济工作会议提出，要把保持经济平稳较快发展作为明年经济工作的首要任务，把保增长、扩内需、调结构更好地结合起来，要积极扩大消费特别是农村消费，坚持扩大投资规模和优化结构并举，集中加快建设和启动一批支持"三农"、改善民生、完善基础设施、促进结构优化、节能环保等方面的重大工程，有力、有序、有效地做好灾后恢复重建工作。会议多处提到扩大内需，鼓励消费，进一步反映出中央对消费的重视程度。

从宏观的角度观察，随着我国财政拨款转化为众多生产订单，各地工厂重新启动，居民失业率逐渐下降，居民可支配收入增长，居民和企业对未来预期大幅改善，消费增速迅速回升，2009 年 12 月，社零总额创全年新高为 17.5%，基本回到金融危机前的增速水平。

从具体政策来看，2009 年鼓励居民消费政策领域之宽、力度之大、受惠面之广前所未有。在此引用 2010 年《政府工作报告》中的数据：2009 年中央财政投入 450 亿元，补贴家电汽车摩托车下乡，汽车家电以旧换新和农机具购置。减半征收小排量汽车购置税，减免住房交易相关税收，支持自住性住房消费。全年汽车销售 1346 万辆，增长了 46.2%；商品房销售 9.37 亿平方米，增长了 42.1%，消费对经济增长的拉动作用明显增强。

2008 年的一揽子经济刺激计划推动我国从经济下行的低谷中走出，但遗留的问题是，固定资产投资成为我国经济增长的最大力量，投资率在 2009 年超过 45%，占比过大，而消费、出口对经济增长的贡献力量并未充分显现。单一的经济拉动力量导致我国经济发展不平衡的问题进一步扩大，通过扩大内需和出口来使我国经济增长更富生机和抗风险能力是刻不容缓的。

2010 年 10 月 18 日，中国共产党第十七届中央委员会第五次全体会议通过了《中共中央关于制定国民经济和社会发展第十二个五年规划的建议》，其中将"坚持扩大内需战略，保持经济平稳较快发展"单列为一个大章节，着重强调要通过城镇化增加就业机会、完善分配制度等手段，建立扩大消费需求的长效机制，反映了中央对消费的重视程度进一步提升。

在随后的两年里，除了上文提到的家电下乡等鼓励消费政策，中央政府还鼓励促进文化消费、旅游消费和养老消费。开源节流，一方面鼓励更多的消费品类，另一方面整顿和规范市场秩序，维护消费者权益。在上述组合政策的支持下，2011~2013 年，社零总额增速分别为 18.5%、14.5% 和 13.1%，增速逐渐放缓，但依旧维持高速增长，2013 年社零总额已达到 23.44 万亿元。但此外值得注意的是，最终消费率的增长相对缓慢，2010 年为 49.3%，2013 年为 51.4%，发达国家的最终消费率远高于此，普遍为 80%，因而我国消费动能的挖掘仍须进一步努力。

（五）失业率受外部冲击影响短期冲高后回落

与其他指标的波动类似，城镇登记失业率（以下简称失业率）在这一时期的波动来源主要是 2008 年国际金融危机的冲击。城镇登记失业率在 2007 年至 2008 年第三季度一直维持在 4% 的较低水平，随着美国次贷危机在 2008 年末演变为全球金融危机，主要发达国家纷纷陷入衰退，需求随之锐减，作为我国市场经济神经末梢的众多小微企业，或减产，或停业，或破产，导致失业率快速抬升。不过整体上，失业率波动不大，基本在 4%~4.3% 波动。

2008 年年末到 2009 年年中，大量沿海制造业企业关门歇业，在其中打工的众多四川、湖北等内陆农民工也随之失业，纷纷在 2008 年末提前回家。农民工返乡潮在当时成为热议话题，《人民日报》调查显示，安徽有 40 万农民工在 11 月底提前返乡，占外出务工农民工总数的 3.6%，江西则有 30 万农民工提前返乡，四川等其他内陆省份也有类似的报道。

如前文所述，随着各项刺激性政策落地，企业端重新运转，大量就业岗位被创造，进而吸纳了多余的劳动力，城镇登记失业率在 2010 年 3 月开始回落至 4.2%，随后在 2011 年到 2013 年第二季度均维持在 4.1%，2013 年继续回落至 4.04%。

二、通胀明显滞后于货币

（一）货币政策实现精准调控

我国的 M2 增速在这一阶段呈现先降后增，最终恢复常态的波动。进入

2008 年，货币政策最初逐渐收紧，M2 增速持续放缓，自年初的 18.94% 降至 11 月的 14.8%。随后，考虑到全球金融危机，货币政策转入宽松，M2 增速开始一路向上，于 2009 年 11 月达到顶峰，增速为 29.74%，随着我国经济逐渐从金融危机中恢复，货币政策转向稳健灵活，M2 增速回落，维持在 10%~17%，即金融危机前的常态水平，但 M2 增速随着放缓的 GDP 增速而逐渐放缓（见图 6-2）。

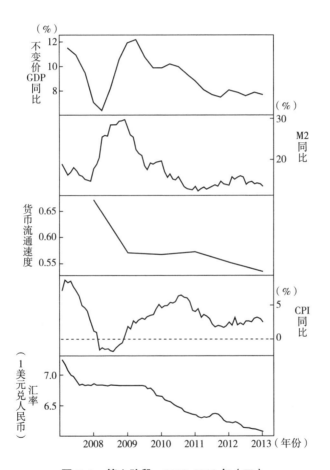

图 6-2　第六阶段：2008~2013 年（二）

2007 年底到 2008 年初，受全球大宗商品价格攀升和南方雨雪冰冻灾害影响，产品生产、运输成本上升，居民消费价格指数持续攀升，在 2008 年 4 月达到 8.5% 的高点。过高的通货膨胀率导致居民实际购买力降低，且控制物价指数在合理区间内是我国政府宏观调控的重要目标之一。在这一背景下，中国人民银行开始通过紧缩的货币政策进行调控，通过 2008 年上半年的多次加息回收流动性，试图给持续攀升的物价指数降温。根据《2008 年第二季度中国货币政策执行报告》，中国人民银行分别于 1 月 25 日、3 月 25 日、4 月 25 日、5 月 20 日、6 月 15 日和 6 月 25 日上调存款准备金率，6 月 25 日，一般金融机构人民币存款准备金率达到了 17.5%。另外，考虑到灾区重建、支持"三农"等原因，农村信用合作社、重灾区金融机构并未上调存款准备金率。2008 年，M2 同比增速于 3 月起小幅回落，自 2007 年末的 18.45% 回落至 16.29%。CPI 在货币政策调控下快速回落，自 4 月的 8.5% 回落至 7 月的 6.3%。

2008 年 7 月后，美国次贷危机进一步蔓延，正转向全球性金融危机。中国人民银行根据党中央、国务院统一决策部署，针对全球金融危机加剧、国内通胀压力减缓等新情况，及时调整宏观调控方向。具体表现为，暂停紧缩的货币政策，转向适度宽松的货币政策，保证金融体系流动性充足。

根据 2008 年第三季度货币政策执行报告，为应对全球金融危机对我国经济可能产生的影响，中国人民银行分别于 9 月 16 日、10 月 9 日和 10 月 30 日下调金融机构存贷款基准利率，于 10 月 27 日扩大商业性个人住房贷款利率下浮幅度，释放稳定市场预期的信号。一年期存贷款基准利率累计下调 0.54 个百分点，自 4.14% 下调至 3.6%。

在相对宽松的货币政策和积极的财政政策组合下，M2 同比增速快速回升，自 2008 年 11 月 14.8% 开始加速，2009 年 3 月已达到 25.51%，并于 11 月达到这一时期的最高点 29.74%，2009 年全年 M2 同比增长 27.7%。回看 2008 年末中国人民银行对 2009 年广义货币供应量的调控目标为高于 GDP 增长和物价上涨之和 3%~4% 的增长幅度作为全年货币供应总量目标，即 17%，2009 年的增速实际上远高于前期设定的目标。这一现象或主要由于货币信贷增速、结构上出现问题，大水漫灌方式的支持力度，帮助大量企业从危机中走出，但这也导致其在某种程度上的大水漫灌使资金流向并不精准，给之后的经济发展留下了部分隐患。2009 年第四季度货币政策执行报告中也提到了这一问题，对 2010 年的展望是要力争实现信贷总量适度，节奏均衡、结构优化。

2010 年，随着全球各国逐渐从危机中走出，全球经济再回增长轨道，考虑到全球流动性宽松以及国际收支顺差较大，我国作为率先走出危机的国家之一，已开始逐步收缩流动性，转入适度宽松的货币政策。2010 年第四季度货币政策执行报告显示，中国人民银行分别于 1 月 18 日、2 月 25 日、5 月 10 日、11 月 16 日、11 月 29 日和 12 月 20 日共六次上调存款类金融机构人民币存款准备金率各 0.5 个百分点，累计 3 个百分点。此外，在进入第四季度后，为抑制通货膨胀预期，人民银行分别于 10 月 20 日和 12 月 26 日两次上调金融机构人民币存贷款基准利率，一年期存贷款基准利率均上调 0.5 个百分点。

2010 年末，广义货币供应量同比增长 19.7%，略高于预期目标 17%，较 2009 年增速低 8 个百分点。货币政策执行更加精准和灵活，年内广义货币供应量增速更加平稳。2011 年，中国人民银行转入稳健的货币政策，促进信贷增长转入常态化。全年 M2 同比增长 16.6%，这与 2010 年末的预期目标 16% 更为接近。

2011~2013 年，中国人民银行坚持执行稳健的货币政策，在部分经济下行压力较大的月份适时降低存款准备金率，灵活开展公开市场双向操作，促进货币信贷合理适度增长。广义货币供应量增速转向常态化。

（二）CPI 明显滞后于货币

消费者物价指数（CPI）在这一阶段受全球金融危机带来的波动与其他指标存在较大差异，具体表现为先升后降，而后逐步上行，最终归于平稳。CPI 在 2008 年上半年快速上行，于 2008 年 2 月到达阶段最高点 8.7%，随后快速下行至 12 月的 1.2%，并持续降低至 2009 年 8 月的最低点 –1.8%，随后逐步回升，于 2011 年 7 月来到 6.45% 的次高点，而后再度放缓，于 2012 年转入 2%~3% 的温和通胀区间。

2007 年全国经济平稳快速发展，居民消费需求旺盛，全年 CPI 上涨 4.8%，2007 年第四季度货币政策执行报告显示，其主要原因是食品价格大幅上涨。自 2006 年 11 月以来，粮食、肉蛋、油脂、鲜菜以及奶制品等价格轮番上涨，推动食品价格不断走高。食品价格对 CPI 上涨的贡献率达到 83%，非食品价格相对稳定。

2008 年初 CPI 则延续了 2007 年的走势，持续攀升，其主要原因仍然是食品价格拉动。据国务院新闻办发布的消息，2008 年 1 月 10 日以来发生的低温雨雪冰冻灾害导致农作物受灾面积达 1.77 亿亩[①]，绝收面积 2530 万亩，森林受损面积 2.6 亿亩。多地铁路公路受雨雪冰冻灾害中断，22 万千米普通公路受阻，京广、沪昆铁路因断电受阻，西电东送通道中断。受上述原因的影响，食品价格快速上行，推动 CPI 同比于 2 月到达此时期内最高点 8.7%。

考虑到高企的 CPI，正如我们上文中所提到的那样，中国人民银行开始执行紧缩的货币政策，2008 上半年多次提高存款准备金率等。随着食品供应逐渐恢复，CPI 开始逐月回落，至 7 月，CPI 同比已回落至 6.3%。下半年，全球金融危机肆虐，各国需求相继减弱，全球性通货膨胀迅速消退。受上述国际因素，以及我国工业企业存货增加，居民对未来预期减弱，消费欲望减少等多重因素共同影响，CPI 进一步回落，至 12 月，CPI 同比已降至 1.2%，较年初的 8.7% 回落了 7.5 个百分点。

2009 年，受前一年翘尾因素偏弱，且居民消费意愿受经济大环境影响而减少，社会消费品零售总额增速于 2009 年 2 月降至 11.6%，出口减少，企业产成品库存大量增加，商品供给相对过剩，CPI 迅速回落，全年 CPI 同比为 –0.7%。其中 2009 年 7 月为最低点，同比增长 –1.81%。随着我国各类刺激政策出台，家电下乡、汽车下乡等政策陆续落地，消费端与供给端迅速恢复，CPI 在 2009 年末出现回升迹象，2009 年 11 月同比增长 0.6%，12 月同比增长 1.9%，为危机后的首次正增长。

进入 2010 年，不仅是中国，全球大量发达经济体，新兴市场的经济都转入复苏，居民消费开始增长，增长的出口需求与国内需求，叠加我国部分过剩供给出清，CPI 开始转入温和上行通道，2010 年 1 月同比增长 1.5%，随后的几个月，CPI 波动上行。至 2010 年 10 月，CPI 已经达到 4.4%，价格上涨压力明显增大，其中食品价格上涨 7.2%，非食品价格上涨 1.4%。进口价格涨幅高于出口价格涨幅，进口价格同比上涨 13.7%，比 2007 年高 27.0 个百分点，出口价格仅上涨 2.4%。

2011 年初，能源资源、劳动力等要素成本上升，通货膨胀预期较强，且国内社零总额增速快速回升至 18% 的高速增长区间，价格上涨压力进一步增加。CPI 同比从 2011 年 1 月的 4.9% 快速上行至 7 月的 6.45%，来到年内的最

---

① 注：1 亩 =666.67 平方米。

高点。中国人民银行针对价格上行压力在 2011 年上半年分 6 次上调存款准备金率共 3 个百分点，回收金融体系内流动性。随后，由于全球大宗商品价格下行，货币政策调控效果显现，CPI 于 10 月下降至 5.5%，年末降至 4.07%。进入 2012 年，CPI 继续下行，2012 年 2 月 CPI 为 3.2%，较 2011 年同期下降了 1.74 个百分点，涨价原因主要为鲜菜价格反季节上行。在随后的近两年里，CPI 在稳健的货币政策下维持在温和区间，保持在 1.5%~3.1% 内小幅波动，居民购买力保持基本稳定。

（三）汇率市场化改革更进一步

这一阶段人民币兑美元汇率整体延续了 2005 年汇率改革以后持续升值的趋势。2008 年，人民币对美元持续升值，突破 1 美元兑 7 元关口。随后的 4 年时间里，人民币波动升值，人民币月度汇率于 2013 年 12 月来到这一阶段的最高点 6.0738。这六年里，人民币持续升值是主旋律，自 2005 年汇改到 2013 年，人民币兑欧元累计升值 18.95%，兑日元汇率累计升值 26.46%，兑美元累计升值 35.75%。

2005 年汇率改革以后，人民币汇率取消钉住美元的政策，改为以市场供求为基础、参考一篮子货币进行调节、有管理的浮动汇率制度。由于在较长一段时间里，一直存在人民币单方面升值的预期，因而中国人民银行对人民币汇率相应设定了浮动范围，对其进行调控，维持汇率 0.3% 的日浮动区间不变，避免过快的汇率变动剧烈影响企业经营和居民生活。

2008 年全球金融危机来袭后，许多国家货币兑美元大幅贬值，中国人民银行在这一时期适当收窄了人民币波动幅度以应对全球金融危机。一方面，彼时汇率的稳定帮助我国稳定外需，抵御全球金融危机；另一方面，在这一时期暂时放缓了人民币市场化进程，人民币双向浮动的趋势大幅减弱。

随着全球金融危机风波淡去，人民币汇率大幅波动的根源逐渐消散，中国人民银行在 2010 年 6 月 19 日表示进一步推进人民币汇率形成机制改革，增强人民币汇率弹性，改革重在坚持以市场供求为基础，参考一篮子货币进行调节。继续按照已公布的外汇市场汇率浮动区间（0.5%），对人民币汇率浮动进行动态管理和调节。随着改革的进一步推进，人民币汇率继续波动升值，自 2010 年 7 月开始，人民币汇率从 6.7 持续升值至 2012 年 4 月的 6.3。2012 年

3~6 月，由于欧债危机前景尚不明朗，避险需求推动国际资本从欧洲和新兴市场流向美国、日本，导致美元、日元兑欧元和新兴市场货币升值，人民币小幅贬值至 6.37。7 月随着欧债危机取得新进展，以及主要发达国家开始新一轮量化宽松政策，国际资本从美国重新回到新兴市场，多数货币兑美元汇率升值。人民币重回升值通道，自 2012 年 7 月的 6.37 持续升值至 2013 年 12 月的 6.07，来到这一阶段内的最高点。

汇改以来，虽然人民币汇率波动升值，但其对我国进出口的负面影响相对有限，我国出口增速在 2008 年全球金融危机来袭之前持续保持快速增长，而在全球金融危机之后，随着全球需求的恢复，中国出口增速同样较快恢复。

整体来看，这一阶段人民币汇率以"稳"字概括，人民币汇率市场化更进一步。这一阶段内人民币汇率持续的单边升值缓解了长期以来的失衡趋势，使人民币汇率更具市场化，与市场预期相接近，中国人民银行推动人民币汇率有序升值，避免其对居民生活、企业经营产生较大负面影响。全球金融危机来袭时，果断调整浮动区间，维持人民币汇率稳定。

三、投资者在衰退背景下继续加码

改革开放以来，FDI 流量持续上升，2008~2013 年依旧延续这一趋势，整体从 1083 亿美元上升到了 1239 亿美元，但是可以发现 2008 年中国 FDI 流量同比上升了 29.68%，随后 2009 年有明显的下降，仅约 941 亿美元，同比下降了 13.15%。放在全球市场来看，尽管本阶段中国 FDI 流量的绝对量在不断波动，同比增减幅度较大，但是与全球 FDI 流量的波动幅度大致相似，六年来中国 FDI 流量占全球 FDI 流量平均约 8%，较为稳定。因此，从国际因素来讲，中国 FDI 流量的变动大致符合全球趋势。

2008 年，我国 FDI 流量同比上涨了近四成（见图 6-3）。从国际形势来看，全球经济保持增长但增势放缓，跨国公司技术转移加快，国际产业转移趋向高端，服务外包蓬勃发展，跨国并购更加活跃；区域和次区域合作不断深入，投资便利化程度总体上提高。从国内形势来看，为了实现吸收外商投资又好又快发展，商务部办公厅发布了《关于 2008 年全国吸收外商投资工作的指导性意见》，修订实施的《外商投资产业指导目录》进一步扩大了鼓励外商投资的领域，有利于我国吸收外商投资继续保持一定规模，再加上日益旺盛的国内市场需求，整体国内形势对 2008 年我国吸收外商投资工作有利。当然，负面影响也是存在的。从国际形势来看，美国次贷危机波及全球，国际石油和粮食价格不断走高，美元持续贬值，贸易保护主义抬头，国际投资规模存在不确定性。从国内形势来看，通胀和贸易不平衡的压力增大，资源、环境等瓶颈约束日益明显，相关政策调整对外商投资和企业生产经营的影响尚不明朗，多方面对吸收外商投资工作提出新要求。

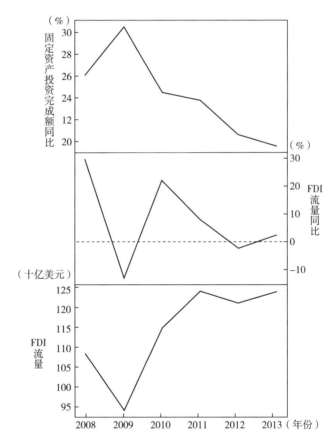

图 6-3　第六阶段：2008~2013 年（三）

受全球金融危机影响，2009 年，全球 FDI 流量同比下降了 16.71%，中国

FDI 流量下降了 13.15%。当时外商直接投资主要集中于东部沿海地区，受全球金融危机的影响，东西部引入外资的差距加大。研究学者将 2008 年后的沿边开放政策归入第四个阶段即沿边开放政策的实施阶段，表示从长远来看，国家政策不再是单纯支持边境贸易，而是转为支持边境地区经济贸易的长远持续发展，并且向发展区域合作方向转变。随着金融危机影响逐渐消退，中西部地区在要素成本优势和政策优惠作用下，吸引外资的势头开始增长，以后整体 FDI 流量呈上升趋势。

在经历了短暂的国内外不利形势后，2010 年我国 FDI 快速回升，同比上涨 21.97%，2011 年同比上涨 8.06%，此后两年维持了高速增长。反观全球，在维持增长两年后便开始继续下滑，调整速度较慢，直至下一阶段才有爆发式增长。为了吸引外商在华投资，提高利用外资质量，国务院于 2010 年发布了《关于进一步做好利用外资工作的若干意见》，从优化利用外资结构、引导外资向中西部地区转移和增加投资、促进利用外资方式多样化、深化外商投资管理体制改革、营造良好的投资环境这些角度提出意见。从 2010 年 12 月 1 日起，我国统一了内外资企业的全部税种，外商企业不再享有低税率的"超国民待遇"，减少了凭借特殊优惠而获得生存优势的外商企业，提高了中国投资环境的质量。2011 年是中国加入世界贸易组织的 10 周年，中国 FDI 流量在这 10 年间翻了 2.64 倍，增长速度极快，高于全球的 2.08 倍。2011 年，《粤澳合作框架协议》在北京签署，标志着粤澳合作迈向新的里程，开启了"一国两制"下区域合作新篇章；博鳌亚洲论坛在海南举行，时任国家主席胡锦涛把亚洲放在对外政策的重要位置，坚持与邻为善、以邻为伴的周边外交方针；《涉及外商投资企业股权出资的管理办法（征求意见稿）》公布，促进了资本市场自由流转；同年年底，修订的《外商投资产业指导目录》发布，主要围绕放宽外资限制、引导外资投向调整如中西部这两个方面。2011 年 3 月，《中华人民共和国国民经济和社会发展第十二个五年规划纲要》出台，进一步表示要提高利用外资水平，鼓励外资投向中西部地区。

综上可以发现，从宏观上来讲，我国政策对外商投资起到了积极引导作用，那么再从微观企业角度来细看，在全球金融危机影响下，全球贸易保护主义抬头，2009 年，全球共有 22 个国家和地区对我国发起了贸易救济调查，涉案金额高达 127 亿美元，其中美国对华金额高达 76 亿美元。包括 2009 年的力拓商业间谍、2010 年初的谷歌事件，使在华投资环境恶化这个议题被外媒大张旗鼓地报道。中国美国商会发布的《2013 年度商务环境调查报告》表示，在华美国企业认为中国投资环境没有得到有效改善。随后，中国欧盟商会发布了《商业信心调查 2013》，表示在全球经济增速放缓的环境下，2012 年有 62%的在华欧盟企业营业额增速不及 2011 年，同时，在华欧盟企业感到信心不足，有巨大压力，特别是劳动力成本的攀升以及本上市场经济增速的放缓，导致部分劳动力密集型产业的外资经营更为吃力，开始逐渐撤出中国市场，例如阿迪达斯关闭了其在华唯一的直属工厂、耐克的员工在五年内缩减了七成。尽管如此，中国市场拥有巨大的发展潜力，中国仍然是欧盟企业全球战略的重要组成部分。

上述大型外资企业对华投资信心受损、业绩下滑，但是整体来看，美国对华直接收益率在这一阶段依旧高于全球平均水平（见图 6-4）。

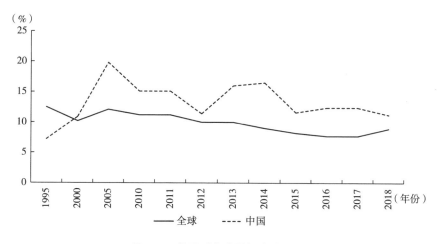

图 6-4　美国对华直接投资收益率

资料来源：美国经济分析局统计数据。

尽管在短时间内对华投资外商企业可能会对中国市场保持质疑，但是继续对华投资的企业获得了十分可观的投资收益率。欧洲方面（见图 6-5），外商对华投资信心不足，但是数据显示 2010~2013 年对华投资盈利企业平均占比为七成，将中国作为新投资目的地的前三名企业占比逐年上升，到 2013 年甚至超过了八成，直至再过一两年后，世界外商经济开始复苏，全球 FDI 大涨，这个指标才回调到 2010 年的六成。可见，部分大型外资企业投资信心下降并撤离中国市场，并没有完全影响最终的投资格局。

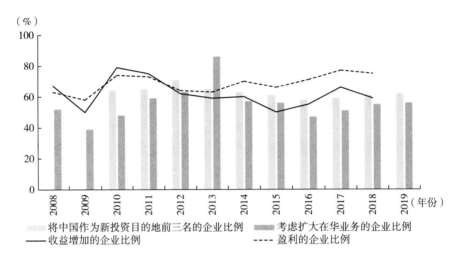

图 6-5 欧洲在华企业盈利情况调查

资料来源：中国欧盟商会.商业信心调查（2019）[R].2020.

四、本章小结

在经历了上一阶段黄金时代的十年后，宏观经济受到了全球金融危机的影响，经济增速在短时间内出现较大下滑。在一揽子经济刺激计划的推动下，宏观经济快速企稳，进入换挡阶段。自 2010 开始，经济增速开始阶段性下行，不过依旧维持在高增速水平。这一阶段不仅仅是商业周期中的通胀问题，随着开放的进程越来越快，我国与外部经济联系越来越密切，宏观当局不仅要面对国内经济周期波动，也要应对国际因素。而且随着我国经济增长的后发红利、人口红利逐渐消退，给予宏观经济大起大落后处理债务的空间越来越小，因此需要更加科学和精细的包容性增长模式。

第一，2008~2009 年经济的回落中断了黄金时代经济增速快速上行的趋势。投资是这一阶段中宏观经济快速走出危机的主要力量。这与上一阶段中依靠基建拉动类似，不过，这一阶段下一揽子经济刺激计划范围更广，更加灵活，也更加科学合理。宏观经济在依靠投资拉动的同时，没有出现持久的高通胀，也没有出现前期的高热状态。

第二，消费在危机之后展现出巨大的韧性，这与黄金时代下居民储蓄、收入水平的快速上升密不可分。同时，在改革开放的推动以及加入 WTO 之后，市场中商品种类快速增加，大幅改善了前期供给难的问题。此外，一揽子经济刺激计划对宏观经济的拉动改善了居民部门的预期，消费增速平稳换挡。

第三，经济内循环与外循环之间的平衡很重要。经济结构过于依赖外部需求，使得中国经济在内部需求投资不足、消费率呈现趋势性下降、人民币单边升值预期的众多挑战，经济增长依靠外部动力，极其容易在国际博弈中被卡脖子，不得不出让国家利益，这是危险的经济结构。并且，巨大的外部需求引发的投资可能带来巨大的商业周期波动。

第四，随着中国经济换挡提质，经济周期因素与经济增长因素相互作用进入一个崭新阶段。以经济增长质量和效率驱动、产业政策驱动的经济产业结构转型下的经济周期，将成为宏观调控的主要挑战。

第五，世界性挑战，气候变化、金融稳定、不平等治理是全人类面对的理论和实践挑战，现在来看这都没有答案。中国将在这些问题的治理上抓住机遇、迎接挑战，贡献中国方案。

第七章　高质量发展

在 2010 年经济增速逐步放缓后，前期被高增速掩盖的问题逐一浮出水面，经济中出现了较为严重的结构性问题。此时期内，中国经济的高增速高度依赖大规模投资、出口以及资源消耗，这种增长模式可以在短期内带来经济的快速发展，例如在上一阶段中的一揽子经济刺激计划。但是站在长期来看，这种发展模式是不可持续的，过度依赖投资和出口导致了这一阶段中产能过剩、资源浪费和环境污染的问题。自 20 世纪 90 年代开始，对外贸易快速上行，产业主要集中在低附加值、高资源消耗的传统产业上，而高附加值和创新型产业发展相对滞后。这导致了产业结构的不合理，影响了中国经济的长期竞争力。同时，自改革开放以来，东部沿海城市作为"试点"和"特区"迅速发展，而西部地区相对滞后，形成了明显的区域发展差距，财富差距的持续扩大对社会稳定、民生改善和资源配置产生了一定的负面影响。特别是收入分配不公问题的加剧影响了社会公平正义，制约了消费和内需的发展。

2010 年，中国经济增速在开始稳步回落，增速进入换挡期，从高速发展转向高质量发展。2013~2019 年是中国经济全面转向高质量发展的调整阶段，存在产业过剩、产品附加值低等一系列问题，宏观经济、产业结构持续调整，这对企业部门带来了一定的冲击。如何处理好市场与资源配置之间的关系以实现经济增速换挡、度过结构调整阵痛期，以及完成前期刺激政策消化是这一时期内的主要目标。

面对一系列问题，2012 年 11 月召开的党的十八大指明了清晰的道路，决定"以更大的政治勇气和智慧，不失时机深化重要领域改革"。在经济改革方面，要"坚持社会主义市场经济的改革方向"，"处理好政府和市场的关系"，"在更大程度更广范围发挥市场在资源配置中的基础性作用"；在政治改革方面，"加快推进社会主义民主政治制度化"，"实现国家各项工作法治化"。2013

年 11 月 9~12 日召开的党的十八届三中全会通过的《中共中央关于全面深化改革若干重大问题的决定》明确指出，将经济体制改革确定为全面深化改革的重点，特别强调经济改革的"核心问题是处理好政府和市场的关系，使市场在资源配置中起决定性作用和更好发挥政府作用""市场决定资源配置是市场经济的一般规律，健全社会主义市场经济体制必须遵循这条规律，着力解决市场体系不完善、政府干预过多和监督不到位问题"。处理好政府和市场的关系，"实际上就是要处理好在资源配置中市场起决定性作用还是政府起决定性作用这个问题"。至此，《中共中央关于全面深化改革若干重大问题的决定》为全面深化经济改革指明了道路。

2013~2019 年，国民经济进入换挡调整阶段，GDP 增速、投资、消费持续放缓，对外贸易持续波动，在 2016 年出现了一定的抬升后又受贸易摩擦影响再次回落。失业率在宏观调控的帮助下持续小幅波动。在此时期内，虽然中国经济增速出现持续放缓，但已经远远高于全球其他主要经济体（美国、日本、英国、欧元区等）。其间，中国经济下行除了有自身结构调整的因素，全球局势持续变化也给中国经济增速带来了一定的压力。从 2018 年初开始，受中美贸易摩擦的影响，中国对美商品贸易出口持续下行；2019 年 4~12 月，同比增速维持在 0 以下，持续下行的出口对处在换挡期的中国经济造成了一定的压力。

一、质量与速度的平衡

（一）经济进入新常态

2010 年后，中国经济增速出现放缓，结束了前期高速增长的势头。其实早在 2008 年，中国经济增速在受到全球金融危机冲击之后就已经出现了下行的苗头，不过在 2008 年一揽子经济刺激计划的力挽狂澜下，经济增速在 2008~2010 年呈上升趋势，从 9.7% 回升至 10.6%。随后，伴随刺激政策边际走弱，中国经济进入下行阶段。2013~2019 年，经济增速进入换挡提质的新阶段，在经济增速与发展质量上寻求新的平衡，促进长期可持续发展的增长模式。数据显示，2013~2019 年 GDP 增速呈现持续下行的态势，从 7.8% 下降到

6%，下行速度较为稳定，没有出现失控的情况（见图 7-1）。

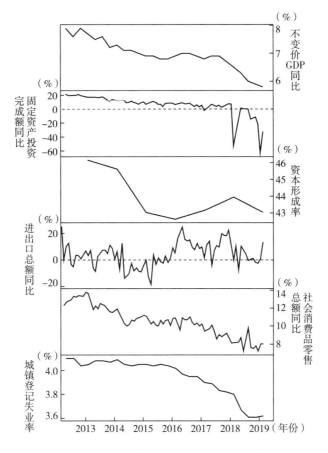

图 7-1　第七阶段：2013~2019 年（一）

　　改革开放以来，粗放式的发展模式掩盖了大量结构性问题，随着经济增速的下行，不少问题逐步浮出水面，成为中国经济转向高质量发展的阻碍，未来的发展要求中国政府必须破解结构性矛盾。此时期内，中国政府提出了供给侧结构性改革的措施，对宏观经济中出现的问题进行修复。其中，第二产业中产能过剩问题是关键。通常，行业产能利用率不足 75% 时被看作严重过剩，而2012 年，我国粗钢、水泥、平板玻璃、汽车、电解铝等行业的产能利用率都没有达到 75%。新兴产业中的风电设备、光伏电池、多晶硅等产能利用率也处在低位。即使是制造业增速恢复到了历史平均水平，产能过剩的问题依然存在。在随后的 3 年中，产能过剩的现象持续恶化。在 2012 年 9 月与 11 月连续遭受欧盟、美国的双反贸易救济措施的惩罚后，光伏产品更是出现了绝对过剩的情况。在产能过剩的问题快速浮出水面后，有观点将产能过剩的问题归罪于 2008 年一揽子经济刺激计划，但是在当时经济可能出现滑坡甚至陷入陷阱的背景下，一揽子经济刺激计划可能是避免经济进入衰退的最好出路。

除产能过剩以外，经济中还存在着生产成本快速上升、杠杆率高以及地区发展不均衡的问题。为了应对产能过剩和高杠杆率的问题，在 2015 年 12 月 18~21 日召开的中央经济工作会议上，习近平总书记提出了着力加强结构性改革，在适度扩大总需求的同时，去产能、去库存、去杠杆、降成本、补短板，即"三去一降一补"，提高供给体系质量和效率，提高投资有效性，加快培育新的发展动能，改造提升传统比较优势，增强持续增长动力，推动我国社会生产力水平整体提高，努力实现"十三五"时期经济社会发展的良好开局。此外，在生产成本方面，2010 年中国劳动年龄人口到达峰值并开始出现负增长，持续上升的老龄化抬升了劳动力成本。2015 年 10 月，党的十八届五中全会决定全面放开二孩政策。同时，推进人力资本建设，通过加强教育、医疗卫生、社会保障投入等措施，提高劳动力素质及劳动生产率，帮助经济由粗放型经济向集约型经济转变。摆脱原材料、能源、自然资源以及劳动力等生产要素大量投入的增长模式。在发展不均衡问题上，通过逐步破除城乡二元经济结构、引导资源和生产要素向欠发达地区流动以及促进第三产业发展的方式来解决。

（二）逐步走出以高投资拉动的经济增长模式

自 1978 年改革开放以来，依靠高投资是中国经济一次次走出困境的主要宏观调控手段。在进入经济换挡期后，经济发展模式的重点逐步向高质量倾斜，在增速与质量之间谋求一条中间道路。2008~2010 年，受一揽子经济刺激计划落地的影响，GDP 增速与投资增速出现分化，具体体现在全社会固定资产投资完成额增速上涨，GDP 增速下降。2010 年后，全社会固定资产投资完成额增速拐头下行，与 GDP 增速维持同向，主要原因在于刺激政策落地新增项目减少，2013~2019 年，投资增速与经济增速保持高度一致，呈现阶段下行态势。

　　进入高质量发展的阶段，受前期粗犷的发展模式的影响，经济体中出现了产能过剩的问题。习近平总书记于 2015 年提出"三去一降一补"，严格控制产能过剩。2013~2019 年投资增速下降的原因可以归纳为以下五点：

　　一是产业结构转型升级。党的十八大以来，中国经济正逐步从高速增长阶段转向高质量发展阶段。中国政府开始着重推动产业结构调整和经济转型升级，重点发展服务业、高科技产业等高附加值领域。这使投资从过去的规模扩张向质量和效益提升转变，在换挡期间，投资出现了增速放缓的现象。

　　二是供给过剩。在前期经济高增速的时期内，在高投资的拉动下很多行业中出现了产能过剩现象。为了消化过剩产能，政府采取了一系列措施，限制新增产能，限制了投资的增速。

　　三是金融去杠杆。2015 年中央经济工作会议提出"去杠杆"工作任务；2016 年 8 月，国务院出台去杠杆的纲领性文件《关于积极稳妥降低企业杠杆率的意见》；2016 年 8 月，中国人民银行通过适度收紧流动性，拉长 OMO 期限，提高逆回购、MLF 等政策利率的方式，开启了去杠杆阶段；2017 年监管部门相继出台了一系列金融严监管政策，缩小影子银行规模、整治互联网金融。2018 年 7 月 31 日，中央政治局会议提出"稳就业、稳金融、稳外贸、稳外资、稳投资、稳预期"的"六稳"方向，政策由"去杠杆"转向"稳杠杆"。一系列去杠杆的措施限制了信贷和融资的过度扩张，使企业和地方政府的债务负担得到了一定程度的缓解，同时也导致投资增速放缓。

　　四是房地产调控。为了遏制房地产市场过热，中国政府自 2013 年以来实施了一系列房地产调控政策。这些政策包括限购、限售、限贷等，降低了房地产市场的投资热情，从而降低了房地产投资增速。

　　五是全球经济环境恶化。自 2008 年全球金融危机之后，全球经济环境不确定性增加。贸易摩擦、地缘政治影响了全球经济增长和贸易，削弱了投资意愿。

　　2008 年全球金融危机以后，国务院同意由财政部代发 2000 亿元地方债，地方政府发债的阀门逐渐打开。2011 年，财政部开始允许部分经济发展较好地区的地方政府自行发债，先由财政部代偿，后由地方政府结算时偿还。自此，中国的投资率在 2011 年来到了历史高点，达到 47.03%。经济增长严重依赖单一来源的方式不利于长期发展，且地方政府大规模举债所带来的系统性风险不可小觑。自 2014 年开始，我国从法律、制度、市场等方面对地方政府债务进行综合治理，同年 8 月 31 日，预算法修正案草案高票通过，于 2015 年 1 月 1 日正式生效施行。地方债开始逐渐走向"自发自还"模式。自 2008 年以来，高位疾驰的投资率终于踩下了刹车，2014 年投资率下降了 0.52%，为 45.61%，2015 年投资率更是大幅下降 2.58%，为 43.03%。快速下行的投资率反映出我国对地方债的治理是有效的。但投资额并未实际进入下行通道，从固定资产的绝对值来看，2015~2018 年仍是我国固定资产投资完成额快速上行的阶段。

自发自还的地方债发行偿债模式使地方政府依赖于土地财政，为了获得更高的土地出让金，地方政府需要进一步进行基础设施建设投资，如修建高铁站、地铁等基础设施，拉升土地价格，开发更多的城市周边土地，这是固定资产投资总额绝对值在过去十年里仍位于高位的重要原因。一方面，这一循环有效改善了居民生活质量，拉动中国各地基础设施建设；另一方面，这些基础设施建设投资亦出现了类似"代理人过度投资"问题，地方政府接受了部分低净现值或是负净现值项目。

除了房地产投资，制造业投资同样对固定资产投资产生较大影响。在 2015 年 11 月召开的中央财经领导小组第十一次会议上，习近平总书记首次提出要着力加强供给侧结构性改革，要促进过剩产能有效化解以及产业优化重组。

产能过剩从 2012~2015 年快速下行的第二产业固定资产投资中已经初见端倪，第二产业固定资产投资额增速从 19.97% 回落至 7.68%，投资增速放缓反映出投资机会减少。国务院自 2015 年后亦开始出台政策推动供给侧结构性改革，2016 年 2 月国务院第 6 号文件指出，推进钢铁行业化解过剩产能实现脱困发展，要严禁新增产能，化解过剩产能，推动行业升级，供给侧结构性改革大幕正逐渐拉开。

第一、第二、第三产业的固定投资完成额在这一时期发生了较大的变化，第二产业的投资额增速在 2015 年后持续下台阶，并于 2019 年转入负增长。第三产业固定资产投资额整体也呈现下行趋势，但截至 2019 年仍保持正增长，其中的信息传输、软件和信息技术服务业投资起到了一定的拉动作用，并带来了社会整体生产力的提升（见图 7-2、图 7-3、图 7-4）。

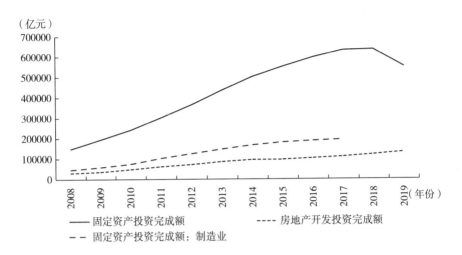

图 7-2　2008~2019 年固定资产投资完成额

资料来源：国家统计局。

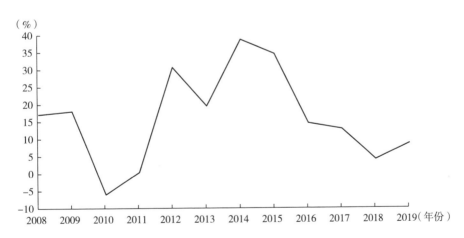

图 7-3　固定资产投资完成额：信息传输、软件和信息技术服务业的累计同比

资料来源：国家统计局。

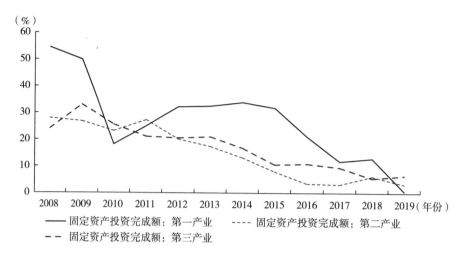

图7-4 三大产业固定资产投资完成额增速

资料来源：国家统计局。

在具体结构上，信息技术投资增速在2012年快速上行，并于2012~2017年持续位于10%以上的高速增长区间，这一时期移动互联网蓬勃发展，移动互联网等信息技术投资对我国生产力的提升作用是巨大的。2015年4月，国内三大运营商开始推进提速降费工作，更快的网速和更低的流量费让移动互联网更加唾手可得，居民移动互联网普及率快速提升，越来越多的商业活动开始转向线上，淘宝等电商平台销售总额在这一时期快速提升、居民在高峰期出行线上打车更便利、线下支付更便捷。居民的生产力随着移动互联网被解放，将更多的时间投入财富创造，互联网同时也创造了大量就业岗位，实现经济良性循环。阿里巴巴、字节跳动、腾讯等互联网企业在这一时期乘着互联网的东风高速发展，它们带来了第三产业投资额的增量，成为中国产业升级的重要支撑力量。

除了市场部门，政府部门在这一时期也积极地对信息技术领域投资，推动生产力提升与居民办事体验改善，2015年8月18日，在中央全面深化改革领导小组第十五次会议上，习近平总书记强调要发挥公安机关人口服务管理信息化优势，让信息多跑路、让群众少跑腿，便民利民。截至2018年8月，31个已建成的省级平台提供的22152项省本级行政许可事项中，16168项已经具备网上在线预约预审功能条件，占比为72.98%。2018年，《国务院关于加快推进全国一体化在线政务服务平台建设的指导意见》要求进一步推进政务事项线上办理覆盖率，进一步拉动信息技术与软件投资提升。

（三）对外贸易缓慢降速换挡

进入 2013 年后，受到欧洲主权债务危机余波等因素影响，欧美国家消费增速放缓，根据世界银行的数据，欧盟最终消费总额增长在 2013~2014 年陷入停滞，2015 年大幅减少，哈佛大学经济复杂性数据库显示，欧美等发达国家和地区市场在 2014 年占我国出口份额的 30% 以上，消费放缓导致中国的进出口总额增速持续放缓。

对外贸易与宏观经济波动整体维持一致，2013~2019 年处在缓慢降速换挡阶段。其中，出口增速在 2015 年、2016 年以及 2019 年大幅下行，出现负增长，其中在 2016 年 2 月出现了同比增速 -28% 的超低位。进口方面与出口波动基本保持一致，在上述三年中出现了负增长。

2015 年以来，宏观经济正处在"三期叠加"的阶段，产业结构调整正在积极进行中，经济步入新常态。海外方面，全球有效需求不足、经济增长速度缓慢，世界经济仍然处在调整期与重构期，整体的经济形势处于低增长、低贸易流动、低通货膨胀率、低投资和低利率，以及高股价、高债务水平的"五低两高"阶段。因此，全球经济增速的放缓是 2015~2016 年我国出口负增长的主要因素。

除了全球低迷的外需，2013~2015 年这一段时间，国内经济进入新常态后，下行压力较大，叠加供给侧结构性改革，大量落后、过剩产能被清退，其中包括了大量低附加值、高污染的企业，进口商品增速同样面临放缓。根据海关总署发言人黄颂平在 2016 年答记者问时的回答，2015 年煤、铜、钢材进口量分别下降了 29.9%、0.3% 和 11.4%，原油，铁矿砂等产品尽管维持增长，但增速亦有所放缓。居民消费增速在这一时期同样面临下行，内需与外需共振导致中国进出口总额增速在这一时期放缓乃至负增长。

进入 2016 年，中国货物进出口增速逐渐企稳，海关总署数据显示，全年进出口总值较 2015 年小幅回落 0.9%，出口回落 2%，进口增加 0.6%。尽管全年进出口总额仍然下行，但其在 2016 年第四季度增速出现转正，结束了近两年的停滞。随着"一带一路"相关项目逐渐落地，中国对"一带一路"沿线国家投资规模不断增加，中国对沿线国家的商品出口增速远高于同期对欧美国家，根据商务部的数据，2016 年全年，中国与共建"一带一路"国家进出口总额达到 6.3

亿元，同比增长 0.6%，其中对巴基斯坦、俄罗斯、波兰的出口分别增长 11%、14.1% 和 11.8%。"一带一路"构想的实施在一定程度上拓展了中国制造的市场。

2017~2019 年，中国的进出口总额维持增长态势，但增速逐渐趋缓，2017年同比增长 14.2%，2018 年同比增长 9.7%，而 2019 年仅增长 3.4%。增速的放缓既有外贸提质增效、供给侧结构性改革的原因，亦有全球不确定性加剧的影响。第一，随着部分产能过剩行业出清以及部分中高端产业升级有序推进，我国资源品出口进一步减少，机电产品等份额进一步扩大，外贸效益进一步提升。第二，全球贸易摩擦持续升温也对出口造成了一定的压力，特别是中美贸易摩擦不断升级，关税持续上升。第三，人民币汇率年内持续波动，汇率的不稳定导致外贸企业出口意愿降低。第四，为了应对西方主要经济体需求衰退，中国企业加大了对新兴市场的开拓力度，如共建"一带一路"国家、东盟、非洲等市场。这种市场多元化战略虽然有助于降低对单一市场的依赖，但在短期内可能会对出口增速产生一定影响。第五，在此时期内，中国正在经历产业结构和经济发展模式的转型，政府提倡创新驱动和内需拉动的经济增长模式。随着中国经济的结构性调整，出口对经济增长的贡献率逐步降低。

（四）消费受多重因素影响持续回落

在上一阶段中，消费在全球衰退的背景下展现出了强大的韧性。进入高质量发展阶段，社零总额增速与经济增速同步，在经济增速持续回落的背景下呈现持续放缓态势。从 2013 年周期初期的 13% 左右逐步回落至 2019 年第四季度的 8% 左右，回落幅度缓慢稳定，在经济换挡时期下正常。虽然增速呈现为持续下行，但是相较于其他经济体，8% 的水平仍处在一个非常高的位置，因此，当单看一年的消费增速时，依然可以说增速保持在高水平位置。在三期叠加的影响下，经济结构出现了变化，消费出现了结构性变化。自 20 世纪 90 年代以来，中国居民收入水平出现明显增长，居民消费从基本生活用品向高质量、个性化和多样化的商品和服务转变，如健康、教育、旅游、养老等服务消费增长迅速。

自党的十八大以来，随着居民收入和消费水平的提高，家庭耐用消费品持续升级换代。同时，党和国家把加快地方基础设施建设作为提升民生保障水平的重要载体，努力推进基本公共服务均等化，公共设施覆盖率提高，居民生活质量持续提升。具体来看，耐用消费品持续升级换代。报告显示，随着居民收入水平不断提高，消费能力进一步增强，消费升级步伐加快，城乡居民主要耐用消费品拥有量不断增多，汽车、空调、移动电话等在居民家庭中日渐普及。在内需结构不断优化的背景下，2013~2019 年，我国最终消费支出对经济增长的平均贡献率已达 60% 左右，不过相较于发达国家的 80% 水平还有一定的差距。

（五）在宏观调控下失业率维持稳定

　　这一阶段中的失业率波动主要分为两个阶段，分别是 2013 年 1 月到 2017 年 12 月以及 2018 年 1 月到 2019 年 12 月。2008 年全球金融危机后，我国失业率高企，但随着我国各地建设项目逐步落地，失业率在随后的一段时间里快速下行并维持在 4% 的水平上。进入 2013 年，失业率维持了这一趋势并在 4% 上下小幅波动，波动幅度十分有限，这一趋势和我国的国民生产总值增速，社零总额等指标类似，较为稳定。

　　2017 年末，城镇调查失业率出现了较大的跳跃，2017 年 12 月为 3.9%，而 2018 年 1 月为 5%，其中的差值也反映出城镇登记失业率较劳动力市场实际情况有一定差异，粗略来看为 1%。除去季节性因素，失业率在这一段时间里波动上升，这与 2018~2019 年逐渐放缓的 GDP 增速相印证。

　　为了辅助宏观经济在新常态下的改革可以持续推进，保持就业稳定成为重要的任务。自 2010 年以来，中国人口和劳动力状况持续走弱，充足廉价的劳动力逐渐消失。到 2016 年，虽然经济增长有所放缓，但劳动力市场数据展现出了强大的韧性，部分得益于服务业的扩张。农民工流动和产能过剩行业可能的劳动力储存效应也有助于解释这一现象。虽然后两个因素在短期内充当了稳定器的作用，但是从长期来看，这将导致资源配置效率下降。

　　2015 年的全国人民代表大会常务委员会工作报告强调，中国已经开始实施全面的三中全会改革蓝图。其目标是通过促进信贷资源配置并改善社会福利实现更具包容性的可持续经济增长。随着经济改革的推进，中国进入"新常态"阶段。在这样的背景下，首要任务是在实施改革的同时保持稳定增长和充分就业。

　　站在市场化的角度上，2010 年以来中国经济增速的放缓应该带来失业率的上升。但是受农民工流动以及国有企业因素影响，失业率没有出现抬升反而是小幅下降。

　　在这一阶段中，经济结构改革导致了暂时性的经济下滑，城市就业机会出现收缩。对于农民工而言，在城镇失业率上升之前，农民工从农村流入城市的速度就开始放缓。例如，在 2008 年全球金融危机的影响下，根据学者计算有 2000 万至 4500 万农民工返回农村，大大缓解了危机对城镇失业率的影响。

有不少学者对经济下滑期间国有企业稳定器的作用做过研究，其中包括弗里德曼等。他们认为，国有企业可以通过重新安置、买断工龄和发放遣散费等方式来辅助宏观调控，有效缓冲不利冲击。不过，这也加剧了国有企业劳动力过剩、效率下滑的现象。

二、金融稳定与币值稳定

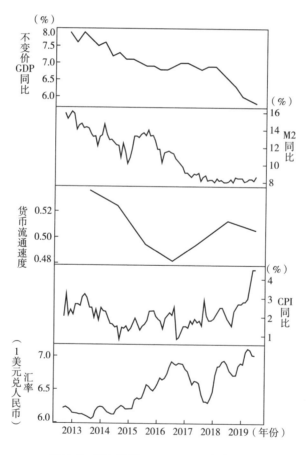

图 7-5　第七阶段：2013~2019 年（二）

（一）M2 增速逐步回落

广义货币流通量在 2013~2019 年这一阶段中波动下行，具体来看，2013~2014 年大幅回落，2015 年短暂回升，而后继续下行，并在 2017 年以后增速持续位于 10% 以下（见图 7-5）。

《2013 年第三季度中国货币政策执行报告》指出，中国人民银行要继续按照党中央、国务院的统一部署，贯彻宏观稳住、微观放活和稳中求进、稳中有为、稳中提质的要求，货币政策坚持总量稳定、结构优化的要求。继续实施稳健的货币政策，重点是"创造一个稳定的货币金融环境，促使市场主体形成合理和稳定的预期，推动结构调整和转型升级"。

由此看来，2013 年与 2014 年广义货币流通量增速下行实际上是 2008 年后一揽子经济刺激计划逐渐退坡后转入常态化稳健货币政策的表现，从图 7-6 中可以看出，中长期贷款利率在 2012 年以后的较长时间维持在 6.55% 的水平上，偏高的资金成本促使资金回流银行部门，广义货币流通量在这一时期的增速也相应波动放缓。

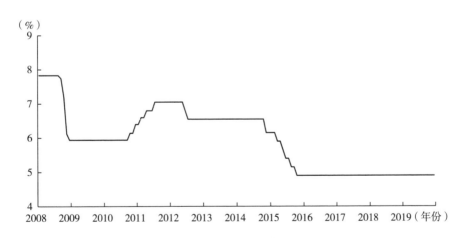

图 7-6　五年期以上的中长期贷款利率

资料来源：中国人民银行。

2014 年第三季度，根据国家统计局科研所发布的当期《中国经济运行监测报告》：尽管中国人民银行采取了定向降准等措施进行宽松，但实际货币政策执行结果为进一步收缩，其原因是多样的，既有防范影子银行等金融风险的原因又有外汇占款增加量减少的原因，但其实际上造成了内需不足，且增长潜力并未充分发挥。具体到产业来看，"产成品库存异常上升，增速高于主营业务收入，2014年9月底同比增长15.1%，较2013年末上升7.9个百分点，较同期主营业务收入增速高10个百分点。汽车工业增速在2014年8月持续回落，8月产成品同比增长22.8%而9月仅同比增长4.5%。房地产市场自2013年第四季度开始低迷，2014年第一季度转入负增长，第三季度商品房销售面积同比下降12.7%，降幅较第二季度扩大5.2%"。上述数据反映出2013年底到2014年中国经济增长出现失速的风险，亟待通过宏观调控，将中国经济增长的列车带回原有车道。

《2015年第一季度货币政策执行报告》中表述要继续实施稳健的货币政策，适时微调。考虑到2014年的经济数据不及预期，房地产、汽车等行业表现低迷，2015年中国人民银行实际上执行了相对宽松的货币政策，M2同比增长13.3%，高于第一季度时设定的12%预期目标。2015年，中国人民银行共执行了五次降准（包含定向降准），五次降息，2月4日，下调存款准备金率0.5%，3月1日降低人民币存贷款基准利率，一年期贷款利率下调0.25%至5.35%，存款基准利率下调0.25%至2.5%。随后分别在4月20日、5月11日、6月28日、8月26日以及10月24日下调存款准备金率或降低存贷款基准利率。

根据《2015年第四季度货币政策执行报告》，2015年贷款利率明显下降，非金融部门贷款加权平均利率为5.27%，较2014年12月下降了1.51个百分点。一般贷款加权平均利率为5.64%，较2014同期下降了1.28个百分点；票据融资加权平均利率为3.33%，较2014同期下降了2.34个百分点。个人住房贷款利率亦稳步下行，12月加权平均利率为4.7%，较2014年12月下降了1.55个百分点。总体来看，市场流动性较前一年有所改善，而M2增速也在这一时期小幅上扬，增速自2014年12月的12.2%上行至2015年11月的13.7%。

相对宽松的货币供应将经济增长列车重新拉回车道，前面提到的汽车制造业工业增加值同比在2015年11月重回13%的高速增长区间（2014年8月为8.5%），商品房销售面积累计同比自2015年6月回升到3.9%，要知道这一数据在5月还只是−0.2%。这一百城房价指标中的部分城市房价重回正增长。果断且迅速的货币政策推动内需增长，经济增长动能回升，且代价相对可控，较高的 M2 增速并未推高当年 CPI，CPI 维持在 2% 以内的温和区间。在随后的 2016 年，PPI 结束了近四年的负增长。

2016 年 1 月，M2 同比增速达到阶段峰值 14%，随后进入下行通道，M2 增速随着经济下行压力减轻而逐渐放缓，供给侧结构性改革取得积极进展，经济结构不断优化。但 2016 年底的 M2 增速依旧显著高于名义 GDP 增速。2017 年底，M2 同比增长 8.1%，较 2016 年底增速降低 3 个百分点，2018~2019 年，M2 增速维持在 8% 的水平上，略微高于名义 GDP 增速，为经济增长提供合适的流动性。

（二）物价水平保持稳定

在经历了一揽子经济刺激计划后，我国的 CPI 同比在 2010~2011 年维持在 1%~7%，随着刺激政策逐渐退坡，消费价格水平也转入下行通道，但同一时期世界上其他国家宽松货币政策逐渐加码，输入性的通货膨胀压力尚存。2013 年，全年 CPI 为 2.6%，远低于年初《政府工作报告》上所定的 3.5% 调控目标，物价总水平基本稳定。2014 年初，《政府工作报告》确定的 CPI 调控目标为 3.5%，但事实上，2014 年 CPI 回落至 2.0%，同样远低于调控目标。

从结构上来看，这一阶段中 CPI 的波动主要来源于食品分项，考虑到粮食生产过程中的波动较大，这是不可避免的。但需要注意的是，环境问题、极端气候等议题的影响越来越大，食品 CPI 的波动有很大程度上归因于此，根据国家气象局公布的数据，部分极端气候如台风的直接经济损失较 2001~2010 年同期平均值明显偏多。环境保护与适应气候变化的重要性已日益凸显。

总量相对稳定的物价水平有两个方面的因素：一是相较于前几个阶段，进入 21 世纪第二个十年，社会主义市场经济进一步完善，宏观调控更加健全，消费者物价水平也相对更加稳定。二是我国的从卖方市场逐渐转变为买方市场、政府主导的投资模式推动我国的供给从短缺逐渐转向过剩，即使输入性通胀压力较大，消费者端的价格变动也并不明显。

相对充裕的商品供给也带来了另一个问题——产能过剩，具体表现为：一是供给和需求的结构性错配，部分商品供小于求；二是供给总量要大于商品需求。自 2012 年开始，我国的工业品出厂价格指数和消费品价格指数出现较大偏离，PPI 向 CPI 的传导并不通畅。PPI 在 2012~2016 年这一时间段波动下降，定基 PPI 从 105 下降至 93，定基 CPI 在这一时期快速上行，从 105 上行至 115。国际大宗商品价格等外在因素对工业产品价格毫无疑问会产生较大的影响，且可能是 PPI 变动的主要影响因素，而政府主导的投资模式以及 2008 年后的一系列刺激政策可能是两者传导不畅的重要影响因素，当政府投资力度随着时间推移而逐渐放缓，生产资料价格下降，消费此时被动成为拉动需求的主力，推动消费者物价指数保持相对稳定，两者的背离便形成了。除此之外，较长的产业链纵深或许也是其中重要的影响因素。这一时期的投资使我国的制造业形成了较为复杂的产业链，我国是全球为数不多的拥有较为完整的制造业产业链的国家，较长的产业链也使工业产品价格传导受到一定影响，使 CPI 与 PPI 之间的传导并不通畅。虽然较长的产业链格局导致价格传导并不顺畅，但全产业链布局使中国的制造业为新型冠状病毒大流行时期成为全球为数不多的生产基地，帮助中国从新冠疫情快速走出，也为全球抗击疫情做出了重大贡献。

CPI 与 PPI 传导较弱这一现象在供给侧结构性改革有序推进并取得成效后也得以改善，2016 年底，中国的 PPI 与 CPI 重回同向变动，供需侧结构性矛盾或正是中国 CPI 与 PPI 之间传导不通畅的原因之一。但总体来说，我国的宏观调控机制完善，供给能力提高等有利条件使我国的消费者物价水平在 21 世纪的第二个十年里保持相对稳定，保障了居民购买力稳定。

（三）人民币汇率弹性波动

2013~2019 年的汇率波动可以划分为三个阶段：一是 2013~2017 年初，人民币对美元逐渐贬值。二是 2017 年初到 2018 年年中，人民币兑美元阶段升值。三是 2018 年年中到 2019 年底，人民币兑美元继续贬值。尽管在这一时期人民币兑美元汇率出现一定程度波动，但波动幅度较小，在大多数时间里都保持在 1 美元兑 7 元以下。在这一时期，海外需求波动较大，地缘政治风险增加，人民币汇率市场化改革逐渐深化，人民币汇率稳定实属不易。

美国经济 2012 年开始逐渐复苏，美联储 2013 年 12 月开始缩减购债规模，2014 年美元指数开始转入上升通道，自 1 月的 80.82 上涨至 12 月的 89.12，部分新兴市场国家货币贬值强烈，阿根廷等部分新兴市场经济体爆发金融动荡，人民币汇率在美元指数上升的大背景下同样面临较大贬值压力。中国经济增速的放缓使得市场对中国经济前景产生的担忧也进一步叠加人民币下行压力。

2014 年 3 月 15 日，中国人民银行宣布自 3 月 17 日起银行间即期外汇市场人民币兑美元交易价浮动幅度由 1% 扩大至 2%，银行柜台利率报价区间由 2% 扩大至 3%，人民币汇率形成机制市场化进一步加深。人民币汇率双向浮动弹性明显增强，2014 年末，人民币兑美元汇率中间价 6.1190 元，较 2013 年贬值 221 个基点，贬值幅度为 0.36%。尽管人民币兑美元有所贬值，但根据国际清算行的计算，2014 年人民币名义有效汇率升值 6.41%。

随后，人民币汇率在市场化的道路上再进一步，2015 年 8 月 11 日，中国人民银行宣布完善人民币中间价形成机制，做市商在每日银行间外汇市场开盘前，参考上一日银行间外汇市场收盘汇率，综合考虑外汇供求情况以及国际主要货币汇率变化向中国外汇交易中心提供中间价报价，这一改革也被称为"811 汇改"。在 2014 年 8 月到 2015 年 8 月，人民币兑美元汇率中间价持续高于市场价，表明市场普遍存在人民币贬值预期，汇率改革推出后，市场出现了短暂波动，当日开盘后人民币迅速贬值并逼近 2% 的每日幅度下限。8 月 13 日，中国人民银行基本上执行了类似"爬行钉住"的汇率政策，通过大力干预外汇市场，试图转变市场对人民币贬值的预期。人民银行并不希望无休止地干预外汇市场，但停止干预后汇率则会迅速下跌。为扭转局面，减少对外汇市场的干预，中国人民银行公布了汇率中间价参考的货币篮子：一是中国外汇交易中心指数，二是国际清算行，三是特别提款权（SDR）。收盘价加上三个货币篮子的人民币汇率定价机制使人民币汇率变动更加温和。在随后一段时间里，中国人民银行也依旧在外汇市场上进行干预，减缓人民币贬值步伐，维持人民币汇率稳定。但这样做的成本也是巨大的，自"811 汇改"到 2016 年底，我国的外汇储备减少了近 1 万亿美元。关于维持汇率稳定的代价和收益，学术界的争议颇多，汇率稳定有助于外贸企业经营，物价稳定是大家所认同的，汇率短时间内大幅波动的代价是否会比动用大量外汇储备更大是争议的焦点。时至今日，我们可能永远不知道不对外汇市场进行干预的代价会是什么，是一场大的金融危机还是短暂大幅波动后的平静。

在经历了三年的持续波动贬值后，2017 年初，人民币兑美元汇率开始转入上升通道，2017 年末人民币兑美元中间价为 6.5342，比 2016 年末升值 6.16%，但升值的主要原因是美元整体走弱，美元指数 2017 年末报 92.3，同比下降 9.85%，其他主要货币对美元亦多数升值。2017 年人民币名义有效汇率贬值 0.64%，实际有效汇率贬值 0.99%。2017 年 5 月，外汇市场自律机制在"收盘汇率＋一篮子货币汇率变化"的人民币兑美元汇率中间价形成机制的基础上，组织各报价行在报价模型中增加了"逆周期因子"，以对冲外汇市场的顺周期性，防范可能出现的"羊群效应"。一方面在一定程度上促使人民币汇率更加稳定，另一方面使市场化进程中的人民币汇率形成机制增添了部分不透明性。

2018 年第一季度，美国与中国之间的贸易摩擦进一步升温，2018 年 3 月 22 日特朗普签署备忘录，宣布可能对从中国进口的 600 亿美元商品加征关税，并限制中国企业对美投资并购。次日，中国商务部发布了针对美国进口钢铁和铝产品 232 措施的中止减让产品清单并征求公众意见，拟对自美进口部分产品加征关税，以平衡因美国对进口钢铁和铝产品加征关税给中方利益造成的损失。

受此事件以及美元指数走强影响，进入 2018 年第三季度，人民币兑美元汇率有所贬值，CFETS 人民币汇率指数报 92.35，较 2017 年末下跌 2.6%。但根据国际清算行的计算，2018 年前三季度人民币名义有效汇率升值 1.02%，实际有效汇率升值 0.71%。

2019 年，中美贸易摩擦仍然是影响人民币兑美元汇率的重要因素。在过去很长一段时期内，市场普遍认为 1 美元兑 7 元是重要的关口，人民币在很长一段时间内都未曾贬值至 1 美元兑 7 元，因此当 2019 年人民币兑美元汇率持续走低，市场担忧情绪弥散。中国人民银行负责人回应人民币"破 7"时提到：人民币汇率"破 7"，这个"7"不是年龄——过去就回不来了；也不是堤坝——一旦被冲破大水就会一泻千里。"7"更像水库的水位，丰水期的时候高一些，到了枯水期的时候又会降下来，有涨有落，都是正常的。事实也正如中国人民银行所说，当 2019 年 8 月 5 日，中美贸易摩擦进一步升级后，人民币兑美元汇率突破 7 后也并未发生市场挤兑事件，人民币兑美元汇率整体稳定，居民生活、企业经营也并未受到较大影响。

随后，进入 9 月，美联储连续两次降息，中美贸易摩擦谈判预期改善，市场偏好上升，人民币兑美元等货币汇率小幅升值。11 月 5 日，中期借贷便利操作中标利率下调 5 个基点，市场信心得到提振，人民币兑美元升破 7 元。

（四）金融稳定与币值稳定出现分离

进入高质量发展阶段之后，经济发展的表现形式发生了明显变化。一是通胀和通缩在 CPI 上的表现越来越不明显，这与前期粮食和能源投资充分，粮食收储和放储能力大增存在密切关系。在总需求增长进入平稳期后，供给在粮食和能源上基本可控。二是房地产、股票价格变得相当不稳定，相较于传统的货币衡量指标 CPI 的波动，股票和房地产价格波动早已经超出了币值稳定所能容忍的概念范围。这种现象，与本书前面章节的判断相呼应，中国通缩在预算软约束框架下，表现出时间长、深度广的特点，银行等金融机构在其中承受巨大压力，房地产的供给和需求市场制度的不完善使它的价格与 CPI 价格严重分离，呈现出自己独自循环的价格特征。三是人民币汇率展现出双边波动特点，弹性明显加大，上下界限有所扩大。对外价格体系展现出完全不同特点，与单边升值下对国内价格体系的影响明显不同。在这样的价格运动和体系下，我国整体的货币政策也是以稳定为主基调，通过较小的价格工具幅度来配合完成宏观调控任务。在高质量发展阶段，我们很难用通缩或者通胀来概括这一阶段的发展特点，应该说这一阶段存在剧烈的产业体系变化，全球气候挑战也给我国产业调整带来挑战和机遇，很难说产业体系的某个部分的收缩能够导致全体经济部门陷入通缩。在黄金时代开始时，由于国有企业积累了大量的债务，且产品销售困难，这导致了国有企业部门的收缩，国有企业承担了社会大量就业岗位，它的收缩足以导致整体经济收缩。在高质量发展阶段，产业结构更加丰富，互联网和数字经济开始大发展，这让经济整体中下游、民营经济部分实现了快速扩张。中下游的快速扩张给上游产能过剩的收缩压力带来了有效对冲。在换挡初期，上一阶段中通胀已经充分释放了货币扩张带来的消费物价指数上涨压力，从宏观经济发展来说，高质量发展阶段初期应该主要体现为通缩特点，从现实发展来看，这一特点突出体现在了上游行业。在这里，需要重点考虑的问题是，居民需求受房地产价格以及股票资产价格影响如何变动，因为在这一阶段内这两项表现出明显巨大波动。上游企业利润损失，如果不体现为其职工工资的减少，或者说其职工工资在上一阶段已经阶段性降低，已经到了不能再降低的地步。这种情形，将产生巨大的应付账款压力，对金融部门产生传导效应，促使金融部门拿出更多资本金来应对坏账，从而给社会整体信贷带来收缩压力。如果这时稳信贷政策取向压力又比较大，这将促使金融部门进入风险更高资产项目来弥补自己的损失，明斯基笔下的庞氏融资演进，必然催生资产价格泡沫以及金融乱象。

实体经济与金融部门的波动更加紧密联系在了一起。与之前发展阶段不同的是，这种联系的深度与广度取决于经济新增财富对于债务的消化能力，如果经济增速快、发展成果惠及更多民众，那么债务问题将被时间化解，实体经济周期和金融周期都将表现为低波动、矮波峰，经济中低效率部门将逐步出清。这就是黄金时代的典型特点，通胀逐步企稳，金融资产价格波动回归常态。但是如果经济本来就由于预算软约束，低效率部门迟迟无法缩小供给，退出市场，那么经济周期将无法安全度过，债务问题将愈演愈烈，最终在资产价格泡沫的加持下，演变为深度经济危机。当经济增速低、发展成果很难惠及更广民众时，债务问题很难被时间化解，仅仅通过宏观调控实现应对经济波动的政策空间已经被压缩，特别是随着不平等问题、气候变化问题的发展，债务问题也越来越复杂。从世界经济发展角度来说，金融稳定与经济增长之间对立越来越严峻。只有通过综合性方法，以结构性方式，对于债务部门进行预算约束，对经济整体预算软约束进行调整，提高经济增长效率，以实现更均衡增长，积极应对过程中的挑战。

在供给侧结构性改革的大框架下，"三去一降一补"的改革方案逐步展开，对上游产业产能过剩、房地产库存高、债务杠杆高的现象采取针对性措施。不同于历史上价格改革时期，上游的粮食、能源、交通的投资不足下，限价带来上游价格低，中下游过快发展的形态，高质量发展阶段初期，上游投资充足，使供给过剩，价格一直回落，同样使中下游超过国民经济平衡的发展，价格表现形态一致，但原因完全相反。但是中下游产业却都超过了国民经济均衡的发展，这种失衡引发了多种问题。在上游收缩产能的调控下，中下游产业在上游价格上涨的潜在压力下，也展现出了收缩姿态。这种调控的后果只能通过开辟新的经济产品才能有效应对。通过新产品，拓展出新的产业链条，从而对冲调控措施的收缩效应。从价格走势来看，PPI与CPI都经历了长期的低位运行的经济状态。

2023年，中国人民银行在对外沟通中，将币值稳定的核心含义定义为两个方面：一是一篮子商品和服务价格指数的稳定，也就是我们经常说的CPI

数值；二是汇率稳定，人民币对一篮子货币交换汇率的稳定。如何把握这个人民银行的工作目标，首先稳定的含义指什么，用数字来准确表达，CPI是否存在目标为2%的数值描述，从《政府工作报告》来看，比较常用的是一个弹性区间，这是因为目前我们仍将GDP增速作为主要工作目标。汇率稳定，更多的是指汇率上下浮动，波动有序，具备一个成熟国际储备货币的特征。在《币值稳定、不平等与商业周期研究》中，将币值稳定核心定义为劳动收入可以基本满足一个居民获得并且支撑家庭获得体面生活的能力，劳动收入增长能够匹配体面生活所需成本的增长，这就要求衡量体面生活的财富效应纳入其中。我们观察高质量发展阶段，从CPI和汇率角度来看，币值稳定的目标基本达成，CPI低位小幅波动运行，汇率双向弹性波动，符合币值稳定的含义。但是在这一阶段，我国产业结构、能源结构、债务杠杆结构都发生了大幅变化。特别是能源结构，绿色投资快速发展，对应的绿色金融信贷余额在我国社会融资规模中所占的比例逐步提高，这种货币政策的取向将在更广维度上影响币值稳定的表现。

三、外资继续加码中国市场

2013~2019年，全社会固定资产投资完成额增速与外商直接投资增速出现较大分化。具体体现为全社会固定资产投资完成额增速持续下滑，增速从16.9%下滑至5.1%。FDI则持续稳定流入，在少数时间段中出现了负增长。导致两个数据出现分化的主要原因在于投资结构的变化。在宏观调控层面，坚持供给侧改革，对过剩产能持续压缩。但对于外商直接投资而言，外商看重的是中国持续盈利的市场，这引领了企业自主的、以盈利为导向的投资。在这样的结构下，中国出现了投资双轨制的现象，进入了在短期提高有效需求、减轻产能过剩，在长期积累国家战略性、基础性的生产要素和民生资产，助推宏观经济进入高质量发展阶段的新常态（见图7-7）。

2013~2015年，中国FDI流量扭转2012年下跌趋势重现增长，分别为1239亿美元、1285亿美元、1356亿美元。2014年，中国外资流入量首次居世界第一。根据联合国贸易和发展会议披露的《2017年世界投资报告》，2016年跨国公司由于增长放缓和全球政策风险等因素，对外投资显现疲态，这一现象在新兴市场尤为明显，中国作为全球FDI的主要目的地之一不可避免地受到

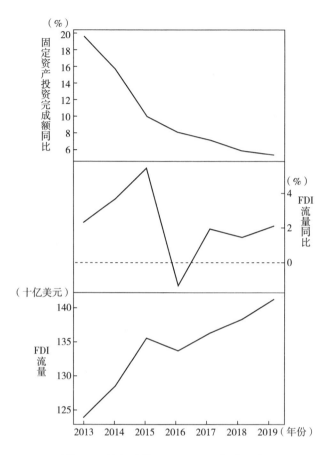

图 7-7　第七阶段：2013~2019 年（三）

了影响，但相较于其他国家影响稍小，仅同比下降 1.4%，同期全球下降 2%，流向发展中经济体的资金下降了 14%。2017~2019 年，中国 FDI 流量开始快速增长，直至 2019 年底已达 1412 亿美元，同比增长 2.1%，为近年来高峰。总体来讲，在 2013~2019 年这一阶段，我国对外开放的政策非常积极，因此尽管全球 FDI 流量呈现先下降后上升的态势，但是中国 FDI 流量并没有受到很大影响，反而是不断波动上升的。

在第二届跨国公司领导人青岛峰会上，商务部正式发布了研究报告——《跨国公司在中国：新格局孕育新机遇》，该报告显示，亚洲地区已经成为全球外国直接投资的主要流入地，其中中国吸收 FDI 占发展中经济体比重持续稳定。近年来，亚洲吸收 FDI 规模呈现波动式上升趋势，占全球 FDI 流入总量的比重在 2020 年超过 50%。报告认为，从流入国来看，总量的增长主要得益于中国经济持续稳定增长、市场更加开放、营商环境不断改善，中国吸收 FDI 占发展中经济体吸收 FDI 的比重持续稳定在两成左右，具体如图 7-8 所示。

图 7-8　本时期外商直接投资增速波动

资料来源：国家统计局及海关总署。

第一，中国经济持续稳定增长。"十四五"时期，为了应对复杂的外部环境，抓住发展的主动权，我国提出要加快形成以国内大循环为主体、国内国际双循环相互促进的新发展格局，利用超大规模的市场优势和内需潜力，推动总需求和总供给更高层次的动态平衡，为经济高质量发展提供了制度保障。

第二，市场更加开放。2013 年 9 月和 10 月，国家主席习近平分别提出建设"新丝绸之路经济带"和"21 世纪海上丝绸之路"的合作倡议。2015 年，国家发展改革委、外交部、商务部联合发布了《推动共建丝绸之路经济带和21 世纪海上丝绸之路的愿景与行动》。"一带一路"倡议的提出是推动中国经济乃至世界经济发展的重要动力，具有深刻的时代背景。在 2016 年的 G20 峰会上，国家主席习近平强调要建设开放型世界经济。2019 年，中共中央、国务院印发了《粤港澳大湾区发展规划纲要》，并且表示要紧密合作共同参与"一带一路"建设，吸引更多外商投资，成为名副其实的中国第一湾。

第三，营商环境不断改善。2013 年中国（上海）自由贸易试验区正式成立，带动全国优化外商投资营商环境，推动高水平对外开放，自贸试验区外商投资准入负面清单特别管理措施由最初的 190 项到"十三五"初期的 122 项，再到 2020 年压减至 30 项，首张海南自由贸易港外商投资准入负面清单仅 27 项。负面清单的不断调整与实施，为打造具有影响力的营商品牌、推动全国营商环境整体优化做出了贡献。2020 年，中国再次下调了部分商品进口关税，对包括日用消费品、重要药品、先进技术设备等 850 余项进口商品开始实施低于最惠国税率的进口暂定税率，惠及多个国计民生领域。同时，在 2020 年外商投资法及其实施条例正式施行，全面确立了对外资的准入前国民待遇加负面清单管理制度，为推进更高水平对外开放提供法治保障。

此外，在大环境积极的背景下，从微观上细看在华跨国公司发展现状，中国超大规模的市场有着巨大的内需潜力，能够保证外资收益曲线的稳定增长。近年来资本形成率下降趋势明显，再加上劳动力成本的不断攀升，我国制造业的 FDI 流量占比下滑，但是外商对服务业的直接投资明显提升（见图 7-9），与国内消费转型升级的大背景相符合。张彩云等（2020）计算了外资企业在华投资的利润，工业外资企业的营业利润额在 1998~2018 年增长了 40.1 倍，平均年增长 19.5%。

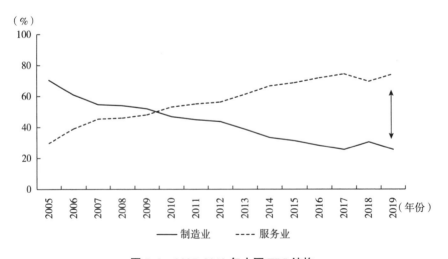

图 7-9　2005~2019 年中国 FDI 结构

资料来源：商务部。

　　胡叶琳等（2021）表示，对于跨国公司在华发展而言，决定其投资的根本因素可能是接近市场、降低成本、提高生产率、完整的产业链所带来的配套能力等。由于这个阶段的国外形势复杂，因此对于跨国公司来讲，短期内中国是最令人放心的投资目的地之一。目前，中国的投资来源国主要是新加坡、韩国、日本这三个亚洲国家以及德国、美国、英国、荷兰、法国等欧美国家。张彩云等（2020）梳理了部分上市公司的财务年报，发现中国市场对跨国公司的营业收入有显著贡献，占全球营收比重整体较为平稳，部分稳中有升。例如美国的高通、美光科技、通用汽车、英特尔、苹果、波音，德国的戴姆勒、西门子、拜尔、博世，英国的英美资源，法国的施耐德电气，瑞士的泰科电子、雀巢，韩国的三星，日本的丰田、日立、爱信精机、住友电工，澳大利亚的必和必拓。其中，高通、美光科技、必和必拓有超过一半的营业收入来自中国。

　　除了行业利润额的增长、公司在华营收占比高，还发现外国在华投资的收益率有一个较高的水平，这也是吸引多数大中小型外商企业愿意进入中国市场的一大因素。以美国为例，自21世纪美国在华投资收益率首次超过了全球平均投资收益率以来，在华收益率始终居于高位，即使在中美贸易摩擦升级的2018年，也有11.2%的收益率水平，且美国商会2019白皮书表示有69%的受访企业表示盈利，有21%表示收支平衡。同样地，在这一阶段，欧洲盈利的在华跨国企业占比也达六七成，对中国市场的投资充满信心。

　　2020年，中国经济在上半年增速下滑较大。我国的生产链与供应链迅速恢复，但是全球供应链、产业链几乎瘫痪，在防疫物品的巨大外部需求下，我国出口增速自2020年4月开始转正并快速抬升，显著高于2019年出口增速10个百分点左右，有力支撑了2020年的经济增速。得益于出口的快速增长，我国在基建领域的逆周期调控并没有出现大幅扩张，当月同比增速在5~6月以外均处在0以下。

　　在消费方面，社零总额增速与GDP增速展现出明显的同步关系。在一般的经济波动中，消费的波动比较小，因为在居民的作用下，消费的变动都是平滑的，但消费场景的变化导致消费增速出现较大回落，无法托底经济。整体来看，2020年的宏观调控力度不大。

　　在货币方面，中国人民银行在2020年上半年采取了降息、降准、再贷款、再贴现等货币政策工具增加了市场的流动性。同时，面对人民币的贬值压力，对外汇市场进行了汇率浮动制度体系建设。

第一，2 月 20 日，中国人民银行授权全国银行间同业拆借中心公布贷款市场报价利率（LPR)，1 年期 LPR 为 4.05%，5 年期以上 LPR 为 4.75%。

第二，2 月 26 日，中国人民银行发布《关于加大再贷款、再贴现支持力度促进有序复工复产的通知》，增加再贷款再贴现专用额度 5000 亿元，同时，下调支农、支小再贷款利率 25BP 至 2.5%，为企业有序复工复产提供低成本、普惠性的资金支持。

第三，2 月 28 日，中国人民银行发布《关于运用支农再贷款专用额度支持扩大生猪养殖信贷投放的通知》，安排支农再贷款专用额度 200 亿元，支持扩大生猪养殖信贷投放。

第四，3 月 12 日，中国人民银行、国家外汇管理局决定将《中国人民银行关于全口径跨境融资宏观审慎管理有关事宜的通知》中的宏观审慎调节参数由 1 上调至 1.25。

第五，3 月 16 日，中国人民银行实施普惠金融定向降准，对普惠金融领域贷款占比考核达标银行给予 0.5 个百分点或 1.5 个百分点的存款准备金率优惠，并对此次考核中得到 0.5 个百分点存款准备金率优惠的股份制商业银行额外降准 1 个百分点。

第六，4 月 3 日，中国人民银行决定下调农村信用社、农村商业银行、农村合作银行、村镇银行和仅在本省级行政区域内经营的城市商业银行存款准备金率 1 个百分点，分 4 月 15 日和 5 月 15 日两次实施。中国人民银行决定自 4 月 7 日起将金融机构在央行超额存款准备金利率从 0.72% 下调至 0.35%。

第七，4 月 10 日，中国人民银行下调常备借贷便利利率。具体为隔夜利率从 3.35% 下调至 3.05%、7 天利率从 3.50% 下调至 3.20%、1 个月利率从 3.85% 下调至 3.55%。

第八，4 月 15 日，中国人民银行开展了中期借贷便利（MLF）操作，操作金额为 1000 亿元，利率为 2.95%，较上期下降 20BP。

第九，6 月 29 日，中国人民银行决定，从 2020 年 7 月 1 日起下调再贷款、再贴现利率。其中，下调支农再贷款、支小再贷款利率 0.25 个百分点。调整后，3 个月、6 个月和 1 年期支农再贷款、支小再贷款利率分别为 1.95%、2.15% 和 2.25%。下调再贴现利率 0.25 个百分点至 2%。下调金融稳定再贷款利率 0.5

个百分点。调整后，金融稳定再贷款利率为 1.75%，金融稳定再贷款（延期期间）利率为 3.77%。

在一系列的努力下，M2 增速从 2020 年 2 月开始快速增长并在 4 月、5 月、6 月达到了 11.1% 的局部高点。后续，M2 增速逐步回落至年底的10.1%，相较于 2019 年 M2 的 8.5% 左右的增速明显提高。在 2020 年整体维持高增速水平，这一方面体现了在宽松货币政策支持下货币供应量的大幅增加，另一方面居民储蓄率受环境影响大幅增长。从社融增速与 M2 增速的相对差距来看，在固定资产投资增速没有大幅扩张的背景下，社融增速也在 2020 年大幅增长，说明企业部门对突发事件的冲击的预期是短期的。在通胀方面，在总体需求收缩以及周期下行的共同作用下，通胀从年初的 5.4% 下降至年底的 0附近，CPI 回落速度在下半年有所企稳。在汇率方面，年初美元兑人民币汇率大幅升值至 5 月 28 日的 7.16 局部高点，随后快速回落至年底的 6.54。

2021 年上半年，GDP 两年平均增速基本在 5% 左右，从第三季度开始，受房地产市场大幅回落等产业政策的影响，两年平均增速逐步回落到 5% 以下。至 2021 年底，受需求收缩、供给冲击、预期转弱三重压力影响，宏观经济增速有进一步下滑的风险。

在投资方面，2021 年固定资产投资全年累计同比增长 4.9%，大幅低于同期的 GDP 增速（8.1%）。固定资产投资在专项债发行后置、隐性债务风险防范化解、房地产调控趋严、能耗双控及上游价格上行供给冲击、下游内需收缩、市场预期转弱等多因素的共同作用下，呈现有效投资需求不足的特点。12 月全国固定资产投资完成额（不含农户）边际略微改善，当月同比由 –2.2% 升至 2.0%，两年复合增速较上月上涨 0.3 个百分点（3.6% 升至 3.9%）。分项来看，基建投资（含电力）明显发力，两年复合增速从 –0.9% 上升至 4.0%。房地产投资进一步下滑，两年复合增速从 3.1% 大幅下降至 –2.7%。第四季度房地产投资由固定资产投资的拉动项转变为拖累项。制造业投资两年复合增速维持在 11.0% 左右的高位，支撑固定资产投资整体增速。从投资的角度来看，2021 年下半年，房地产投资增速快速下降，对经济增速造成了较大的拖累。根据相关理论，商品房作为一种耐用品具有明显的消费品与金融产品属性。宏观管理部门主动从金融的角度出发对其进行调控，自然会导致房地产投资出现萎缩，从经济增长潜力来说，对前期价格推高带来的泡沫的治理需要国民经济结构深度调整，这需要一定的时间和空间。截至 2023 年 5 月，房地产投资增速一直处在收缩状态。

在贸易方面，以美元计，2021 年中国进出口规模达 6.05 万亿美元，在 2013 年首次达到 4 万亿美元的 8 年后，年内跨过 5 万亿美元、6 万亿美元两大台阶，达到历史新高。全年外贸增量达 1.4 万亿美元。以人民币计，2021 年中国货物贸易进出口总额达 39.1 万亿元，同比增长 21.4%，机电产品出口、进口均保持良好增势。2021 年，中国出口机电产品 12.83 万亿元，增长 20.4%，占出口总额的 59%，其中自动数据处理设备及其零部件、手机、汽车分别增长 12.9%、9.3%、104.6%。同期，进口机电产品 7.37 万亿元，增长 12.2%，占进口总额的 42.4%，其中集成电路进口增长 15.4%。产生这些现象的第一个原因是全球经济复苏，中国对欧盟、非洲出口增速均超过 20%，对拉丁美洲出口增速超过 40%。第二个原因是稳增长政策措施效果持续显现。中国出台一系列稳主体、稳市场、保障外贸产业链、供应链稳定畅通的政策措施。如保持流动性合理充裕，延续并完善部分减税降费政策；加快发展外贸新业态、新模式，进一步深化跨境贸易便利化改革，推进自由贸易试验区贸易投资便利化改革创新等。一系列政策落实落细，效果持续释放，为外贸企业纾困解难，激发市场主体活力，成为外贸稳增长的重要支撑。2021 年，出口增速的快速增长减轻了外部冲击对经济增长带来的压力。

在消费方面，2021 年社零总额增速上半年保持在高增速水平，下半年开始逐步回落，受多重因素影响，8 月回落至 2.5%，后续保持在 4% 左右，明显低于 2020 年前 8% 左右的水平。社零总额超越趋势水平的回落，给稳定经济增长带来的巨大压力。

在货币方面，M2 增速在 2021 年初的 9% 附近快速回落至 8% 左右。货币政策在 2020 年持续宽松的基础上为配合中央政治工作会议，在上半年采取了较为保守的货币政策取向，没有使用再贷款、再贴现等货币工具，这与 2021 年上半年经济稳健增长相匹配。从 2021 年下半年开始，受房地产投资增速和社零增速快速下降的影响，国民经济增长压力较大，货币政策转向积极的政策取向，具体如下：

第一，7 月 15 日，中国人民银行下调金融机构存款准备金率 0.5 个百分点（不含已执行 5% 存款准备金率的机构）。

第二，9 月 3 日，中国人民银行印发了《关于新增 3000 亿元支小再贷款

额度　支持地方法人金融机构向小微企业和个体工商户发放贷款有关事宜的通知》，向全国新增支小再贷款额度 3000 亿元，引导地方法人金融机构加大对小微企业和个体工商户的贷款投放，降低融资成本。

第三，12 月 7 日，中国人民银行决定，下调支农再贷款、支小再贷款利率 0.25 个百分点。调整后，3 个月、6 个月和 1 年期支农再贷款、支小再贷款利率分别为 1.7%、1.9% 和 2%。

第四，12 月 15 日，中国人民银行下调金融机构人民币存款准备金率 0.5 个百分点（不含已执行 5% 存款准备金率的机构）。

虽然 M2 同比增速在下半年保持了稳健，社融增速从年初的 13% 左右持续回落至 10 月的 10% 附近，在 11 月和 12 月才出现企稳回升的迹象。全社会货币供给维持稳定，但需求出现明显收缩。居民储蓄率阶段性抬升以及企业预期转弱是主要原因。

价格方面，CPI 由年初的 -0.3% 逐步上升至 11 月的 2.3%，全年呈现上升态势，但是增速较低。受需求收缩的影响，CPI 展现出上涨动力不足的特点，即使在全球通胀快速上升的大背景下，外部输入性通胀对中国 CPI 的影响并不明显。与 CPI 形成鲜明对比的是 PPI，自年初的 0.3% 快速抬升至 10 月的 13.5% 后逐步回落。PPI 在大涨期间，我国出现了拉闸限电的能源风波，这明显冲击了 2021 年下半年的经济增速。自 1978 年以来，我国 PPI 增速的高点分别出现在 1989 年 12 月的 18.6%、1993 年 12 月的 24% 以及 2008 年 8 月的 10.06%。此次 PPI 的大幅上涨是 2000 年以来首次超越 11%，这说明此次输入性的通胀非常严重。

2022 年，针对 2021 年下半年巨大的经济下行压力，中央经济工作会议果断做出调整，会议明确指出：

一是要正确认识和把握实现共同富裕的战略目标和实践途径。在我国社会主义制度下，既要不断解放和发展社会生产力，不断创造和积累社会财富，又要防止两极分化。实现共同富裕目标，首先要通过全国人民共同奋斗把"蛋糕"做大做好，然后通过合理的制度安排把"蛋糕"切好分好。

二是要正确认识和把握资本的特性和行为规律。社会主义市场经济是一个伟大创造，社会主义市场经济中必然会有各种形态的资本，要发挥资本作为生产要素的积极作用，同时有效控制其消极作用。要依法加强对资本的有效监管，防止资本野蛮生长。要支持和引导资本规范健康发展，坚持和完善社会主义基本经济制度，毫不动摇巩固和发展公有制经济，毫不动摇鼓励、支持、引导非公有制经济发展。

三是要正确认识和把握初级产品供给保障。要坚持节约优先，实施全面节约战略。在生产领域，推进资源全面节约、集约、循环利用。在消费领域，增强全民节约意识，倡导简约适度、绿色低碳的生活方式。

四是要正确认识和把握防范化解重大风险。要继续按照稳定大局、统筹协调、分类施策、精准拆弹的方针，抓好风险处置工作，加强金融法治建设，压实地方、金融监管、行业主管等各方责任，压实企业自救主体责任。

五是要正确认识和把握碳达峰、碳中和。实现碳达峰、碳中和是推动高质量发展的内在要求，要坚定不移推进，但不可能毕其功于一役。要坚持全国统筹、节约优先、双轮驱动、内外畅通、防范风险的原则。传统能源逐步退出要建立在新能源安全可靠的替代基础上。

从 2022 年，宏观经济从第二季度开始经历又一次剧烈冲击，GDP 增速在第二季度回落至 0.4%，社零总额增速在 3~5 月分别为 -3.5%、- 11.1% 和 -6.7%，房地产投资累计同比继续回落至 2022 年 6 月的 -5.4%。不同于 2020 年初的情况，2022 年居民和企业的长期预期发生了改变，居民储蓄率持续上升，民间资本投资意愿与 PMI 持续走弱。全球外部环境急剧收缩，从 3 月开始，美联储在 2022 年共计加息 7 次，累计加息 425BP，最终将联邦基金利率目标区间上调到 4.25%~4.50%，到达 2008 年全球金融危机以来的最高水平。这严重压缩了我国的货币政策空间，打压了资本市场的整体价格，通过财富效应对国内的总需求也产生了较大的压力。

到 2022 年底，在"人民至上、生命至上"的总框架下，我国采取果断措施，把实施扩大内需战略同深化供给侧结构性改革有机结合起来。

2022 年，虽然中央政府以减税降费等形式力挽狂澜，但国民经济仍然低迷，全年 GDP 增速为 3%，结构上，第一产业增速最快，为 4.1%。失业率特别是青年失业率维持高位，企业利润持续下降，根据《中华人民共和国 2022 年国民经济和社会发展统计公报》，国有控股企业利润为 23792 亿元，比 2021 年增长了 3.0%；股份制企业利润为 61611 亿元，下降了 2.7%；外商及港澳台商投资企业利润为 20040 亿元，下降了 9.5%；私营企业利润为 26638 亿元，下降了 7.2%。2022 年阻碍宏观经济发展的疫情已经基本消除，2023 年面临的是海外不确定性的提高、全球需求下行、国内需求明显放缓以及房地产问题依然存在的阻碍。

2023 年 1 月，《金融统计数据报告》显示，M2 余额为 273.81 万亿元，同比增长 12.6%，其中 1 月人民币存款增加 6.87 万亿元，同比增加 3.05 万亿元。其中，住户存款增加 6.2 万亿元，非金融企业存款减少 0.72 万亿元，财政性存款增加 0.68 万亿元，非银行业金融机构存款增加 1.01 万亿元。居民端存款数额的持续上行意味着居民消费意愿依旧不强，主要原因依旧是预期弱。社会融资规模增量达到 5.98 万亿元，比 2022 年同期少 0.2 万亿元，这反映出供给侧扩张意愿也同样处在弱势。从经济恢复过程来看，应当是需求拉动供给。根据测算，2023 年消费应当达到 8% 的增速才有可能实现全年目标，如何刺激居民释放消费需求是 2023 年的政策重点。

自 2022 年中的房地产信贷违约事件以来，房地产阻碍了中国经济复苏。2022 年第三季度开始，保交楼成为政府工作的重点。从经济学角度来看，房地产信贷违约对国民经济的冲击不仅体现在与日本、美国类似的信用危机上，在中国地方财政以及信贷系统上，房地产的作用都是举足轻重的，稳价格、去库存是非常重要的。

下游企业利润持续收缩，扩张预期难以抬头。1 月，PPI 进入负增长区间，主要是由去年超高基数所致。综观全球大宗市场，原油、铁矿、天然气等主要商品价格依旧保持在高位运行。中国作为全球大宗商品的主要进口国被迫接受输入性通胀的压力，这导致下游制造业企业利润持续收缩。叠加海内外需求衰退风险不断爬坡，企业扩张及借贷意愿将维持低位。

在币值稳定方面，国内通胀依旧以输入性为主。目前的通胀风险在于能源与粮食，只有稳住这两项才有可能守住通胀目标。《中华人民共和国 2022 年国民经济和社会发展统计公报》数据显示，2022 年粮食种植面积为 11833 万公顷，比 2021 年增加 70 万公顷，全年粮食产量 68653 万吨，比 2021 年增加 368 万吨，增产 0.5%，粮食安全性逐年上升，国内粮价受进口价格波动逐年下降。另外，国内居民消费持续低迷，需求侧难以支撑出现快速增长的通胀，2022 年通胀数据的低位不是因为传导不畅，而是因为总需求收缩，大宗的高价没有体现出来。这为 2023 年的刺激政策打下了基础，即使用数量型的货币政策不会爆发大规模通胀。同时，如果通胀温和上行，那么站在货币非中性的角度；如果刺激可以带来经济的上行且快于通胀上升的速度，那么人民币汇率就可以稳住。

四、本章小结

在上一阶段一揽子经济刺激计划逐步放缓的背景下，中国经济正式进入提质换挡阶段，具体体现在经济增速缓慢下台阶，出口商品增加值持续上升。伴随全球经济持续走弱，民粹主义快速抬头，地缘政治问题频发，特别是中美之间的贸易摩擦导致中国出口的下行，给经济增速造成了一定的压力。

第一，2013~2019 年中国宏观经济增速逐渐放缓，在这一阶段，经济增长面临着一系列挑战，包括产能过剩、金融风险、经济转型等。为应对这些挑战，政府推出了一系列政策措施，旨在优化经济结构、提高经济质量、降低金融风险、加强国际合作以及保护环境。这些举措在一定程度上推动了中国经济的可持续发展，为未来的经济增长创造了有利条件。

第二，在前期高投资的影响下，房地产价格持续攀升，虽然政府在 2013 年以来实施了限购、限售、限贷等一系列房地产调控政策，但是房地产价格并没有出现回落。紧缩的政策仅仅在供给侧影响了房地产投资的热情，房地产投资出现回落。2013~2019 年，全国商品房平均销售价格增速分别为 7.7%、1.39%、7.42%、10.05%、5.56%、10.57%、6.69%，其中除了 2014 年增速较低，其余年份均维持在高增速上，特别是在 2016 年和 2018 年达到了 10% 以上的增速。与之相对应的 2015 年 6 月与 2018 年 2 月，中国股票市场在前期大涨后出现大幅回撤，而 CPI 平稳维持在 2% 附近。金融稳定与人民银行定义下的币值稳定出现了明显的分离。房地产价格大涨反映了房地产市场的火爆，股票价格大涨也反映了直接融资的繁荣，但这些都没有在 CPI 上有所展现，整体物价水平没有体现出经济整体扩张下向上增长的潜力。这说明经济体中的庞氏融资问题较大，现实中，互联网金融、P2P 融资、中小银行都出现了破产危机，这种系统性的现象值得我们思考，并且提出解决的方法。我们对于金融科技的发展必须小心谨慎，在货币宽松稳增长的大环境下，从科技发展的角度来说，金融科技对于整体经济的冲击要远高于其他实体经济部门。不平等问题的恶化也加剧了金融稳定与币值稳定之间的对立，更多的财富资源以股票、房地产资产的形式存在，在对冲货币扩张的动力下，股票价格和房地产价格自然展现出比CPI更大的上涨动力，催生了币值稳定与金融稳定的对立。

第三，经济增速的下行并没有导致外商直接投资的大幅缩量，相反，在中国大市场以及居民消费水平不断上升的背景下，外商对华投资增速依旧保持平稳，绝对量持续上行。作为回报，在华投资回报率持续平稳上升，特别是自2000年以来，中国已经逐渐成为一些头部跨国企业的最大市场。在全球其他主要经济体表现较弱的背景下，中国资产成为全球投资者热衷的标的之一。

2020年前，全球主要经济体多数处在下行周期中，2020年初突如其来的新冠疫情彻底颠覆了全球经济增长的步伐。

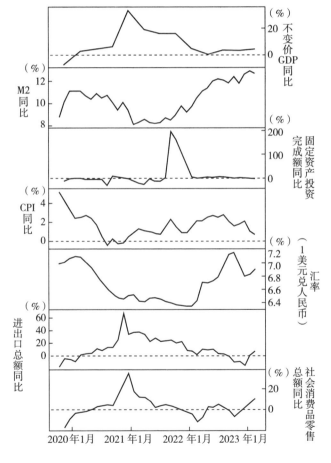

图 7-10　第七阶段：2020~2023 年（四）

专栏 7-1

全要素生产率与城镇化

在全面观察宏观经济中的真实经济变量波动、价格因素波动之后，需要对长期经济增长因素有一定考察。由于本书没有产出缺口定义上的经济波动划分，所以需要对长期经济增长因素在每一个阶段中的变现有一定的考察，一个非常明显的因素就是：长期经济增长效率的提升或下降将影响经济波动的表现。根据内生增长理论，全要素生产率、城镇化率与资本形成率是长期经济增长的三个主要因素。在考察完长期经济因素之后，将对劳动力增长与收入分配演化有一个基本的了解。

城镇化率是观察人口从农村向城镇转移、从农业向工业和服务业转移的关键指标，是刘易斯拐点的体现。本书采用的城镇化率指标显示，1978~1983 年城镇化率逐步提高，但是没有明显加速现象，这应该与1978 年改革开放初期人口流动受限之间存在一定关系。在明确人口转移过程在中国近年中的体现时，不得不对中国户籍制度改革做一定的说明，这也是城镇化率指标计算的重要影响因素。中国总人口可以分为户籍人口和非户籍人口，其中非户籍人口的统计数据从 1982 年开始出现并扩大，最大值在 1998~2002 年出现，达到 3200 万人左右，之后逐步减少。户籍制度是中国的一项基本国家行政制度，一般中国公民都有户籍，户籍与公民的教育、医疗、养老等公共资源绑定，在国家财政政策制定中具有基础性作用的参考数据。总人口与户籍人口之间的误差应该是由统计误差之外的多种因素造成的，计划生育、人口流动、人口进出境等因素都有可能。计划生育政策在中国于 1971 年开始推行，于 1982 年被写入宪法。户籍人口历史上分为农业户口与非农业户口，城镇化也可以简单理解为农业户口转变为非农业户口的过程，由于 2014 年开始取消了农业户口和非农业户口的划分，因此该统计指标在 2014 年之后就没有数据支撑了。从中国户籍制度变迁来看，1978~1983 年由农业户口转为非农业户口的途径十分有限，这与国家粮食制度、教育制度密切相关。1980 年 9 月，公安部、粮食部、国家人事局联合颁布了《关于解决部分专业技术干部的农村家属迁往城镇由国家供应粮食问题规定》，突破了 1977 年开始施行的"政策＋指标"双重控制的户口迁徙制度，在"农转非"政策的执行上表现出一定程度的松动。根据户籍制度，可以把总人口分为三个口径：非户籍人口、农业户口、非农业户口，根据是否居住在城镇中划分为城镇人口、非城镇人口，一般非农业户口都居住在城镇，城镇化率是指居住在城镇的人口占总人口的比重。根据城镇化率的概念，可以有三个统计量：非农业户口人数／总户籍人数、农业户口居住在城镇人口／总户籍人数、农业户口居住在城镇人口加上非农业户口人数／总人口数，本书采用第三个统计量作为城镇化率的指示指标。由于户籍制度的改革，如计划生育制度、户籍种类划分制度、城市落户制度改革可能带来城镇化率在某一个时间点快速增长，这种增长不是反映人口流动现象，更多是一种统计存量上的变化和修正。因此，城镇的常住人口占总人口的比重相比较来说更能反映人口流动现象，当然这几个统计量之间的变动趋势差距并不大。

本书采用的全要素生产率数据开始于 1980 年，1980~1983 年先下降后上升，与 GDP 增长率基本保持一致，体现为一种顺周期特点。1978~1983 年，农业生产效率、工业生产效率都较之前有较大幅度的增长。

如何跟踪和描述全要素生产率的波动以及它与经济增长率之间的关系，也就是每一个波动之间是如何相互配合和实现的。本书着重描述 1978~1983 年产业结构，因为在此期间的产业结构以农业、工业为主，全要素生产率主要体现为生产者积极性释放、工业生产机器的应用，从内生增长角度来说，知识生产部门在此期间逐步恢复，对于生产效率提升的贡献有限，因此机器生产效率的提升在此期间可能以资本投资为主。

1976~1980 年为第五个五年计划期，"五五"计划的主要任务是：把农业搞上去，把燃料、动力、原材料工业搞上去，到 1980 年要基本实现农业机械化。1981 年，国家经济结构进入新一轮调整阶段，第六个五年计划开始实施。在"六五"计划中，投资向以能源、交通为重点的产业倾斜，注重调整农业内部产业结构，发展第三产业，从 1981~1983 年全要素生产率与 GDP 顺周期来看，"六五"计划在效率提升方面起到重要作用，并且经济在 1978~1980 年的过热现象没有反复。1981 年"六五"计划中，农业领域继续扩大农村联产承包责任制的改革范围，1980 年 9 月，中共中央下发了《关于进一步加强和完善农业生产责任制的几个问题》，肯定在生产队领导下实行的包产到户，不会脱离社会主义轨道。1982 年 1 月 1 日，中共中央批转《全国农村工作会议纪要》，进一步肯定农村集体经济的生产责任制。1981~1983 年，农业领域生产关系不断调整，生产力快速释放，农业生产效率得到有效提高，农业生产技术得到推广，如杂交水稻（见图 7-11）。

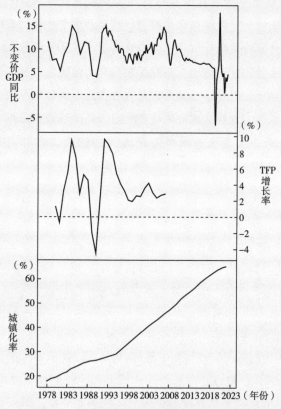

图 7-11　1978~2023 年全要素生产率与城镇化

"六五"计划规定，工农业生产年均增长 4%，国民收入生产总额年均增长 4%，财政收入年均增长 3.3%，从本书整理的数据来看，这几项重大目标得到了很好的完成。特别是在投资领域，"六五"计划规定要完成全民所有制固定资产投资 3600 亿元，其中用于基本建设投资 2300 亿元。

2008~2013 年的城镇化率延续了前面几个阶段的趋势，始终平稳上升，平均年增长率达 1.5%，其中 2011 年增长了 1.88%，为改革开放以来我国城镇化率增长幅度最大的一年。截至 2013 年，我国城镇化率达 54.59%。

分地区探究 2011 年城镇化率高增长的原因，可以发现，西部地区城镇化发展速度快于东部地区，中部地区又快于西部地区。本阶段中西部地区的城镇化水平虽然低于东部地区，但是发展速度极快，再加上 2011 年国家政策的扶持，中西部地区城市发展速度可观。

此外，本阶段我国户籍改革制度也有成效，大量人口涌入城市。2008 年，深圳市首次提出用居住证取代暂住证，以完善流动人口管理。2010 年，广州、东莞等十几个城市陆续开始实行居住证管理，规定了持有居住证的居民可以享受户籍居民的部分权益，同年，国务院发布了《关于转移农村劳动力保障农民工权益工作情况的报告》，深化了我国的户籍制度改革，表示为了保障农村劳动力的有效运用及农民工的权益，要加快放宽中小城市特别是县城和中心镇的落户条件，促进这些符合落户条件的农村人口能够享受与当地户籍居民同等的权益。这极大地鼓励了农村人口快速向城镇转移，既保障了人们的生存条件，又给城镇经济发展提供了充足劳动力，加快了整体城镇化进程。为了解决实践中出现的问题，如片面追求规模城镇化速度、不顾城市综合承载能力、擅自突破国家政策等，国务院办公厅于 2012 年发布了《关于积极稳妥推进户籍管理制度改革的通知》，引导非农产业和农村人口有序向中小城市转移，尽量避免不良现象，逐步满足符合条件的农村人口落户需求，实现城乡基本公共服务均等化，促进经济平稳发展和社会和谐稳定。2013 年，中共中央发布了《关于全面深化改革若干重大问题的决定》，其中提到要加快户籍制度改革，全面放开建制镇和小城市的落户限制，有序放开中等城市落户限制，合理确定大城市落户条件，严格控制特大城市人口规模。因此，尽管 2013 年、2014 年我国 GDP 增速下行压力较大，但是城镇化率依然稳步增长。

横向对比同时期的国际城镇化水平。2010 年，发达国家城镇化率为 71.8%，已进入诺瑟姆曲线的第三个阶段即城镇化率超过 70%，速率开始回落，进入平稳发展的高级阶段。而发展中国家的城镇化率为 46.2%，我国以 49.95% 的水平略微领先于发展中国家。城市化步伐将呈现"南快北稳"的格局，发达国家的城镇化率已经接近饱和，发展中国家未来的城镇化步伐将加快，城市人口的规模也会稳定增长。

尽管我国城镇化水平与国外发达国家相比仍有差距，但是发展速度不容小觑。从城镇化水平来看，与同一收入水平下的常态城镇化水平相比、与工业化和非农业化水平相比，中国城镇化水平滞后；从城镇化速度来看，把当时中国的城镇化速度与英国、美国、德国、日本这些发达国家城镇化进程进行对比，当时中国的城镇化速度是基本合适的，符合我国总体发展大趋势。

城市发展是国家现代化的重要标志，是中国现代化发展的"火车头"。从历史变化趋势来看，自改革开放以来，我国城镇化率都呈现稳步上升的趋势。按照本书所选取的城镇化率口径，截至 2017 年末，城镇化率达 60.27%，首次突破 60% 大关。截至 2020 年末，我国城镇化率达到 63.89%，这意味着"十四五"时期，我国城镇化已进入 60%~70% 发展的关键时期。

关于如何稳步提升我国城镇化水平的议题，我国始终给予多方面的高度重视。在改革开放初期，中央提出了加强城市工作建设的意见，时隔 37 年后，党中央于 2015 年 12 月首次召开了中央城市工作会议，本次会议主要集中于讨论城市规划、住房政策、城市人口规模、城市基础设施建设、城市公用事业运营等方面的问题。中央在 2019 年提出若干意见，其核心思想包括全面取消城区中小城市落户限制，全面放宽大城市落户条件，完善超大特大城市积分落户政策，本次放宽政策的对象将不局限于高学历群体，也是为了完成"十四五"期间实现1亿农业人口和其他常住人口落户城镇政策的具体举措。

2013~2019年，我国显著加快了户籍制度改革。2014年是户籍制度改革的转折点，明确提出了要建立城乡统一的户口登记制度，这意味着中国城乡二元户籍管理模式正式退出历史舞台。2014年，《国家新型城镇化规划（2014—2020年）》出台，明确表示将提升户籍人口城镇化率作为提高城镇化质量的核心目标，并相继出台文件进一步调整了城市规模划分标准和城镇人口统计口径。

无论是在城市工作建设方面还是在户籍制度改革方面，归根结底都是要提高城镇化的质量，而并非仅限于表面的速度。那么这里不得不提到"新型城镇化"，这个概念最早出现在党的十六大，但是党的十八大首次提出了"把生态文明理念和原则全面融入城镇化全过程，走集约、智能、绿色、低碳的新型城镇化道路"。新型城镇化的三大内涵是以人为本、城乡一体化以及可持续发展，重要内容是区域统筹与协调一体、产业升级与低碳转型、生态文明和集约高效、制度改革和体制创新。

可以发现，我国自改革开放以来的城镇化率一直处于稳步上涨的状态，但是从国际经验来看，城镇化速度会在发展中后期开始减缓。欧阳慧等（2021）通过对城镇自然增长人口、乡城迁移人口、城乡划分范围调整人口变动趋势进行分析，提出我国在"十四五"时期的城镇化速度整体呈现稳中趋缓的态势，城镇化率年均增速将保持在0.71个百分点左右，到2025年预计将达到67.45%左右，且不同来源的城镇人口呈现不同增长趋势。目前，世界上大多数发达国家的城镇化率超过了80%，我国虽然城镇化率显著提升，但是与发达国家的城镇化率相比仍有一些差距。在今后一段时间，"新型城镇化"仍是发展的重要议题。

专栏 7-2

人口与收入分配

中国工资制度改革以及中国劳动收入分配份额的概念，从所有制的角度来看，如果把资本收入报酬占比只定义为私人所有资本报酬在国内生产总值中的占比，那么 1978~1983 年私有资本积累很少，其报酬在国内生产总值中的占比也很小。这在收入分配领域研究中，是中国产权制度决定的特点。国有资本报酬在国内生产总值中的占比，不能仅仅使用财政收入的统计口径来代表。在这里引申出三个问题：第一，如果国有资本报酬不划入劳动者报酬范围，从国民实际福利积累上来说，国有资本对应着整体居民福利的积累，它不能表现为居民当期的可支配收入的变化，也就无法体现为商品和服务消费的改善，它也不表现为居民存款账户的平等增加。可以说，国有资本报酬的划分对国民经济产业结构也起到重大的引导作用。国有资本可以通过资产划拨的方式划入社会保障体系，其最终源头可以表现为财政收入的属性，但更是一种长期的表现。短期内，国有资本报酬在国内生产总值中占比的变化确实会影响居民部门的商品和服务消费，长期来说体现为居民社会保障部分的福利积累，对国内产业结构具有重要引导作用。第二，如果国有资本报酬划入劳动者报酬范围，由于国有资本一般表现为重资产特点，它在短期内的变现并不流畅，而且国有资本报酬的核算也是一件烦琐的事情，从国有资本产权制度发展来看，国有公司的归母净利润数据十分复杂。以房地产为例，房租是房地产资产报酬的重要表现形式，要核算房租在国内生产总值中的占比和增长率不是一件困难的事情，但如何划分房地产资产以及哪些属于国有资产，是一件过于复杂的事情。第三，从数据国际比较角度，不管哪种划分方式，可能与现阶段的劳动报酬划分研究的国际经验对比研究都存在区别，从带有劳动收入的动态价格指数来说，短期内国有资本报酬中一部分将进入社会保障体系，体现为社会保障体系购买的商品与服务，最终也是居民部门消费。但是，如果这种国有资本报酬划分在短期内是稳定的，从经济波动研究角度来看，可以把它的影响控制在有限范围内，那么国有资本报酬向居民部门的划入，在1978~2020年主要表现为：劳动工资调整、社会保障资金划入等政策方式，因此我们在这部分将着重关注这些政策的演进。应该说本书引用的劳动者报酬占比没有能体现这种政策变化的演进，该数据还是传统意义上的统计指标，与中国特色的产权制度存在一定出入。

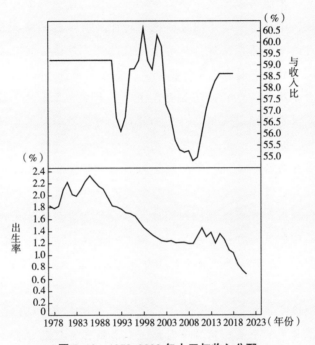

图7-12　1978~2023年人口与收入分配

　　在建设商品经济的同时，生产资料和生活资料的定价逐渐向市场均衡价格靠拢，但是那时我国劳动力市场较小，人口流动有非常大的区域局限性，如何调整与企业生产相关的劳动力工资也就成了商品经济建设的关键节点。在农村地区，承包制和乡村企业没有雇佣大规模劳动力，企业利润属于企业主本身，分配关系简单，劳动工资跟随销售资料价格上涨而上涨，劳动工资决定间接与商品经济市场改革挂钩。劳动工资上涨幅度基本与销售价格上涨幅度一致，劳动生产率的提高收益将由劳动者自己部分占有，这样农村部分的收益方式保证了农村居民生活水平的有序提高，并且可以享受劳动生产率提升下的超额收益。

但是，城市改革不得不面对的问题是工资制度改革，因为商品价格放开，但是我国劳动力市场还没有形成，由市场竞争形成劳动价格，并以此为参考进行劳动者价格市场化改革的路径几乎不存在。如何兼顾商品经济改革，又能够激发城市职工劳动积极性，保证职工生活水平不会被通胀干扰，是改革的重点内容，也是通胀发展演化的重要因素，是进行工资制度改革的基本底线。从那个时代的具体改革方案来看，要保证企业职工生活水平不因通胀高企而降低，这是一个基本的经济发展要求。由于劳动力市场的匮乏，劳动要素在生产率更高方向上的有效配置无法实现。如果以市场方式来驱动，生产效益差的企业的职工生活水平也应该随之下降，这样才能通过市场方式驱动劳动要素流动。1985年工资制度改革主要分为两个部分：国家机关和事业单位工资制度改革以及企业工资制度改革，其中企业工资制度改革将一部分决策权下放到了企业层级，但是仍然保留工资总额控制的过渡性安排方案。具体来说，将高度集中统一的体制改为分级管理体制，国家制定工资政策、法律法规，并监督执行情况，制定工资总额管理办法，将工资具体分配权下放给企业。

从宏观调控的理论框架来看，在财政、货币调控方案的基础上，拥有了工资调控手段，在一次分配、二次分配上都有调控机制，应该说那时的调控工具更加全面。从这一时期可以总结出一定的经验和教训，如果从平均主义出发，对于工资与通胀之间的权衡关系可能要付出一定的经济代价。在我们对不平等的研究中，平等更多要体现在劳动生产率与资本结合上的公平，以一次分配的工资控制方案来作为包容性增长的宏观调控手段值得进一步讨论。在工资总额确定上，采取了工资总额与经济效益挂钩的原则，根据企业参与市场竞争的程度不同，将方案具体分为四类：第一类是自主分配、国家征税，第二类是工资总额与经济效益挂钩，第三类是奖金同经济效益挂钩，第四类是国家对企业工资仍实行直接分配管理。由于此次工资改革还有工资总额的一次分配调控问题，在具体操作中保持了如下原则：积累率应安排在 30% 以内，工资总额与国民收入增长的比例大体保持 1:1，实际平均工资的增长应按不高于劳动生产率提高的幅度，居民购买力与商品可供量应基本平衡。这些原则如果在当时是被各个市场主体充分信任的，那么通胀预期应该是稳定的，工资增长将逐步提高居民生活水平，通胀不会对生活水平带来影响，但是这一预期在农业部门恐怕无法形成，企业工资的调控原则并不包括农村。

自上一阶段的出生率先急速下降后逐渐平稳以来，2008~2013 年这一阶段的前三年依旧维持着缓速下行基本平稳的趋势，三年平均出生率为 1.2%，截至 2010 年底我国出生率为 1.19%，十年来人口出生率下滑了 0.21%，结束了一直以来平稳下滑的趋势。而 2011~2013 年，出生率受政策扶持和生育意愿的影响，开始出现小幅波动，出生率分别为 1.33%、1.46%、1.30%，重新达到了 21 世纪初的水平（见图 7-12）。

几十年来，出生率延续了下降趋势，但是转折出现在 2011 年，出生率一如反常地向上波动，后又迅速回落。2010 年，第三波婴儿潮来临，就是说"80 后""90 后"进入生育期，这些出生于 21 世纪的子女，发现自己的"80 后""90 后"父母也是独生子女，整体家庭结构呈"4-2-1"式，部分家庭甚至还要赡养隔代老人。在生活成本高企的环境下，那些满足条件允许生育二胎的绝大多数"80 后"年轻夫妻，仍然会选择生育一胎，这就导致了我国生育率下降，人口总数下滑。逐渐地，我国人口问题频发，如人口老龄化、家庭规模越来越小、失独家庭增多甚至男女比例失衡等，为了更好地解决这些社会性问题，并且社会上放开生育政策的呼声越来越高，政府对计划生育政策开始进行优化调整。2011 年，各地全面实行"双独二孩"政策，在全国范围内放宽了生育限制。第六次全国人口普查数据显示，在政策影响下出生率确实有提升，不过提升幅度较小，没有出现政策实施前各种担忧的现象，但是出生率方面也始终维持在低水平状态。大多数人已经习惯了生育一胎，几十年来固有的单孩思维很难转变为生育多胎，再加上生活成本、小孩抚养成本较高，那些愿意生育多胎的人也会因为经济能力不足而放弃，因此在短暂且少量的回调后，依旧维持一个低生育率水平。

政策可能只起到了短期作用，但是倘若不实施"二孩"政策，生育率是否会继续下滑不得而知。陈卫（2021）整理了截至2020年第七次全国人口普查数据，通过人口学分解表示，中国生育率的变化受女性婚姻时间推迟的持续压低影响，但是"二孩"政策甚至于"三孩"政策确实对生育率起到了明显的提升作用，尽管政策效应减弱后生育率又开始迅速下降。而没有政策加持则会使生育率更惨淡下滑。

除了我国生育政策的扶持以及生育意愿、生活成本、年龄结构对出生率的变动也带来了影响。如图7-13所示，2008~2013年，中国女性的平均初婚年龄从23.8岁增长到了25.1岁，且逐年上升。与发达国家进行横向对比发现，中国女性的平均初婚年龄依然处于低水平，亚洲国家日本、韩国的平均初婚年龄近30岁，西方发达国家甚至更高。本时期内推动出生率上升、人口增长主要是由于年龄结构带来的惯性增长，2010年前后，受第三波婴儿潮的影响，正值婚育旺盛时期的"80后""90后"的结婚生育比例较高，即使出生率上升的幅度放在历史上来讲只能算是小幅回升，但是也会导致人口增长较快，计算的人口年龄结构贡献率迅速增大。

总体来看，我国出生率自20世纪以来就呈现整体下滑或平缓或波动的趋势。2013~2019年这个阶段，两个小高峰的出现是由于政策层面的支持，带来了短期内出生率的上升。具体来看，2014年的出生率上涨了0.08%，重返21世纪初的高度，这主要是由于2013年底"单独二孩"政策的颁布。可是生育政策的放开并不能起到长期有效的作用，到了第二年出生率便骤然下降了0.18个百分点。2015年底"全面二孩"政策颁布，2016年的出生率上涨了0.16个百分点。"二孩"政策仅仅在颁布后的短期内起到了刺激作用，并不能作为长期人口增长的核心支撑。

2016年后，新型城镇化水平不断提高，但是没有了政策的支持，我国生育率直线下降，2019年已处于一个偏低的水平。不可否认的是，许多发达国家面临着人口低增长乃至负增长的问题。我国的经济发展总体水平正不断靠近发达国家，社会福利水平提高，老年人口的生活质量和医疗体系的完善能够降低死亡率，人们的生育观念改变，或早已接受并认可过往的计划生育，或愿意为追求更高质量的生活水平而放弃多胎，因此生育率受到影响。影响出生率的因素有很多，从外部来看有政策环境、社会制度、文化风俗等，从内部来看有教育水平、生育观念、家庭经济水平等。随着我国城镇化率的不断提升，人们更加倾向于更高的生活质量，即更高程度的受教育水平、更富裕的家庭经济条件，其最终落脚点大致是在内部个人因素上。

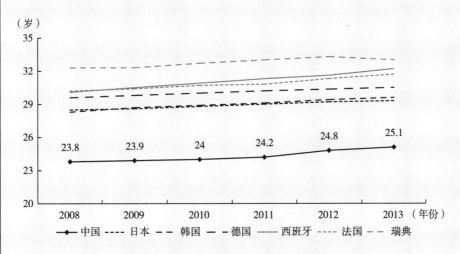

图7-13　中国女性平均初婚年龄的国际比较

资料来源：中国数据来自全国生育状况调查，日本数据来自日本统计局，韩国数据来自韩国统计局，德国、法国、西班牙、瑞典数据来自欧盟统计局。

值得注意的是，在"十三五"时期，生育率直线下降，但是我国都没有提出其他生育开放政策，而是集中精力搞经济提质量。2021年年中，中央提出"三孩"政策，2023年初，生育登记取消婚姻限制被提出。政策的短期刺激性可能会在未来再度出现一个小高峰，但是人们生育观念的改变是一个不可控的因素。

附　录

1. 国内生产总值（GDP）[①]

含义：国内生产总值，是一个国家（或地区）所有常住单位在一定时期内生产活动的最终成果。GDP 是国内经济核算的核心指标，也是衡量一个国家或地区经济状况和发展水平的重要指标。

计算方法：本书中使用的国内生产总值为国家统计局按生产法为基础核算的数据。GDP 现价为报告期当时价格水平。本书所使用的不变价 GDP 数据来自国家统计局使用的不变价增加值核算方法，即不变价增加值是把按当期价格计算的增加值换算成按某个固定期（基期）价格计算的价值，从而剔除价格变化因素的影响，以使不同时期的价值可以比较。不变价增加值采用固定基期方法计算，每 5 年更换一次基期。例如，2015 年不变价 GDP 以 2010 年为基期，2016 年以 2015 年为基期。

统计口径：第一，生产者提供或准备提供给其他单位的货物和服务的生产；第二，生产者用于自身最终消费或资本形成的所有货物的自给性生产；第三，自有住房拥有者为自己最终消费提供的自有住房服务，以及付酬的自给性家庭服务生产。生产范围不包括不支付报酬的自给性家庭服务、没有单位控制的自然活动（如野生的、未经培育的森林、野果或野浆果的自然生长，公海中鱼类数量的自然增长）以及部分"未观测经济"等。

时间序列：根据国家统计局数据，自 1992 年 3 月至 2023 年 3 月 GDP 数据（现价及不变价）频率为季度，1991 年以前频率为年度。本书中将 1978 年至 1991 年的年度数据与 1992 年起的季度数据拼接。

[①]　数据来源：国家统计局。

2. 固定资产投资完成额[①]

含义：固定资产投资完成额，又称固定资产投资额。是指以货币形式表现的在一定时期内建造和购置固定资产的工作量和与此有关的费用的总称。该指标是反映全国固定资产规模、结构和速度的综合性指标，也是观察工程进度和考察投资效果的重要依据。

计算方法：固定资产投资按照构成可分为建筑工程、安装工程、设备工器具购置和其他费用。投资额计算方法为对每个构成分别计算，再将四部分投资完成额相加。即投资额＝建筑工程＋安装工程＋设备工器具购置＋其他费用。

统计口径：城镇和农村各种登记注册类型的企业、事业、行政单位及城镇个体户进行的计划总投资 500 万元及以上的建设项目投资和房地产开发投资，包括原口径的城镇固定资产投资加上农村企事业组织项目投资，该口径自 2011 年起开始使用。

时间序列：中国国家统计局自 1983 年开始公布年度固定资产投资完成额累计同比数据，1983~1991 年，这一指标更新频率为年度。自 1992 年 2 月起，国家统计局开始公布月度数据，但 1992~1993 年有部分数据缺失，具体为 1992 年 3 月至 1992 年 5 月，1992 年 8 月以及 1993 年 2 月。本书按照国家统计局公布数据，根据时间序列将数据排列，对于缺失数据按线性内插法连接。

3. 广义货币供应量（M2)[②]

数据可信度：根据世界银行数据（年度频率）与国家统计局数据（采用当年 12 月数据为年度数据）比对，两者差距普遍在 7% 以内（见附图 1），其中世界银行统计口径下的我国 M2 数据整体低于国家统计局数据。

含义：广义货币供应量（Broad money），指流通于银行体系外的流通现金、各类居民存款、企业存款及其他存款的货币总和。其在一定程度上反映了社会总需求以及通胀的压力。

计算方法：M2 = 流通中现金 + 企业活期存款 + 储蓄存款和企业定期存款。

[①] 数据来源：国家统计局。

[②] 数据来源：国家统计局、世界银行。

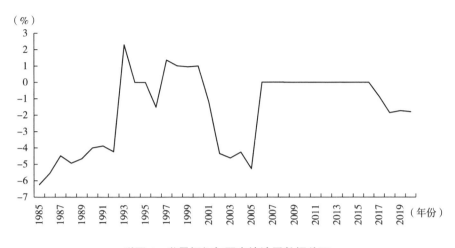

附图1　世界银行与国家统计局数据差距

统计口径：中国人民银行 M2 数据经历了四次统计口径变化，在 2001 年 6 月，股票保证金存款被纳入 M2 核算范围，计入其他存款。2002 年 1 月，一是核算机构范围中新加入在华外资银行，二是在国有银行范围内剔除了政策性银行，将国有银行与城市信用社分开统计，三是对报表中错误和遗漏进行修正。2011 年 10 月，住房公积金存款和非存款类金融机构存款被纳入 M2 统计口径。2018 年 1 月，使用非存款机构部门持有的货币市场基金取代货币市场基金存款（含存单）。

时间序列：自 1985 年开始，中国人民银行开始披露年度 M2 数据，自 1996 年 1 月开始，中国人民银行开始按月度公布 M2 数据，本书中将上述数据按时间序列拼接。根据世界银行披露数据，其时间序列较中国人民银行 M2 数据更完整，但仅有年度数据，因此本书中使用其 1978 年到 1984 年 M2 年度数据作为中国人民银行 M2 数据的补充。

4. 货币流通速度（名义 GDP/M2)[①]

含义：货币流通速度是衡量一个经济体中货币交换率的指标。这是资金从一个实体转移到另一个实体的次数。货币流通速度也指在给定时间段内使用多

---

①　数据来源：自行测算。

少货币单位。

计算方法：货币流通速度的计算方法通常以国内生产总值除以 M1 或 M2 货币供应量来计算。本书中的货币流通速度：国内生产总值（GDP）/M2 = 货币流通速度。

统计口径：货币流通速度的统计口径的变化主要来源于 M2 统计口径变化（附录 M2 部分解释）。

时间序列：货币流通速度以年度计算，中国国家统计局已包含自 1978~2021 年所有年度频率的名义 GDP 数据，而 M2 年度数据则是由国家统计局与世界银行数据拼接而成的（详见附录 M2 部分解释）。

5. 投资率（资本形成率）①

含义：指一定时期内资本形成总额占国内生产总值使用额的比重，一般按现行价格计算。

计算方法：投资率＝资本形成总额 / 支出法国内生产总值。

统计口径：资本形成总额包括固定资本形成总额和存货增加两项。

"固定资本形成总额"指常住单位在一定时期内获得的固定资产减值处置的固定资产的价值总额。固定资产是通过生产活动生产出来的，且其使用年限在一年以上、单位价值在规定标准以上的资产，不包括自然资产、耐用消费品、小型工器具。固定资本形成总额包括住宅、其他建筑和构筑物、机器和设备、培育性生物资源、知识产权产品（研发支出、矿藏的勘探、计算机软件）的价值获得减处置。

"存货增加"指常住单位在一定时期内存货实物量变动的市场价值，即期末价值减期初价值的差额，再扣除当期由于价格变动而产生的持有收益。存货增加可以是正值，也可以是负值，正值表示存货上升，负值表示存货下降。存货包括生产单位购进的原材料、燃料和储备物资等存货以及生产单位生产的产成品、在制品和半成品等存货。

时间序列：1978~2021 年时间序列均来自中国国家统计局数据。

---

① 数据来源：国家统计局。

6. 进出口总额 ①

含义：货物进出口总额指实际进出我国国境的货物总金额。该指标用以观察一个国家在对外贸易方面的总规模。

计算方法：货物进出口总额＝货物进口总额＋货物出口总额。

统计口径：包括对外贸易实际进出口货物，来料加工装配进出口货物，国家间、联合国及国际组织无偿援助物资和赠送品，华侨、港澳台同胞和外籍华人捐赠品，租赁期满归承租人所有的租赁货物，进料加工进出口货物，边境地方贸易及边境地区小额贸易进出口货物（边民互市贸易除外），中外合资企业、中外合作经营企业、外商独资经营企业进出口货物和公用物品，到、离岸价格在规定限额以上的进出口货样和广告品（无商业价值、无使用价值和免费提供出口的除外），从保税仓库提取在中国境内销售的进口货物，以及其他进出口货物。我国规定出口货物按离岸价格统计，进口货物按到岸价格统计。

时间序列：国家统计局进出口金额数据分两个时间段，一是在1978~1994年这一时间区间内，数据频率为年度。二是自1994年8月起，开始公布月度数据（但由于基数缺失限制，1994年仍为年度同比数据）。本书按时间序列对数据做拼接处理，所有数据均使用国家统计局进出口总额。由于数据缺失，进出口增速有两段区间：一是1979~1994年为年度同比，二是1995年8月至2023年3月为月度同比数据。1995年1月至1995年8月同比数据缺失。

数据可信度：

世界银行与国家统计局数据在大多数时间重合，在1983~1995年以及2012~2019年出现较大偏差。世界银行数据库内有两个与国家统计局进出口总额可比的指标：一是货物与服务进口，货物与服务出口；二是货物出口，货物进口。根据数据比对，前者与国家统计局数据的统计口径更为接近。原因有两个：一是前者加总之和与国家统计局进出口总额在1977~1981年相同，二是后者与统计局进出口总额整体差距大于前者。进入21世纪后，我国服务业进出口规模迅速崛起，而根据国家统计局对于该指标的定义，显然服务进出口数

① 数据来源：国家统计局。

据并未包括在内，两者间的差额在一定程度上可用于观测我国服务贸易进出口规模。

整体来看，在考虑服务贸易全口径进出口总额的情况下，世界银行的货物与服务进出口贸易总额普遍低于国家统计局、商务部货物与服务贸易的总和，这一偏差在 3% 左右。

7. 社会消费品零售总额[①]

含义：社会消费品零售总额指企业（单位、个体户）通过交易直接售给个人、社会集团非生产、非经营用的实物商品金额以及提供餐饮服务所取得的收入金额。

统计口径：包括城乡居民和入境人员、机关、社会团体、部队、学校、企事业单位、居委会或村委会等。

时间序列：社会消费品零售总额数据时间序列分为三个时间段：一是1978~1979 年，仅公布年度同比数据。二是自 1980 年 1 月起，国家统计局公布社零消费总额当月绝对值，自 1981 年 1 月起公布当月同比。三是自 2012 年起，为消除春节节假日对数据的影响，增强数据可比性，我国社会消费品零售总额 1~2 月数据合并调查和公布，自此无 1 月和 2 月当月数据。此前数据并非完全可比。

8. CPI[②]

含义：消费物价指数（Consumer Price Index，CPI），又称零售物价指数、生活费用指数。它是表示城市居民直接消费的一定种类和数量消费品价格水平变动程度的指标。它反映居民货币收入购买力的升降和商品与劳务价格变动对居民生活费用的影响。

计算方法：为了使 CPI 调查所涉及的商品和服务更具有代表性，更及时准确反映居民消费结构的新变化和物价的实际变动，按照统计制度规定，我国 CPI 每五年进行一次基期轮换。每次基期轮换后，调查分类目录、代表规格品和调查网点均有调整，分类权数也有变化，以反映居民消费结构的最新

变动。例如：2016 年 1 月 ~2020 年 12 月编制和发布的是以 2015 年为基期的 CPI。与前几轮基期相比，此轮基期 8 大类有显著变化，其中"食品""烟酒"合并为"食品烟酒"，"医疗保健和个人用品"拆分至"生活用品及服务""医疗保健""其他用品和服务"中，"娱乐教育文化用品及服务"拆分至"教育文化和娱乐"和"其他用品和服务"中，"家庭设备用品及维修服务"拆分至"生活用品及服务"和"其他用品及服务"中。此外，"食品"的指标内涵发生了变化，前几轮基期中的"食品"为大类，包括粮食、肉禽、鲜菜、鲜果、水产品、茶及饮料和在外餐饮等分类；此轮基期的"食品"为"食品烟酒"大类下的种类，仅包括粮食、畜肉、禽肉、鲜菜、鲜果和水产品等，不再包括"茶及饮料"和"在外餐饮"两项。

2021 年 1 月开始编制和发布以 2020 年为基期的 CPI。本轮基期仍分为食品烟酒、衣着、居住、生活用品及服务、交通通信、教育文化娱乐、医疗保健、其他用品及服务 8 个大类，基本分类增加至 268 个。

统计口径：我国居民消费价格指数的商品分类按用途划分为八大类：食品、烟酒及用品、衣着、家庭设备用品及维修服务、医疗保健及个人用品、交通和通信、娱乐教育文化用品及服务、居住。根据近 13 万户城乡居民家庭（城镇近 6 万户农村近 7 万户）的消费习惯，在这八大类中选择了 268 个基本分类。每个基本分类下设置一定数量的代表规格，目前约有 600 种的商品和服务项目的代表规格，作为经常性调查项目。

时间序列：CPI 时间序列主要分为两个阶段：一是 1978~1986 年，在这一期间，国家统计局定期公布年度 CPI 数据；二是 1987 年 1 月到 2023 年 3 月，在这一期间，国家统计局定期公布月度 CPI 数据。

9. FDI 流量：中国 [①]

含义：外国直接投资（FDI）是居民企业在一个经济体（直接投资者或母企业）进行的投资。此处"FDI 流量：中国"指当年流入中国的资金。

计算方法：外国直接投资流量是在年内记录的交易总和。2014 年，许多国家实施了基于第六版《国际收支和国际投资头寸手册》（BPM6）和经合组

[①]　数据来源：联合国贸易和发展会议。

织第四版《外国直接投资基准定义》（BD4）编制外国直接投资数据的新准则。BPM6和BD4的主要变化之一是以资产/负债为基础列报外国直接投资统计数据，而不是按照这些准则前几版所建议的方向原则。

FDI流量则是基于方向原则下计算的数据。考虑到FDI流量反映了外国直接投资背后的外国直接投资的影响方向：对内或对外直接投资，本书选取了这一指标。

统计口径：外国直接投资流量主要包括三个部分：收购或处置股本（达到10%门槛的初始股权交易以及直接投资者与直接投资企业之间的所有后续金融交易和头寸）。不作为股息分配的收益的再投资，公司间债务。

时间序列：FDI流量：中国这一指标数据全部来源于联合国贸易和发展会议，指标频率为年度，其时间序列从1978年延续至2021年。

10. 城镇登记失业率[①]

含义：城镇登记失业人数与城镇从业人数、城镇登记失业人数之和的比率。并不能理解为传统经济学意义上的失业率，城镇登记失业率为失业者主动登记的数据，并不能完全地反映整个经济社会整体的失业状况，但通过其波动在一定程度上能够发现经济波动的迹象。

计算方法：城镇登记失业率＝城镇登记失业人员/（城镇从业人员＋城镇登记失业人员）×100%。

统计口径：城镇登记失业人员与城镇单位就业人员（扣除使用的农村劳动力、聘用的离退休人员、港澳台及外方人员）、城镇单位中的不在岗职工、城镇私营业主、个体户主、城镇私营企业和个体就业人员、城镇登记失业人员之和的比。

时间序列：由于我国于2018年方才开始使用城镇调查失业率，在过去很长一段时间里均为城镇登记失业率，因而我们使用了城镇登记失业率数据这一指标。1978~2002年，数据频率为年度，2003年第一季度到2019年第四季度为季度数据。后随着调查失业率的出现，登记失业率转入年度，2020~2022年，本书使用年度数据。

---

① 数据来源：国家统计局。

11. 汇率[①]

含义：每 1 美元所能兑换的人民币的数量。这一标价方法为直接标价法。

计算方法：FRED 汇率数据为日度数据经算术平均求得的月度汇率数据。国家统计局汇率数据（世界银行数据）是根据月月平均值（相对于美元的当地货币单位）计算的年平均值。

统计口径：FRED 为每天中午美国纽约市用于外币支付的电子汇票名义汇率。国家统计局汇率数据（世界银行数据）为国家当局确定的汇率或法律认可的外汇市场确定的汇率。

时间序列：在汇率数据来源的选择上，我们尽可能地寻找能更高频率反映市场波动的数据，美联储经济数据库是时间跨度较长的拥有高频汇率数据的数据来源，因此我们选择了 FRED 1981 年开始的人民币兑美元汇率数据，并将其按日度算术平均的方式换算成月度数据，以消除日度数据的部分噪声。在 1981 年以前，国家统计局公布了 1978~1980 年人民币兑美元年度汇率，这一数据是引用的世界银行 WID 数据库，但仅为年度数据。因此，汇率数据的构成为：1978~1980 年为年度数据，1981 年 1 月到 2023 年 3 月为月度数据。

12. 全要素生产率[②]

含义：全要素生产率的概念来自生产率（Total Factor Productivity，TFP）。生产率是指投入与产出之比，衡量单位投入的产出水平。从投入的角度来看，生产率可分为单要素生产率和全要素生产率。前者指产出与一种要素投入之比，如劳动生产率为产出与劳动投入之比；后者指产出与综合要素投入之比，综合要素指资本、劳动、能源及其他要素等两种或多种要素的组合。

计算方法：要素收入份额可变的增长核算法，详见引用论文。

时间序列：1978~2007 年，TFP 增长率可用数据的数据频率为年度。

---

① 数据来源：国家统计局（最终来源于世界银行）、美联储经济数据库（Federal Reserve Economic Data）。

② 数据来源：《中国全要素生产率变动的再测算：1978 —2007 年》。

13. 城镇化率 [①]

含义：城镇化是指农村人口转化为城镇人口的过程，是世界各国工业化进程中必然经历的历史阶段。城镇化率是指一个国家（地区）常住于城镇的人口占该国家（地区）总人口的比例，是反映城镇化水平高低、揭示城镇化进程的一个重要指标。其中最常用的是基于人口计算的常住人口城镇化率，主要反映常住人口在城镇的集聚程度，衡量常住人口的城乡分布情况。

计算方法：城镇化率＝城镇人口／总人口。在人口普查年份，按照国家统计局《统计上划分城乡的规定》，判断出每个村（居）委会的城乡属性，代入普查的常住人口数据，可以直接计算得出常住人口城镇化率。在非普查年份，通过开展人口抽样调查，对影响城镇常住人口变化的因素进行分解，分别估算各因素对城镇化率变化的贡献。影响城镇常住人口的因素包括城镇区域扩张、城镇人口自然增长和城乡人口迁移。具体推算时，一是结合国家统计局城乡划分地域库城乡属性的变化，估算城镇地域扩张对城镇化率变化的贡献。二是通过人口抽样调查，分别估算城镇常住人口自然增长和城乡人口迁移对城镇化率变化的贡献。以此获得当年城镇化率的变化幅度，在上一年城镇化率的基础上，计算出当年的城镇化率。常住人口主要包括：第一，调查时点居住在本乡、镇、街道，户口也在本乡、镇、街道的人；第二，调查时点居住在本乡、镇、街道，户口不在本乡、镇、街道，离开户口登记地半年以上的人；第三，调查时点居住在本乡、镇、街道，尚未办理常住户口的人；第四，户口在本乡、镇、街道，调查时点居住在我国港澳台地区或国外的人。

统计口径：总人口通常使用常住人口的口径，本书使用的城镇化率为国家统计局计算的常住人口城镇化率，故城镇人口也指常住人口而非户籍人口的口径。

时间序列：根据国家统计局统计数据，1978~2022 年的城镇化率数据频率为年度。

[①] 数据来源：国家统计局。

14. 人口出生率 [①]

含义：出生率（又称粗出生率），是指在一定时期内（通常为一年）一定地区的出生人数与同期内平均人数（或期中人数）之比，用千分率表示。

计算方法：本书中的出生率指年出生率，其计算公式为：出生率＝年出生人口/年平均人口×1000‰。其中，出生人数指活产婴儿，即胎儿脱离母体时（不管怀孕月数），有过呼吸或其他生命现象的婴儿。年平均人数指年初、年底人口数的平均数。

统计口径：1981 年及以前人口数据为户籍统计数；1982 年、1990 年、2000 年、2010 年、2020 年数据为当年人口普查数据推算数；其余年份数据为年度人口抽样调查推算数据。总人口和按性别分人口中包括现役军人，按城乡分人口中现役军人计入城镇人口。

时间序列：根据国家统计局统计数据，1978~2022 年的人口出生率数据频率为年度。

15. 劳动收入分配份额 [②]

含义：按现价计算的中国劳动报酬占国内生产总值的比重。

计算方法：根据 Caselli 在收入跨国差异的核算论文中所使用的发展会计思路计算各国收入差异来源的方法。

统计口径：格罗宁根大学 PWT 数据库引入了 Barro 与 Lee 的平均受教育年限人力资本指数以及基于世界各地明瑟方程估计的假定教育回报率，其中中国的平均受教育年限人力资本指数来源于 Cohen 和 Leker 构建的数据集。

时间序列：来源于 FRED 数据库，这一数据自 1978 年持续至 2019 年，劳动收入分配份额为年度数据，这一数据来源是目前单一的数据来源，因此本书使用了 FRED 在 1978~2019 年的劳动收入分配份额数据。

[①] 数据来源：国家统计局。

[②] 数据来源：格罗宁根大学，FRED。

参考文献

［1］Banerjee A V, Duflo E.Growth Theory through the Lens of Development Economics [J]. Handbook of Economic Growth, 2005 (1): 473–552.

［2］Caselli F. Accounting for Cross-country Income Differences [J]. Handbook of Economic Growth, 2005 (1): 679–741.

［3］Cohen D，Soto M.Growth and Human Capital: Good Data，Good Results [J]. Journal of Economic Growth, 2007, 12 (1): 51–76.

［4］Feenstra R C, Inklaar R, Timmer M P.The Next Generation of the Penn World Table [J]. American Economic Review, 2015, 105 (10): 3150–3182.

［5］Friedman B. Employment and Social Protection Policies in China: Big Reforms and Limited Outcomes.In Changes in China's Labor Market: Implications for the Future, 151–166 [R]. U. S. Department of Labor, Bureau of International Labor Affairs, Washington, 1996.

［6］Meng X. Labor Market Outcomes and Reforms in China ［J］. Journal of Economic Perspectives, 2012, 26(4): 75–102.

［7］Nathaniel Schochet. Investing in China as its Economy Starts to Take off in the 1990s ［R］. Association for Diplomatic Studies and Training, 2021.

［8］Psacharopoulos G. Returns to Investment in Education: A Global Update [J]. World Development, 1994, 22 (9): 1325–1343.

［9］《中国工商银行史》编辑委员会 . 中国工商银行史（1984—1993 年）［M］. 北京：中国金融出版社，2008.

［10］《中国国民经济核算知识读本》编写组 . 中国国民经济核算知识读本［M］. 北京：中国统计出版社，2020.

［11］《中国乡镇企业年鉴》编委会 . 中国乡镇企业年鉴［M］. 北京：中国

农业出版社，1989.

［12］［美］米尔顿·弗里德曼，安娜·施瓦茨·M.美国货币史（1867-1960）［M］.巴曙松，王劲松，等译.北京：北京大学出版社，2009.

［13］陈锦华.关于1996年国民经济和社会发展计划执行情况与1997年国民经济和社会发展计划草案的报告——1997年3月2日在第八届全国人民代表大会第五次会议上［R］.中华人民共和国全国人民代表大会常务委员会公报，1997.

［14］陈奇超.基于演化范式的金融危机形成机理研究［D］.长春：东北师范大学，2016.

［15］陈卫.中国的低生育率与三孩政策——基于第七次全国人口普查数据的分析［J］.人口与经济，2021（5）：25-35.

［16］陈云.计划与市场问题［C］.三中全会以来重要文献选编（上），1982.

［17］陈云.经济形势与经验教训［C］.三中全会以来重要文献选编（上），1982.

［18］成致平.价格改革三十年（1977—2006）［M］.北京：中国市场出版社，2006.

［19］程连升.中国反失业政策研究（1950—2000）［M］.北京：社会科学文献出版社，2002.

［20］单卓然，黄亚平."新型城镇化"概念内涵、目标内容、规划策略及认知误区解析［J］.城市规划学刊，2013（2）：16-22.

［21］邓小平.邓小平文选（第3卷）［M］.北京：人民出版社，1993.

［22］方向东.1988—1991年治理整顿回顾及对未来经济运行的展望［J］.经济理论与经济管理，1991（6）：1-8.

［23］冯静，汪德华.新中国政府债务70年［M］.北京：中国财政经济出版社，2020：75.

［24］冯远.1996年的中国对外贸易［J］.企业改革与管理，1997（5）：34-35.

［25］共和国的足迹——1992年：邓小平视察南方［EB/OL］.［2009-09-23］.中央政府门户网站，http://www.gov.cn/test/2009-09-23/content_1424380.htm.

［26］缑先锋.金融危机影响下外商在华直接投资的新特点及对策［J］.经济体制改革，2011（3）：162-166.

［27］郭璐.改革开放40年来中国对外贸易制度演变研究［J］.价格月刊，2018（10）：22-26.

［28］国家发展改革委.4万亿元投资项目的安排已做必要调整［EB/OL］.［2009-03-09］.http://www.gov.cn/gzdt/2009-03/09/content_1254645.htm.

［29］国家发展改革委.就4万亿元投资计划执行情况答记者问［EB/OL］.［2009-10-27］.http://www.gov.cn/gzdt/2009-10/27/content_1450208.htm.

［30］国家发展改革委固定资产投资司.2004年固定资产投资宏观调控和政策取向［J］.中国投资，2004（1）：25-26.

［31］国家计委国民经济综合司.1990年宏观经济政策评价和1991年宏观经济政策建议［J］.计划经济研究，1991（2）：38-42.

［32］国家计委综合计划局.当前价格体系不合理的表现［J］.计划经济研究，1984（12）：29-30.

［33］国家统计局.2021年12月份居民消费价格同比上涨1.5%环比下降0.3%［EB/OL］.［2022-01-12］.http://www.stats.gov.cn/xxgk/sjfb/zxfb2020/202201/t20220112_1826190.html.

［34］国家统计局.对外经济贸易［EB/OL］.［2019-12-02］.http://www.stats.gov.cn/sj/zbjs/202302/t20230202_1897100.html.

［35］国家统计局.固定资产投资［EB/OL］.［2019-12-02］.http://www.stats.gov.cn/sj/zbjs/202302/t20230202_1897101.html.

［36］国家统计局.国民经济核算［EB/OL］.［2019-12-02］.http://www.stats.gov.cn/sj/zbjs/202302/t20230202_1897108.html.

［37］国家统计局.宏观调控成效显著，优化结构势在必行——1996年经济形势及1997年展望［J］.科技文萃，1997（4）：1-5.

［38］国家统计局.就业和工资［EB/OL］.［2019-12-02］.http://www.stats.gov.cn/sj/zbjs/202302/t20230202_1897107.html.

［39］国家统计局.居民收入水平较快增长生活质量取得显著提高——党的十八大以来经济社会发展成就系列报告之十九［EB/OL］.［2022-10-11］.http://www.stats.gov.cn/zt_18555/zthd/lhfw/2023/fjxsd/202302/t20230227_1918904.html.

［40］国家统计局 . 人口 [EB/OL]. [2019–12–02]. http://www.stats.gov.cn/sj/zbjs/202302/t20230202_1897109.html.

［41］国家统计局 . 如何测算全要素生产率 [EB/OL]. [2023–01–01]. http://www.stats.gov.cn/zs/tjws/tjjc/202301 /t20230101_1903711.html.

［42］国家统计局 . 什么是固定资产投资额 [EB/OL]. [2023–1–1]. http://www.stats.gov.cn/zs/tjws/tj zb/202301/t20230101_1903719.html.

［43］国家统计局 . 什么是国内生产总值（GDP）[EB/OL]. [2023–01–01]. http: // www.stats.gov.cn/zs/tjws/tj zb/202301/t20230101_1903699. html.

［44］国家统计局 . 什么是社会消费品零售总额 . [EB/OL]. [2023–01–01]. http:// www.stats.gov.cn/zs/tjws/tjzb/202301/t20230101_1903707.html.

［45］国家统计局 . 十四、价格统计（12）[EB/OL]. [2020–06–19]. https://www.stats.gov.cn/zsk/snapshoot?reference=33e2b9cdb6391521c53328be6244e40b_BB7F47C182DC12A6E3F428580ED35154&siteCode=tjzsk.

［46］国家统计局 . 中国统计摘要［M］. 北京：中国统计出版社，1999.

［47］国家信息中心 . 2015年以来对外贸易形势分析［EB/OL］.［2015–11–04］. http://www.sic.gov.cn/News/455/5417.htm.

［48］国务院关于抗击低温雨雪冰冻灾害及灾后重建工作情况的报告［EB/OL］.［2008–04–24］. http://www.npc.gov.cn/npc/c12491/200804/db77 e6d8f58b49f18e 66a399 a0673102.shtml.

［49］国务院批转对外经济贸易部关于外贸体制改革意见的报告的通知［J］. 中华人民共和国国务院公报，1984（25）：883–888.

［50］海关总署关税统计司统计处 .1983年我国对外贸易简况［J］. 国际贸易，1984（5）：58，51，59–61.

［51］海关总署关税统计司统计处 .1985年我国对外贸易简况［J］. 国际贸易，1986（4）：57–61.

［52］韩冰 . 外商投资企业在华投资环境是否"恶化"？[J]. 金融市场研究，2013（8）：24–36.

［53］何光 . 当代中国的劳动力管理［M］. 北京：中国社会科学出版社，1990.

［54］胡叶琳，余菁 ."十四五"时期在华跨国公司发展研究［J］. 经济体

制改革，2021（1）：85-92.

[55] 胡中乐.泰国：克服危机的秘诀 [J].现代班组，2017（12）：48.

[56] 黄少卿.走出发展的陷阱 [M].北京：中信出版社，2016.

[57] 简新华，黄锟.中国城镇化水平和速度的实证分析与前景预测 [J].经济研究，2010，45（3）：28-39.

[58] 姜伟新.1999：固定资产投资形势与调控政策 [J].中国投资与建设，1999（1）：2-4.

[59] 金融统计年鉴 [Z].北京：中国金融出版社，1986.

[60] 金言.漫谈我国城镇化率突破 60% [J].中国金融，2020（10）：103.

[61] 李晓西.宏观经济学（中国版）[M].北京：中国人民大学出版社，2011.

[62] 李扬，张晓晶.中国国家资产负债表 2020 [M].北京：中国社会科学出版社，2021.

[63] 李志贤.沉痛的代价：写在压缩基建项目之时 [N].经济日报，1989-02-15.

[64] 联合国贸易和发展会议.世界投资报告 [EB/OL]. [2023-8-8]. https://unctad.org/topic/investment/world-investment-report.

[65] 刘昊，陈工.构建地方政府债务风险治理体系 [N].中国社会科学报，2020-09-02（3）.

[66] 刘建丽.新中国利用外资 70 年：历程、效应与主要经验 [J].管理世界，2019，35（11）：19-37.

[67] 刘立峰.1995 年固定资产投资形势分析 [J].经济研究参考，1996（54）：41-43.

[68] 刘培林.世界城市化和城市发展的若干新趋势新理念 [J].理论学刊，2012（12）：54-57.

[69] 刘伟.20 世纪 80 年代中国理论界关于价格改革战略的思想碰撞 [C].改革开放与中国特色社会主义——第十五届国史学术年会论文集，2015.

[70] 刘伟."八五"时期我国经济发展的若干特点 [J].学术研究，1996（3）：15-19.

[71] 刘勇.1996 年中国外贸出口的回顾与思考 [J].山西财经学院学报，

1997（3）：31-34.

［72］卢中原.关于投资和消费若干比例关系的探讨［J］.财贸经济，2003（4）：5-12，95.

［73］卢中原.民间投资态势分析［J］.调查研究报告，2002（139）：1-20.

［74］美联储经济数据.人民币对美元的即期汇率［EB/OL］.[2023-12-28].https://fred.stlouisfed.org/series/DEXCHUS.

［75］宁吉喆.领导干部统计知识问答（第二版）[M].北京：中国统计出版社，2021.

［76］欧阳慧，李智.迈向2035年的我国户籍制度改革研究［J］.经济纵横，2021（9）：25-33.

［77］欧阳慧，李智，李沛霖."十四五"时期我国城镇化率变化趋势及政策含义［J］.城市发展研究，2021，28（6）：1-9.

［78］裴平，熊鹏.中国货币政策传导研究［M］.北京：中国金融出版社，2009.

［79］千呼万唤始出来——从公布调查失业率说起［EB/OL］.[2014-10-16].http://www.50forum.org.cn/home/article/detail/id/604.html.

［80］钱定华.1986年我国对外贸易简况：出口增长，进口略降［J］.国际贸易，1987（5）：56，58-61.

［81］人民日报.辩证看待农民工返乡潮［EB/OL］.[2008-12-01].https://www.chinanews.com.cn/cj/plgd/news/2008-12-01/1468167.shtml.

［82］尚鸣.2006年投资指引［J］.中国投资，2006（2）：33.

［83］邵宁.1991年经济形势总体分析和对今后经济工作的政策建议［J］.计划经济研究，1992（3）：56-61.

［84］唐文.中国钢铁行业全要素生产力研究（1981—2007）［D］.上海：复旦大学，2011.

［85］田盛丹，黄燕芬，张超.地方债"自发自还"模式对地方政府土地出让行为影响研究［J］.财经论丛，2021（11）：25-35.

［86］汪海波.中华人民共和国工业经济史（1949年10月—1998年）［M］.太原：山西经济出版社，1998.

［87］王亚平."八五"时期经济发展回顾与总结［J］.经济学家，1995（6）：

66–75，120，126．

［88］王延娜．我国失业率统计相关问题研究［D］．北京：对外经济贸易大学，2011．

［89］魏刚，秦凤华，谢曼，等．2007年产业前景与投资展望［J］．中国投资，2007（1）：74–75．

［90］吴超林．1984年以来中国宏观调控中的货币政策演变［J］．当代中国史研究，2004（3）：35–45，126．

［91］吴敬琏．当代中国经济改革（第三卷）［M］．上海：上海远东出版社，2004．

［92］吴敬琏，李剑阁，丁宁宁．当前货币流通形势和对策［M］．北京：中国人民出版社，1984．

［93］吴立元，倪红福．中国PPI与CPI的传导与分化再探讨［J］．学习与探索，2022（11）：134–145．

［94］夏斌，高善文．2004年货币政策调控目标值的选择［J］．金融信息参考，2004（2）：15．

［95］夏梁，赵凌云．"以市场换技术"方针的历史演变［J］．当代中国史研究，2012，19（2）：27–36，124–125．

［96］新华社．全国计划会议要求各地以大局为重，坚决压缩固定资产投资规模［N］．经济日报，1988（1）．

［97］徐雪寒，赵效民，陈东琪，等．稳定通货稳定物价：关于我国通货膨胀问题的讨论［J］．财贸经济，1988（3）：23–34．

［98］许伟，傅雄广．中国居民资产负债表估计：1978—2019年［J］．国际经济评论，2022（5）：5，30–76．

［99］亚诺什·科内尔．短缺经济学［M］．张晓光，等译．北京：经济科学出版社，1980．

［100］杨晓兵．1985—1986年经济紧缩的回顾与反思［J］．计划经济研究，1990（5）：54–62．

［101］姚依林在全国计划会议上指出治理环境整顿秩序实质是经济调整［N］．经济日报，1988（1）．

［102］易纲等．1998—2000中国通货紧缩研究［M］．北京：北京大学出版

社，2000.

［103］易纲等.预防通货紧缩和保持经济较快增长研究［M］.北京：北京大学出版社，2005.

［104］于晓滨，裴东慧.世界城镇化发展历程及趋势［J］.时代金融，2013（36）：341.

［105］余根钱.货币政策持续收紧经济下行压力较大——2014年三季度中国经济运行监测报告［J］.调研世界，2014（11）：3-7.

［106］袁小平，梁海艳.中国人口年龄结构变动对出生率的影响研究［J］.西北人口，2014，35（6）：49-53.

［107］张彩云，桑百川，钱佳靖.外商投资企业在华收益、经验及启示［J］.国际贸易，2020（3）：73-81，96.

［108］张汉亚.1997年投资形势和调控目标［J］.中国投资与建设，1997（1）：6-8.

［109］张丽君，陶田田，郑颖超.中国沿边开放政策实施效果评价及思考［J］.民族研究，2011（2）：10-20，107.

［110］张明.穿越周期：人民币汇率改革与人民币国际化［M］.北京：东方出版社，2020.

［111］张振，罗维晗.币值稳定、不平等与商业周期研究[M].北京：中国金融出版社，2022.

［112］赵留彦，王一鸣.货币存量与价格水平：中国的经验证据［J］.经济科学，2005（2）：26-38.

［113］中共中央文献研究室.十二大以来重要文献选编［M］.北京：人民出版社，1986.

［114］中国财政年鉴［M］.北京：中国财政杂志社，1978—1983.

［115］中国建设银行.从M2统计口径的历次调整看央行货币统计的新变化［EB/OL］.［2018 -03-28］.http://www.ccb.com/cn/ccbtoday/jhbkhb/20180326_1522054531.html.

［116］中国金融协会.中国金融年鉴［M］.北京：中国金融出版社，1986.

［117］中国人大网.投资率、消费率[EB/OL].［2010 -02-25］.http://www.npc.gov.cn/npc/c12498/201002/51eb3a55e2944ac69835175785853f5a.shtml.

［118］中国人民银行．2008年第三季度中国货币政策执行报告［EB/OL］．
［2008–11–17］．http://www.pbc.gov.cn/zhengcehuobisi/125207/125227/
125957/126006/ 2835789/index.html.

［119］中华人民共和国国家统计局．中国主要统计指标诠释（第二版）［M］．
北京：中国统计出版社，2013.

［120］中华人民共和国国务院新闻办公室．全国低温雨雪冰冻灾害灾情和救
灾工作情况［EB/OL］．［2008–02–14］.http://www.scio.gov.cn/xwfbh/xwbfbh/wqfbh/
2008/02/14/Document/308681 /308681.htm.

［121］中央财经领导小组第十一次会议召开［EB/OL］．［2015–11–10］．
http:// www.gov.cn/xinwen/2015–11/10/content_2963689.htm.

［122］周锟．"价格闯关"思想的提出及其概念嬗变［J］.邓小平研究，
2020（3）：29–40.

［123］周喜安．"八五"时期城乡居民收入、消费形势与1996年的展望［J］.
经济研究参考，1996（A4）：19–27.